大展好書　好書大展
品嘗好書　冠群可期

大展好書　好書大展

品嘗好書　冠群可期

體育教材：14

羽毛球
運動理論與實踐

肖　杰・主編

全國體育院校教材委員會・審定

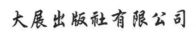

大展出版社有限公司

≫PREFACE
前 言 ≪≪

這本《羽毛球運動理論與實踐》教材，初版於 2005 年 11 月，於 2006 年被評選為北京高等教育精品教材後，社會反響較好，於 2008 年入選普通高等教育「十一五」國家級規劃教材。這是對我們的極大鼓勵和鞭策。為了與時俱進地不斷創新，我們根據該教材初版以來羽毛球競賽規則、技術、戰術的變化與發展，結合自己不斷學習和在實際教學訓練與科學研究工作中的心得體會，對教材進行了修訂和補充，作為第 2 版奉獻給讀者。

本教材根據「十一五」國家級規劃教材建設項目精神及編寫要求，以 21 世紀高等教育改革方向為指導，全面貫徹素質教育的宗旨，培養學生學習和掌握羽毛球運動的基本理論和實踐運用能力。本教材主要適用於我國體育院系學生學習，也可作為羽毛球教練員培訓和羽毛球教學與訓練方向研究生的參考教材，同時還可作為羽毛球運動愛好者的學習用書。

本教材的主要特點是注重培養和發展學生的實踐能力，在學習理論的基礎上結合羽毛球運動最新發展動態，適當地增加了技術和戰術教學、訓練與實戰運用以及訓練和比賽等實用性較強的內容，特別是各章後增設了思考與練習題，增加了學習互動；從理論到實踐，由淺入深，由易到難，方便學習者鞏固所學知識，掌握羽毛球運動的基本概念，學會操作方法，從而提高教育品質。

本教材由肖杰教授主編。李京誠教授編寫了第八章，劉國珍副教授和劉萍萍老師（第 1 版為劉小峰編寫了第九章，崔玉鵬副教授和吳豔紅編寫了第十章的部分內容，肖杰教授編寫了其餘各章並做了技術動作示範；劉凡生先生攝製了本教材的技術動作圖片，王兆鼎先生繪製了部分電腦線條圖。首都體育學院體育教學與訓練專業羽毛球運動方向研究生宋曉川、肖婷、余樂、孫玉娟、陳一兵、段月明等對本教材的重新修訂做了大量的校正工作。

衷心感謝支持本教材出版的各位領導和為本教材順利出版給予大力支持的同事。

編　者
於北京

羽毛球運動理論與實踐

圖　例

▲、△、●、○	練習者、隊員
∅	左腳
◉	右腳
——————▶	羽毛球飛行路線
- - - - - -▶	回擊球路線
∿∿∿∿▶	移動路線

≫CONTENTS
目 錄 ≪

第一章 ≫≫ 緒 論 15

第一節 世界羽毛球運動發展概況 15

一、羽毛球運動的起源 15

二、現代羽毛球運動競技起源 15

三、世界羽毛球運動發展的幾個重要時期 16

第二節 中國羽毛球運動發展概況 17

一、現代羽毛球運動傳入中國 17

二、中國競技羽毛球運動的起步 17

三、中國贏得了國際羽壇「無冕之王」的稱譽 18

四、國際羽壇迎來了「中國時代」 19

五、中國競技羽毛球運動的調整期 20

六、中國羽毛球運動的逐步恢復與崛起 20

第三節 羽毛球運動教學目的 21

第四節 羽毛球運動的主要特點與意義 22

一、羽毛球運動簡介 22

二、羽毛球運動的主要特點 22

三、參加羽毛球運動的主要意義 24

第二章 ≫≫ 羽毛球運動擊球基本理論 27

第一節 技術與戰術術語 27

一、技術術語 27

二、戰術術語 29

第二節 擊球技術要素 30

一、場地和擊球位置 30

二、基本技術組成 32

三、基本擊球線路 33

第三節 影響擊球品質的基本因素 34

一、擊球力量　35

二、擊球弧線與節奏　35

三、擊球落點　36

四、擊球拍面　37

五、擊球點與身體位置　38

六、球體旋轉的特點　39

第四節　擊球技術動作的基本結構　40

一、手法技術動作的基本結構　40

二、步法技術動作的基本結構　41

第三章 >>> 單打的基本技術　43

第一節　準備、發球與接發球技術　43

一、擊球前站位準備姿勢　43

二、握拍的方法　45

三、單打發球技術　50

四、單打接發球技術　53

第二節　前場擊球技術　59

一、前場擊球技術種類　60

二、前場高手位擊球技術　61

三、前場低手位擊球技術　65

四、前場擊球步法　67

第三節　中場擊球技術　69

一、中場擊球技術種類　69

二、中場擊球技術　70

三、中場擊球步法　74

第四節　後場擊球技術　77

一、後場擊球技術種類　77

二、後場正手擊球技術　78

三、後場頭頂擊球技術　81

四、後場反手擊球技術　82

五、後場擊球步法　84

第四章 »» 雙打的基本技術 87

第一節 雙打的握拍、發球與接發球 87

一、雙打握拍方法 87

二、雙打發球技術 87

三、雙打接發球技術 92

第二節 雙打的擊球技術 97

一、雙打前場擊球技術 97

二、雙打中場擊球技術 98

三、雙打後場擊球技術 102

第五章 »» 基本戰術理論與實踐 107

第一節 基本技術的戰術意識與運用 107

一、發球、接發球的戰術意識及運用 107

二、前場擊球技術的戰術意識及運用 112

三、中場擊球技術的戰術意識及運用 115

四、後場擊球技術的戰術意識及運用 117

五、雙打擊球技術的戰術意識及運用 120

第二節 單、雙打的基本戰術 125

一、單打的基本戰術 125

二、雙打的基本戰術 127

三、混合雙打的基本戰術! 129

第三節 比賽戰術準備的內容與方法 129

一、觀察瞭解對手的途徑與方法 130

二、比賽前的準備 132

三、比賽中的自我控制與調節 136

四、比賽結束的後續工作 138

第六章 »» 技、戰術教學訓練內容與方法 141

第一節 技、戰術教學訓練的注意事項 141

一、由易到難，由簡到繁 141

二、注重長期系統科學的訓練 142

目
錄

三、掌握正確的技、戰術要領　142

四、技術訓練帶有戰術意識　142

五、注重興趣的培養　143

六、對教師的基本要求　143

第二節　技、戰術教學訓練的內容與方法　144

一、輔助練習的內容與方法　144

二、握拍技術練習的內容與方法　151

三、發球、接發球技、戰術練習的內容與方法　152

四、擊球技、戰術練習的內容與方法　154

五、記分比賽的練習方法　158

六、綜合球路的練習方法　158

第三節　實戰擊球技術診斷　161

一、握拍和接球前準備技術診斷　161

二、發球、接發球技術診斷　163

三、前場擊球技術診斷　165

四、中場擊球技術診斷　168

五、後場擊球技術診斷　170

六、雙打技術診斷　172

第七章 ⫸ 身體素質及其訓練方法　175

第一節　羽毛球運動發展趨勢對身體素質的影響與要求　175

一、身體條件與體質的發展變化對身體素質的影響與要求　175

二、運動器械與場地設施的發展變化對身體素質的影響與要求　176

三、科學技術手段與科學化訓練的發展變化對身體素質的影響與要求　176

四、技、戰術的發展變化對身體素質的影響與要求　177

第二節　身體素質在羽毛球運動中的作用與意義　177

一、身體素質是選手承擔激烈訓練與比賽的基礎　177

二、身體素質是提高運動技、戰術水準的基礎　178

三、身體素質對防範運動損傷與延長運動壽命的積極作用和意義　178

四、身體素質訓練過程是培養選手頑強意志力的重要途徑　178

五、良好的身體素質是選手樹立勝利信心的重要保證　179

| 第三節 | 身體素質訓練的基本原則 | 179 |

一、科學性原則　179

二、長期性原則　180

三、因人而異原則　180

四、全面性與專門性相結合原則　181

| 第四節 | 力量素質訓練的內容與方法 | 181 |

一、基礎力量素質訓練的內容與方法　182

二、專項力量素質訓練的內容與方法　185

| 第五節 | 速度素質訓練的內容與方法 | 188 |

一、基礎速度素質訓練的內容與方法　189

二、專項速度素質訓練的內容與方法　190

| 第六節 | 耐力素質訓練的內容與方法 | 193 |

一、基礎耐力素質訓練的內容與方法　193

二、專項耐力素質訓練的內容與方法　193

| 第七節 | 靈敏素質訓練的內容與方法 | 195 |

一、基礎靈敏素質訓練的內容與方法　195

二、專項靈敏素質訓練的內容與方法　197

| 第八節 | 柔韌素質訓練的內容與方法 | 199 |

一、基礎柔韌素質訓練的內容與方法　199

二、專項柔韌素質訓練的內容與方法　200

第八章 >>> 羽毛球運動員的心理特徵與心理訓練 203

| 第一節 | 教學訓練的心理學基礎 | 203 |

一、制約教學訓練的心理因素　203

二、羽毛球教學訓練對心理發展的促進作用　205

| 第二節 | 羽毛球運動員專項心理特徵分析 | 207 |

一、「球感」　208

二、直覺性運動思維　209

三、運動情緒　210

四、運動意志　210

五、個性心理特徵　211

第三節 羽毛球運動員專項心理訓練 211
一、心理訓練的基本原則 212
二、羽毛球運動員專項心理訓練 213
三、羽毛球運動員比賽的心理調節 220

第九章 ⟫⟫ 羽毛球競賽、裁判方法與場地器材設備 223

第一節 羽毛球競賽項目與方法 223
一、競賽項目 223
二、競賽方法 224

第二節 羽毛球裁判員的職責與裁判方法 228
一、裁判長的職責與工作流程 229
二、主裁判的職責與工作流程 231
三、發球裁判員的職責與工作流程 239
四、司線員的職責與裁判方法 244
五、記分員的職責與工作方法 245

第三節 羽毛球競賽場地、器材設備及其附屬物品 246
一、競賽場地及其附屬設施 246
二、器材設備 247
三、附屬物品 249

附錄一　主裁判臨場規範用語 251
附錄二　比賽用表 253

第十章 ⟫⟫ 羽毛球運動常識 257

第一節 羽毛球運動與健康! 257
一、羽毛球運動與身體的發展 257
二、羽毛球運動與心理健康的發展 259
三、羽毛球運動與社會適應能力的發展 260

第二節 羽毛球運動中的損傷及其預防 263
一、羽毛球運動中常見的損傷 264
二、運動損傷的預防措施 266
三、運動損傷後的康復治療與訓練 268

第三節 羽毛球運動的營養知識 270

一、人體運動時能量代謝的供能系統 270

二、羽毛球運動能量代謝特點 270

三、羽毛球運動供能理論在運動營養補充中的運用 271

四、羽毛球運動員的科學膳食 273

第四節 羽毛球運動在不同人群健身運動處方中的運用 274

一、在少年兒童健身運動處方中的運用 274

二、在青少年健身運動處方中的運用 275

三、在婦女健身運動處方中的運用 276

四、在中老年人保健與康復健身運動處方中的運用 277

第五節 羽毛球運動知識 278

一、羽毛球運動禮儀知識 278

二、羽毛球運動服裝器材知識 280

主要參考文獻 287

目
錄

羽毛球運動理論與實踐

第一章　緒　論

第一節 ✦ 世界羽毛球運動發展概況

一、羽毛球運動的起源

羽毛球運動起源於民間體育活動。據考證，在遠古時期，華夏大地就有類似羽毛球的遊戲活動存在。《民族體育集錦》記載：「中國遠古時期有類似羽毛球遊戲的活動存在，這種活動分佈在中國西南地區，至少有七個民族做過這種活動。」

例如，苗族祖先在正月期間把一些五顏六色的雞毛做成花毽，成群結隊地在稱做「毽塘」的場地上做「打花毽」遊戲。遊戲開始，少女先向小夥子拋出花毽，然後小夥子用手掌將花毽擊打回少女一方，一來一往，儘量使之不落地。

又如，古代基諾人則玩「打雞毛球」遊戲。所用的「球」是將一束美麗的羽毛插入用油布包著的木炭球托上，其製球原理和結構較接近今天的羽毛球。遊戲時雙方用手拍打。比賽場地畫中線為界，一方打過來的球，另一方必須打回去，球不過中線為輸。《後漢書》等史料也記載了仡佬族有類似的遊戲活動。

據英國《大不列顛百科全書》記載：「原始的羽毛球遊戲至少在 2000 年前或更早，即已在中國東南部民族和民間社會中流傳了……」

二、現代羽毛球運動競技起源

現代羽毛球運動起源於英國。相傳在 1860 年的一天，英國格那斯哥郡的伯明頓鎮（Badminton City）鮑費特公爵家招待客人，因為下雨，莊園內積水不退，客人只能退回大廳，有人提議玩「毽子板」遊戲消磨時光，這種遊戲引發了客人的興趣，他們把它帶回各地，後來這種遊戲被稱為「伯明頓（Badminton）」。這就是現代羽毛球運動的起源和它的英文名稱的由來。

據記載，世界上第一部關於羽毛球比賽、裝備、場地等內容的規定是於1873年草擬於印度的普那，被稱為「普那規則」。比較完善的羽毛球比賽規則出現於1886 年的英國。1893 年英國成立了第一個羽毛球協會。1899 年 4 月 4 日，在英國

倫敦舉行了歷史上首屆羽毛球比賽，稱為全英羽毛球錦標賽。這項賽事除1915—1919 年因第一次世界大戰停辦過 5 屆，1940—1946 年因第二次世界大戰停辦過 7 屆以外，每年舉辦一次，延續至今。2010 年 3 月，成功舉辦了 100 屆，影響廣泛。因此，國際體育界普遍認為現代羽毛球運動起源於英國。

三、世界羽毛球運動發展的幾個重要時期

世界羽毛球運動發展，主要經歷了以下幾個時期：

20 世紀上半葉，羽毛球運動在歐美迅速發展。英國、丹麥、美國、加拿大等國家的羽毛球運動技術水準進步很快。

在 1947 年全英羽毛球錦標賽上，丹麥取得了 5 個單項中的 4 項冠軍，第二年又囊括了全部 5 個單項的冠軍。美國繼1949 年全英錦標賽首次奪得男單冠軍後，女子又創造了第 1、2、3 屆尤伯杯賽的「三連冠」戰績。這一時期，羽毛球技術風格突出的特點是慢和穩，打法多以慢拉慢吊為主。

20 世紀 40 年代末至 50 年代初，亞洲羽毛球運動日漸發展。馬來西亞率先打破歐美一統天下的局面，他們「以快制慢，以攻為主」的技、戰術特點，在連續奪得第 1、2、3 屆湯姆斯杯賽冠軍的同時，又在 1950 年的全英錦標賽中一舉獲得男子單、雙打冠軍。國際羽壇開始出現了亞歐選手競爭的局面，而且亞洲後來居上，勢頭強勁。

50 年代後期，印尼羽毛球運動異軍突起，他們在廣泛吸收歐亞羽毛球強國選手先進技術的基礎上，加快了擊球的速度和注意對球落點的控制，在穩和準的前提下發展了快速進攻，在第 4 屆湯姆斯杯賽中擊敗馬來西亞獲得冠軍。此後，又連續獲得第 5、第 6 屆湯杯冠軍，開創了湯杯史上第二個「三連冠」紀錄。從 1958—1979 年的 20 年間 8 屆湯杯賽中，印尼隊共奪得 7 次冠軍。

60 年代中後期，中國羽毛球運動開始走向世界。中國選手在吸收歐亞強手先進技、戰術的基礎上，著重在基本手法和步法上進行大膽革新，創造出一整套獨特的訓練方法。在「快、狠、準、活」技術風格和「以我為主、以攻為主、以快為主」戰術風格的指導下，在雙邊比賽中兩度擊敗世界冠軍印尼隊和戰勝北歐勁旅丹麥、瑞典等強隊。但由於中國當時沒有加入國際羽毛球聯合會，不能參加正式的世界比賽，所以這段時期，中國羽毛球運動被譽為世界羽毛球運動的「無冕之王」。

70—80 年代，世界羽壇成為亞洲的時代。1981 年世界羽聯和國際羽聯合併後，推動了這項運動的發展，而亞洲選手占據了世界羽毛球比賽的優勢地位，男子以中國、印尼、韓國、馬來西亞為龍頭，女子以中國、印尼、韓國和日本為首，幾乎壟斷了湯姆斯杯、尤伯杯、蘇迪曼杯、世界錦標賽等世界各種大型比賽中的各項桂冠。亞洲選手在原來快攻打法的基礎上，全面提高了控制與反控制的技術能力，世界羽毛球運動技、戰術都進入全面發展時期，比賽中的精彩場面不斷，極具觀賞

性，越來越受到人們的喜愛，終於在 1992 年成為奧運會的比賽項目，並設有男子、女子單打和男子、女子雙打 4 個比賽項目。

1996 年亞特蘭大第 26 屆奧運會，羽毛球比賽增設混合雙打項目，使其金牌總數達到 5 枚，成為奧運會隔網對抗項目中金牌數量最多的一個競賽項目。

第二節 ♠ 中國羽毛球運動發展概況

一、現代羽毛球運動傳入中國

現代羽毛球運動於 20 世紀初傳入中國，主要是在上海、廣州、天津、廈門等外國租界內和基督教青年會、教會學校中開展。這個時期的羽毛球運動多以娛樂和健身為主，少數俱樂部內也有比賽。20 年代，上海租界曾舉辦過「萊盾國際羽毛球賽」，上海各國租界內的僑民以各自國家名義組隊參賽，盛況空前，被稱為「萬國羽毛球賽」。這一賽事也許是有史料記載的中國最早期的羽毛球比賽，這是由外國僑民在中國土地上開創的現代羽毛球比賽。

30 年代，上海聖約翰大學的部分南洋歸國華僑學生最早代表中國參加羽毛球比賽，他們組成了一支羽毛球隊，取名「飛梭隊」。1936 年飛梭隊參加租界的羽毛球乙組聯賽獲得冠軍。飛梭隊的兩名主力隊員梁鴻德和江望松入選「中華隊」，參加了上海萬國羽毛球賽。

1939 年，飛梭隊第二代隊員打進了上海租界羽毛球甲組聯賽，分別戰勝了法商甲隊、聯合教堂隊、英人總會隊和俄僑聯隊，奪得團體冠軍。洪德全、侯樹基兩位選手還獲得雙打冠軍。1944 年上海羽毛球協會成立，這是現代羽毛球運動傳入中國後最早的羽毛球運動組織。1948 年，舊中國第 7 屆全運會首次將羽毛球列為表演項目，著名選手有洪德全、李國藩、張芝英等。

二、中國競技羽毛球運動的起步

1949 年後，競技羽毛球運動開始起步。1953 年，中國首次舉辦以行政區劃為單位的全國「四項球類」大賽，羽毛球運動列為正式比賽項目。使用的競賽規程是上海基督教青年會羽毛球訓練班教練司徒桐與學員王中成於1949 年 10 月翻譯的《全英羽毛球錦標賽裁判規程》。在這次大賽上，上海選手李國藩、王妙松分獲男子單打冠、亞軍，並合作獲得雙打亞軍。賽後，以上海選手為主組成的中國羽毛球隊與來訪的印尼隊進行了一場友誼比賽，結果兩場比賽客隊均獲勝。

向印尼等國家學習競技羽毛球運動技術提上了日程。1954 年 6 月，王文教、

陳福壽、黃世明、施寧安等一批印尼愛國華僑回國定居。在國家有關部門的支持下，福建省組建了以王文教、陳福壽等為主力的羽毛球隊。江蘇省將黃世明、施寧安等請到上海，成立了上海羽毛球隊。這些球隊的成立推動了全國競技羽毛球運動的發展。這批來自印尼的歸僑為中國羽毛球運動帶來了當時最先進的技、戰術訓練思想、方法和競賽手段，成為中國競技羽毛球運動起步的引路人。

　　1958 年 9 月，中國羽毛球協會正式成立。在成立大會上，中國羽毛球協會根據世界羽毛球運動發展狀況，規劃了全國羽毛球競技運動發展目標，提出了「十年之內打敗世界冠軍」的口號。

〔註〕 台灣於民國 45 年（1956 年）12 月 5 日以「中華全國羽球委員會」創立，自民國 62 年（1973 年）改稱為「中華民國羽球協會」。從民國 69 年（1980年）起協會以「Chinese-Taipei Badminton Asscciation」向國際羽球組識註冊。

三、中國贏得了國際羽壇「無冕之王」的稱譽

　　20 世紀 60 年代是中國競技羽毛球運動趕超世界水準時期。湯仙虎、侯加昌、方凱祥、陳玉娘、梁小牧、傅漢洵等又一批印尼華僑歸國，帶回了一些國際羽毛球最新的技術和戰術，也為中國羽毛球運動向羽毛球強國邁進奠定了基礎。

　　中國競技羽毛球運動員在學習、繼承和創新方面逐漸取得一些成果。在學習借鑑國外先進技、戰術的同時，結合中國選手的身體特點，對基本的技、戰術進行了大膽革新。在步法上創新了並步和蹬跳步，有效地擴大了選手在場上的移動控制範圍，提高了移動速度，形成了一套中國式獨特的步法實戰訓練理論方法。在手法上，中國選手突破了以往過大且緩慢的手法動作，強調了手法動作在一致性和突變性前提下，做到出手動作小而快、擊球點高、爆發力強，逐步形成獨特的快速、多變的手法實戰訓練方法，確定了「快、狠、準、活」的技術風格和「以我為主、以攻為主、以快為主」的發展方向，成為中國羽毛球運動的理論基礎。

　　受當時中國所處國際環境影響，中國羽毛球協會未能與國際羽毛球聯合會建立起正常聯繫，中國羽毛球隊失去了很多參加國際大賽的機會。缺乏國際大賽經驗的中國羽毛球隊，主要透過與一些羽毛球強國的互訪賽、交流賽、對抗賽等形式增加相互瞭解和進行技術交流，並且取得一些佳績。

　　1963 年和 1964 年，中國隊曾兩次以大比分擊敗了當年的世界冠軍印尼隊。1965 年中國隊出訪歐洲取得了全勝戰績。在訪問丹麥比賽中，湯仙虎在一局比賽中曾以 15：0 戰勝了 6 次獲得全英錦標賽男單冠軍的丹麥名將考普斯。湯仙虎從 1963 年到 1975 年退役期間，在與外國羽毛球選手比賽中保持了全勝戰績。中國羽毛球隊贏得了國際羽壇「無冕之王」的稱號。這是中國羽毛球運動的第一個「黃金時期」。

　　十年「文化大革命」給中國羽毛球運動的發展造成了嚴重影響。

羽毛球運動理論與實踐

四、國際羽壇迎來了「中國時代」

隨著中國改革開放進程的推進，中國羽毛球運動進入世界體壇，逐步迎來了全面發展時期。1981年5月，國際羽毛球聯合會正式接納中國羽毛球協會為會員。是年5月10—21日，中國男子羽毛球隊首次參加了在英國倫敦舉行的第12屆湯姆斯杯賽決賽階段的比賽。經過10天的激戰，中國隊打進決賽，與7次奪得湯姆斯杯的印尼隊爭冠。

決賽分兩天進行，中國羽毛球隊首日比賽過於拘謹，未能完全發揮自己的特長，失誤也較多，以1：3的比分暫時落後。經過總結經驗，第二天中國隊奮力拚搏，連續四場取勝，奇蹟般地反敗為勝，以5：3的總比分擊敗了衛冕的印尼隊，奪得了湯姆斯杯，首次獲得世界男子羽毛球團體冠軍。國際羽壇人士稱：「中國隊首次參賽就獲得了湯姆斯杯，標誌著世界羽毛球運動從此進入了一個新的時代。」中國男子羽毛球隊隨後連續奪得第14、15、16三屆湯姆斯杯的冠軍，中國隊首次獲得了湯姆斯杯的「三連冠」，國際羽壇迎來了「中國時代」。

1984年，中國女子羽毛球隊首次組隊參加尤伯杯賽，以快速多變的打法令人耳目一新，均以5：0的比分擊敗英格蘭、韓國、丹麥、日本和印尼隊，奪得了第10屆尤伯杯賽冠軍，第一次成為世界女子羽毛球團體冠軍。中國女子羽毛球隊隨後又連續4屆奪取尤伯杯，創造了尤伯杯賽設立以來的「五連冠」。

80年代，中國羽毛球運動實現了全面發展的目標。在競技領域，形成了一批以王文教、陳福壽、湯仙虎、侯家昌、陳玉娘、林詩銓等實力強、經驗豐富的教練團隊，培養出包括韓健、欒勁、孫志安、姚喜明、陳昌杰、李永波、田秉毅、楊陽、趙劍華、熊國寶、張強、周金燦、陳康、陳紅勇等一批男子優秀選手和張愛玲、李玲蔚、韓愛萍、關渭貞、林瑛、吳迪西等優秀女子選手，同時具備了在男女單打、男女雙打和混合雙打5個單項與世界一流選手抗衡的實力，在國際各項比賽中共獲得65項世界冠軍。

中國競技羽毛球運動不斷取得優秀成績，極大地鼓舞了中國民眾的愛國熱情，群眾性羽毛球活動蓬勃發展，促進了羽毛球管理和培養體制的改革，形成了國家羽毛球隊、省市羽毛球隊和業餘體校三級羽毛球人才培養梯隊。

在賽事安排方面，國家的體育管理部門增設了全國青少年羽毛球錦標賽、全國羽毛球比賽、全國羽毛球雙打比賽、全國羽毛球團體賽等重大賽事。國家不斷加大對競技和群眾羽毛球運動的投入，全國羽毛球運動場所、器材、科研、教育等不斷提高和發展。

中國在國際羽毛球專業機構組織中，開始發揮重要作用。王文教擔任了當時國際羽毛球聯合會理事、亞洲羽毛球聯合會副主席等職；呂聖榮成為當時國際羽毛球聯合會的首位女主席，他們都在羽毛球國際組織中發揮了巨大的作用。中國改革開放的深入和經濟實力的增強，推動了中國羽毛球運動的發展，中國選手在國際羽壇

的傑出表現，增進了國際社會對中國的瞭解和認識。中國羽毛球運動員獨特的技、戰術，促進了世界羽毛球運動的發展。

五、中國競技羽毛球運動的調整期

20 世紀 90 年代初，中國競技羽毛球運動逐步進入調整時期。國家羽毛球隊教練班子首次新老交替：王文教、陳福壽、湯仙虎、侯加昌、陳玉娘、丘玉芳等相繼退出，李永波、田秉毅、李玲蔚、唐學華、李矛、鐘波等逐漸擔任各個項目的教練員。李永波、田秉毅、楊陽、趙劍華、熊國寶等男子選手退役，李玲蔚、韓愛萍、林瑛、吳迪西、錢萍等女子運動員也退役，一批新選手尚未進入最佳運動時期。

國際羽毛球運動整體水準仍在不斷提高。在 20 世紀 80 年代的「中國時代」，歐亞羽毛球強國都把中國羽毛球隊作為主要對手，重點加強對中國羽毛球運動員技術、戰術運用和訓練方法的研究，並針對中國優秀選手的技、戰術特點，進行大量對抗性訓練。英國、瑞典、丹麥、印尼、馬來西亞、日本、韓國等加大投入，吸引中國優秀教練員和運動員到他們國家執教和打球。歐亞羽毛球強國之間的人才和技術交流也在加強。

從整體看，歐洲羽毛球選手在保持身高和體能優勢的同時，逐步借鑑亞洲運動員手法細膩多變、步法快速靈活和意志頑強等特點；亞洲羽毛球選手身高和力量也在提高。世界競技羽毛球運動再次出現歐亞並進的格局。

20 世紀七八十年代，世界羽毛球整體水準的大幅提高，加之先進科技傳媒手段的廣泛運用，羽毛球運動被更多國家和民眾接受，最終於 1992 年成為夏季奧運會正式比賽項目，設置了除混合雙打外的 4 個項目金牌，1996 年混合雙打也成為正式比賽項目。越來越多的國家據此將羽毛球運動列入本國奧運戰略，加強人力、物力和財力投入，羽毛球場地、球拍、球弦、服裝和鞋襪等材料革新速度加快。這一趨勢推動了國際羽毛球運動水準的全面提高。

受上述等因素的影響和衝擊，中國競技羽毛球運動水準提高幅度較前顯緩，在國際羽毛球主要比賽中成績較前下降。在 1992 年巴塞隆那奧運會羽毛球比賽中，除關渭貞、農群華獲得女子雙打銀牌外，中國選手在其餘 3 個單項比賽中均未能進入決賽。中國競技羽毛球運動進入全面調整期。

六、中國羽毛球運動的逐步恢復與崛起

隨著中國改革開放不斷深入和經濟實力持續增長，包括國民身體素質和體育運動水準在內的國家綜合實力上升的迅猛勢頭，中國國際地位日益提高，中央和地方各級政府高度重視競技體育和全民健身，加強了管理，加大了投入，中國運動員在國際體壇不斷取得優異成績，中國整體競技體育水準向世界強國行列邁進，這些成

績的取得進一步激發起大眾關心競技體育、參與體育活動的熱情。中國逐步形成了經濟發展推動全民體育素質和運動水準提高、體育運動發展又促進社會進步和經濟增長這一良性互動與循環局面，中國羽毛球運動也再次進入一個全新發展階段。

20 世紀 90 年代中期開始，中國羽毛球運動在管理體制、人才培養與選拔、訓練方法與賽制管理、獎罰制度等方面的調整與改革逐步取得成果。國家隊、省市隊、業餘體校等各梯隊教練員知識結構更趨合理，專業化與年輕化程度更高，管理方法和訓練手段更科學。一批又一批年輕羽毛球選手進入各級專業隊，並大膽採用科學和先進的訓練手段。社會大眾對羽毛球運動的參與和支持、新聞媒體對羽毛球比賽的關注等均達到前所未有的程度。

1995 年，中國羽毛球隊奪得第 4 屆世界男女羽毛球混合團體賽蘇迪曼杯冠軍。1996 年在美國亞特蘭大奧運會羽毛球比賽中，中國女子雙打選手葛菲和顧俊獲得了冠軍，實現了中國羽毛球在奧運會上金牌「零」的突破，標誌著中國競技羽毛球運動全面恢復和發展。

進入新世紀，中國羽毛球運動在 2000 年澳洲雪梨奧運會上獲得男子單打、女子單打、女子雙打和混合雙打 4 枚金牌。2004 年中國羽毛球隊全方位出擊，取得多項好成績：中國男子羽毛球隊 12 年後重新奪回湯姆斯杯，中國女子羽毛球隊連續 4 屆保持尤伯杯，他們再接再厲，於 2004 年在第 28 界希臘雅典奧運會上獲得了除男子單、雙打以外的 3 項冠軍。中國重返世界羽毛球強國行列，並在舉世矚目的 2008 年第 29 屆北京奧運會上奪取了除男子雙打和混合雙打以外的 3 項冠軍。

種種跡象和趨勢表明，伴隨著更多國家加大對羽毛球運動的投入，世界羽毛球運動正孕育著新的變革。這將反映在羽毛球運動員意志、身高、力量、速度、耐力、靈敏素質和體能等方面，也將反映在運動員手法、步法等技、戰術變化方面，還將反映在賽制和規則等改革方面。總之，世界羽毛球運動發展的動力仍將是世界經濟、科技和社會的進步。

第三節 🏸 羽毛球運動教學目的

羽毛球運動的教學目的是系統介紹羽毛球運動的發展歷程、基本概念、基本技術、戰術、體能素質、心理品質、競賽規則、裁判方法和運動常識；指導學生正確理解羽毛球運動的規律，幫助學生逐步掌握羽毛球運動的主要技術和戰術；培養學生對羽毛球運動的愛好和興趣；為開展和普及羽毛球運動培養專門的技術人才。具體說有下列目的。

第一，體育運動所傳播和宣揚的奧林匹克精神、原則和體育道德，如競爭、協作、團結、謙虛、誠實、公正、友誼是社會不可缺少的規範和品質，具有廣泛的教育意義。羽毛球運動教育人熱愛國家，熱愛體育事業，培養良好的體育道德作風、

頑強意志品質和進取精神，形成正確的世界觀和人生觀，有助於培養「德、智、體、美、勞」全面發展的高素質人才。

第二，透過羽毛球運動特有的手段，培養和發展綜合素質，培養知難而進、頑強拚搏、敢想敢幹的現代競爭意識。羽毛球運動是一項值得傾注畢生精力的事業。在探索此項運動規律的實踐中，掌握技術，克服困難，提高主觀能動性，加深對此項運動的理解，從而熱愛這項運動。透過學習與訓練，在有挑戰、有壓力的環境中，挖掘和證實自我潛能，增強自信心。

第三，結合羽毛球運動的專項特點，瞭解羽毛球運動的起源、發展進程及其文化背景，系統掌握此項運動的特點和知識結構體系，掌握教學、訓練原則及基本技術和戰術方法與原理，掌握羽毛球運動的競賽組織、規則與裁判方法等基本理論知識。

第四，系統介紹羽毛球運動的基本技、戰術方法，強化基本技、戰術的概念和要領，鞏固正確姿勢，糾正不良或錯誤動作，形成良好的技、戰術規範，培養和提高技、戰術意識與應變能力，以適應羽毛球運動的需要。

第五，促進身體機能全面發展，提高內臟器官功能，增強體質，以滿足學習和工作的需要。在此基礎上，努力發展羽毛球運動所需要的專項素質和能力，為技術水準的提高打下堅實基礎，奠定適應羽毛球比賽激烈對抗的基礎。

第六，掌握運動心理和生理知識，學習科學的鍛鍊方法，提高自我控制能力，在教學中培養學生的創新能力和組織能力。

第四節 ☙ 羽毛球運動的主要特點與意義

一、羽毛球運動簡介

羽毛球運動是一項相互進行擊球對抗的球類項目。參加運動的雙方以 1.55 公尺高的球網為界，分處羽毛球場地的各自半場，用羽毛球拍在空中擊打一個羽毛球，每次擊球後，球必須從網上方進入對方場區，以球落地或迫使對手回球時將球擊出界外為勝。一場羽毛球比賽沒有競賽時間限制。

二、羽毛球運動的主要特點

（一）不確定性

在進行羽毛球運動時，從擊球時的某一單個的擊球手法和移動步法來看，是有一定規律的。但受對方擊球後來球的方向有左有右、來球的角度和弧度有大有小、

來球的距離有長有短和來球的力量有強有弱等不定因素的影響，球的落點變化無常，因此，運動中技術動作沒有固定的模式，一切技、戰術都是在「動態」的狀況下完成的。同一情況可以用幾種不同的方法處理，而且由於對手的狀況不同，回擊球對自己的影響也是不同的。

羽毛球多變和不確定的運動特點，要求選手具有在場上全方位出擊的能力，選手必須在極短時間裏，運用交叉步、墊步、跨步、蹬跨步、蹬跳步、起跳等各種步法向來球的方向迅速移動到適當位置，並以發球、前場、中場和後場等手法技術將球擊向對方場區。羽毛球運動這種不確定性特點，決定了速度力量和速度耐力素質是這一運動的基礎。

（二）比賽無時限

羽毛球競賽方式要求選手具備長時間持續工作的能力，隨球忽快、忽慢不停地移動擊球。羽毛球運動要求的素質不是長跑運動員所具備的週期性運動耐力素質，而是一種符合羽毛球運動特點的專門化速度耐力素質。

耐久力很強的長跑健將，在羽毛球場上往往比羽毛球選手更快地感到疲勞，因為長跑運動員習慣於持續的週期性運動，而羽毛球選手則具備一種強度經常變化，並與速度和靈敏性緊密結合的專門性速度耐力。其變化幅度的強弱，則取決於競賽雙方選手的技、戰術品質。

羽毛球比賽通常採用三局兩勝制，先得到規定分數的一方為勝方，不受時間限制。大型比賽中，無論是單打還是雙打比賽，雙方選手實力相當，久攻不下的情況比比皆是，有時一個球的競爭就要打一百多拍，得 1 分都非常不容易，一場比賽可能持續一個多小時，甚至兩個小時，雙方體力消耗巨大。這種發展趨勢，使比賽變得更加艱苦，對選手身體和心理素質能力的要求也就更高了。

（三）快速爆發力量

從羽毛球選手在場上身體運動的動作來觀察，選手的上肢運動是由手臂肌肉運動產生爆發力，並揮動羽毛球拍將球擊出；下肢運動是下肢肌肉在力的作用下，產生快速移動，使人體在短時間內到達合適的位置，協調上肢完成擊球動作。因此，羽毛球運動員需要的力量素質必須與速度緊密聯繫在一起，是一種動力性的速度力量，即爆發力。這種力量素質要求在短時間內產生強大的爆發性力量。下肢爆發性的起動蹬力，會加速身體的移動速度；上肢爆發性的手指與腕部力量，能使擊球動作更加有力。

（四）瞬息萬變

羽毛球飛行的速度可達每小時 300 多公里，對選手的靈敏性素質提出了很高的要求。選手在運動中動作轉換的快慢，對來球的判斷是否準確，都會直接影響對抗

中的主動權。每一項技、戰術的運用與實施，都離不開選手的判斷快、反應快、起動快、移動快、蹬跳快、擊球動作快和回動快，既要在變化莫測的瞬間判斷來球的方向，迅速向來球方向移動擊球，又要根據對手的位置迅速決定回擊的路線對策。因此，羽毛球選手只有具備了這種快速靈敏素質和思維決斷能力，才能在高速度的激烈競爭中立於不敗之地。

（五）全方位運動

羽毛球屬於輕巧型球類運動，具有全方位運動的特點。兩個拍子一個球，無論走到哪裏，無論在室內室外和是否架網，只要有空地，就能進行羽毛球運動。

飄逸的羽毛球，纖細的球拍，場地方便，器材簡單，老少皆宜，充滿樂趣，形成了羽毛球特有的風格。它既是集技巧性、智能性和對抗性為一體的競技比賽項目，又是強身健體、趣味性強、普及面廣的大眾體育運動項目。任何人都可根據自己的年齡和身體狀況，選擇適量的運動強度。羽毛球運動可滿足不同年齡、不同訓練層次愛好者的需求。

少年兒童進行羽毛球運動，能透過在場上不停的奔跑跳躍擊球增強身體的協調能力，提高反應和靈敏度，促進身體生長發育。在此過程中，還能培養他們不怕困難、不甘落後的品質，從小養成運動鍛鍊的良好習慣，為將來的學習和工作打下良好的身體基礎。

青年進行羽毛球運動，能培養對體育的興趣愛好，養成健康的生活意識和終身進行體育運動的習慣。一定強度的羽毛球運動，既能提高身體各方面的機能，促進身體健康成長，又能培養頑強的拚搏精神和優良的意志品質，從而提高身體素質和心理品質，是促進品德、體能和智力發展的良好手段。

成年人利用工作空餘時間進行羽毛球運動，不但能加快身體的新陳代謝，保持勻稱體形，還能緩解生活壓力，提高工作效率。同時，羽毛球運動可作為一項家庭娛樂活動，它不僅能鍛鍊身體，還能使家庭成員感情和諧，關係融洽，身心舒暢。

老年人和體弱者從事羽毛球運動時可以放慢運動節奏，進行一些活動量小的擊球運動，達到舒展筋骨的目的。

經常參加羽毛球運動能促進血液循環，長期鍛鍊能保持腦部、眼睛、上下肢體的協調性和敏捷性，有利於身心愉快，延年益壽。

三、參加羽毛球運動的主要意義

（一）有助於培養競爭意識和進取精神

公平競爭是促進社會進步與發展的動力，競爭精神是現代人的重要素質。羽毛球運動特有的對抗性、強負荷的鍛鍊方式，有助於培養充滿自信、不怕困難、頑強拚搏、積極進取的現代人才。

（二）有助於強身健體，提高免疫力，緩解疲勞

羽毛球是一項技能性運動，要求腦、眼、手、腳密切協作，全身心地投入。羽毛球運動量大，速度快，能有效地消耗多餘的脂肪，調節肌肉密度，塑造優美形體，還有助於緩解眼睛、大腦和頸椎的疲勞狀況。

經常參加羽毛球運動，可提高機體的靈敏性、協調性，改善人體代謝功能，提高吸氧能力，提高免疫力。

（三）有益於加強文化修養

參與羽毛球運動，瞭解羽毛球運動的發展歷史和文化背景，學習並遵守運動規則，形成尊重對手和尊重裁判的賽場作風，對培養協作、忍讓、謙虛、豁達等優良品質大有益處，有利於樹立正確的人生觀和世界觀。

（四）有益於陶冶情操，增添生活情趣

參與羽毛球運動能夠保持優美瀟灑的姿態和朝氣蓬勃的精神狀態。無論是參加羽毛球運動，還是觀看羽毛球比賽，都能從中體會到靈動的變化之美，感受到這項運動的魅力。

羽毛球運動就是一個發現美和創造美的過程，其中樂趣無窮。

（ 思考與練習： ）

1. 簡述羽毛球運動的發展概況。
2. 簡述羽毛球運動在中國的發展概況。
3. 羽毛球運動的特點有哪些？
4. 結合實際談談羽毛球運動的意義。

羽毛球運動理論與實踐

第二章　羽毛球運動擊球基本理論

第一節　✦　技術與戰術術語

一、技術術語

（一）步法技術術語

1. **步法**：指腳步移動的動作方法。

2. **判斷起動**：由接球前的準備動作開始，在對方出手擊球的瞬間，判斷來球方向，同時雙腳前腳掌迅速蹬地向來球方向起動。判斷起動快是迅速移動到位、爭取有利擊球位置的前提和保障。

3. **蹬步**：由支撐腿向前後左右等方向用力蹬地獲得力量所產生的腳步位移。

4. **跨步**：一腳向前後左右跨步，伴隨手臂完成擊球。步法間的調整多用跨小步，跨大步用於最後擊球。

5. **跳步**：爭取擊球時間和獲得擊球高度而騰空躍起的擊球步法，可利用跳步配合完成各種擊球動作。

6. **墊步**：幅度小速度快的一種移動步法，用於步法間的銜接。

7. **並步**：一腳先移動，雙腳隨之離地向空中躍起，同時另一腳向先行腳併攏，完成位移。

8. **回位**：由跨步或跳步完成擊球動作後，立即向中心位置回動。擊球後保持身體平衡是快速回位的關鍵。

9. **步法慢**：指場上腳步移動跟不上對方擊球的速度。

（二）手法技術術語

1. **手法**：握拍手擊球的動作方法。
2. **手臂內旋**：握拍手向身體內側方向轉動（圖2-1）。
3. **手臂外旋**：握拍手向身體外側方向轉動（圖2-2）。
4. **手腕外展**：拇指向橈骨側靠攏（圖2-3）。
5. **手腕內收**：小指向尺骨側靠攏（圖2-4）。

6. **手腕後伸**：手腕由矢狀面位置開始向後移動（圖 2-5）。

7. **手腕前屈**：手腕由矢狀面位置開始向前移動（圖 2-6）。

8. **擊球點**：球拍與球接觸時身體、球拍與球之間的距離位置。

9. **擊球點偏前**：身體、球拍與來球間距離位置相距太遠，身體位置在後，擊球點在前，形成「搆」球打之勢（圖 2-7）。擊球位置偏前，容易下網。

10. **擊球點偏後**：擊球點位置在身體平行面之後（圖 2-8）。擊球位置偏後，不利於發力。

圖 2-1　手臂內旋

11. **擊球點偏低**：擊球點位置距離身體太近，屈臂擊球（圖 2-9）。不利於發力。

12. **持拍手**：握持球拍的手。

13. **非持拍手**：沒有握持球拍的手，發球時用於持球、拋球。擊球過程中，協助持拍手保持身體平衡，完成擊球。

圖 2-2　手臂外旋

圖 2-3　手腕外展

圖 2-4　手腕內收

圖 2-5　手腕後伸

圖 2-6　手腕前屈

圖 2-7　擊球點偏前

圖 2-8　擊球點偏後

圖 2-9　擊球點偏低

14. 握拍：持拍手與球拍柄的接觸方式。

15. 引拍：擊球的前期準備。如同射箭引弓一般，透過向擊球反方向引拍產生力臂距離，為發力擊球做必要準備。

16. 正手擊球：採用與持拍手手掌心同向的正拍面擊球。

17. 反手擊球：採用與持拍手手背同向的反拍面擊球。

18. 頭頂擊球：右手持拍，採用正拍面回擊左肩前上方（即反手上手區域）位置的球。

19. 出手慢：揮臂速度遲於球體運行速度。

二、戰術術語

1. 單打中心位置：球網至端線半場的中心稍後半步的位置（見圖 3-2）。

2. 雙打前場選手中心位置：在前發球線與場地中線交叉點附近（見圖 5-16）。

雙打後場選手中心位置：在雙打後發球線與場地中線交叉點向前一步的位置（見圖 5-16）。

雙打防守中心位置：取半場場地的中部（見圖 5-17）。

中心位置是場地「大本營」，每次出動完成一次擊球後，都要回到中心位置。

3. 站位：根據戰術及對方的技術特點需要，在對方擊球前，採取的有利準備位置。

4. 競賽節奏：指雙方一來一往擊球所需的時間，其快慢受擊球速度和球飛行弧線的限制。

5. 球路：指根據戰術需要，有選擇地將各種出球線路進行的組合。

6. 擊球力量：指持拍手揮拍作用於球托上的力量。

7. 正拍面擊球：球拍面與球托呈正面接觸。

8. 斜拍面擊球：球拍面與球托呈斜面接觸。

9. 發球者：行使發球權的選手。

10. 接發球者：接對方發球的選手。

11. 擊球前的準備姿勢：在準備和判斷對方出球階段等待對方來球的姿勢。

12. 判斷：根據對方的戰術意圖、擊球規律、技術動作特點等，在其出球前作出的預測。簡單地說就是判定對方會將球擊至何處。

13. 半場球：有兩層意思，其一，擊球力量不足，出球飛行距離不到對方後場的端線（底線），在其中場附近；其二，指雙打中將球擊至對方前場選手與後場選手之間的中半場位置。

14. 技術動作一致性：指在後場、前場或中場做同類擊球技術動作時，擊球前的準備、引拍階段動作姿勢相同，隱蔽性強。

第二節 ▲ 擊球技術要素

一、場地和擊球位置

（一）擊球區域

將場地劃分為前場、中場和後場，此範圍內為擊球區域。

1. 前場區域：前發球線附近至球網的區域（圖 2-10）。

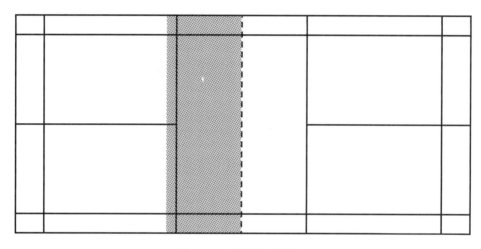

圖 2-10 前場擊球區域

2. 後場區域：雙打後發球線附近至場地端線的區域（圖 2-11）。

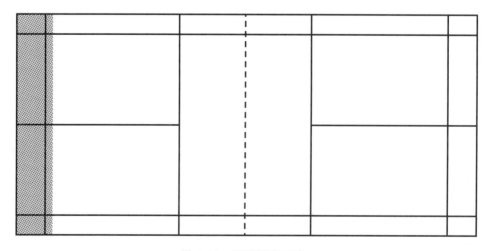

圖 2-11 後場擊球區域

3. 中場區域：前發球線以後至雙打後發球線以前的區域（圖 2-12）。

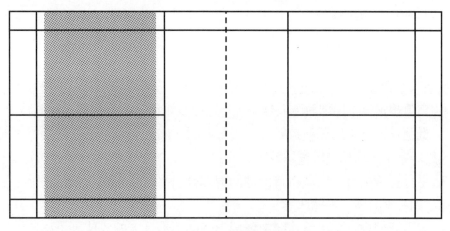

圖 2-12　中場擊球區域

4. 左、右場區：以發球區的中線為界，將場地分為左場區和右場區。

（二）擊球位置

從場地位置看，擊球位置可分為前場、中場和後場擊球區域的右邊線、左邊線和中線，以及發球站位等幾個擊球位置。從高低位置看，擊球位置可分為高手位、中高手位和低手位等擊球位置。

1. **右邊線擊球位置**：擊球位置包括右場區前場、中場和後場邊線附近，在此位置將球沿右邊線平行線擊至對方的左邊線區域為「直線球」，將球擊向對方的右邊線為「斜線球」，將球擊至對方球場中線附近稱為「中路球」。

2. **左邊線擊球位置**：擊球位置包括左場區前場、中場和後場邊線附近，在此位置將球沿左邊線平行線擊至對方的右邊線區域為「直線球」，將球擊向對方的左邊線為「斜線球」，將球擊至對方球場中線附近為「中路球」。

3. **中線擊球位置**：將球沿中線擊至對方中線為「直線球」，擊向對方左、右邊線為「斜線球」。

4. **發球位置**：分左、右發球區域發直線、斜線球。

5. **高手位置擊球**：擊球點的位置在擊球選手肩部以上位置，又稱主動擊球。

6. **中高手位置擊球**：擊球點位置在擊球選手肩部和腰部之間，又稱半主動擊球。

7. **低手位置擊球**：擊球點位置在擊球選手膝蓋上下部位，又稱被動擊球。

（三）擊球姿勢

1. **正手擊球範圍與姿勢**：在身體右側及頭頂上方運用正拍面擊球（見圖 3-5）。

2. **反手擊球範圍與姿勢**：在身體左側反手位置（見圖 3-8），或在身體右前下方用反拍面擊球。

3. **頭頂擊球範圍與姿勢**：面向來球方向，在身體左後側位置，用正拍面繞頭

頂在左肩頭頂上方擊球。

（四）球體運行軌跡

羽毛球運動過程中，球體在空中的飛行軌跡大致可以歸納為以下幾種：

1. 高弧線飛行：出球軌跡向球場上空高弧線飛行，如高遠球、挑高球等。
2. 低弧線飛行：出球軌跡較高，弧線略低，向上空沿平高弧線飛行，如發平高球、後場擊平高球和前場推球等。
3. 平行弧線飛行：出球軌跡沿地面與球網以平行弧線向前飛行，稱之為平行弧線球，如發平射球、平抽球等。
4. 向下弧線飛行：出球軌跡由球場上空向下飛行，如殺球、吊球、劈球和撲球等。
5. 旋轉飛行：擊球後，球體在空中改變運行方向，以旋轉翻滾的軌跡飛行，如網前搓小球。
6. 直線飛行：出球路線沿與場地邊線平行的直線路線向前飛行。如正手直線高遠球，指右手持拍者從右後場區擊直線飛行的高遠球至對方左後場區。
7. 斜線（對角線）飛行：出球路線呈對角路線向前飛行。如正手斜線高遠球，指右手持拍者從右後場區擊對角線飛行高遠球至對方右後場區。

〔註〕 這裏所說的「弧線」，特指羽毛球被擊出後，在空中飛行的軌跡與地面的高低距離。下同。

二、基本技術組成

羽毛球基本技術由準備與握拍技術、發球與接發球技術、擊球技術、步法技術等幾大部分組成。

（一）準備與握拍技術

1. 單打擊球前準備姿勢和站位。
2. 單打接發球準備姿勢和站位。
3. 雙打前場選手擊球前的準備姿勢和站位。
4. 雙打後場選手擊球前的準備姿勢和站位。
5. 雙打接發球準備姿勢和站位。
6. 正手握拍。
7. 反手握拍。

（二）發球與接發球技術

1. 正手發球（多用於單打）：正手發高遠球、平高球、平射球和小球技術。

羽毛球運動理論與實踐

2. 反手發球（多用於雙打）：反手發平高球、平射球和小球技術。

3. 接發前場小球：接發球挑球、推球、勾對角球、搓球、撲球、推撲身上球和撥半場球技術。

4. 接發後場球：接發球擊高遠球、平高球、吊球、劈球、殺球、抽殺球和攔截球技術。

（三）擊球技術

1. 前場擊球：前場搓球、放小球、挑球、推球、勾對角小球、撲球、撥半場和封網技術。

2. 中場擊球：中場平抽平擋球、接殺挑高球、接殺平抽球、接殺勾對角小球、接殺放直線小球、接殺撥半場球和抽殺球技術。

3. 後場擊球：後場平高球、高遠球、吊球、殺球、劈球和攔截球技術。

（四）步法技術

1. 前場步法：前場上網、起跳撲球移動步法。
2. 中場步法：中場接殺球、起跳騰空抽殺球移動步法。
3. 後場步法：後場後退步法。

三、基本擊球線路

擊球線路是指球被擊出後所運行的方向。羽毛球技術細膩，組合複雜，在前場、中場和後場不同擊球區域，右邊線、中線和左邊線不同擊球地點，高手位、中高手位和低手位不同擊球位置，正手、反手和頭頂不同擊球姿勢，直線和斜線不同出球線路，選手大致能運用 300 多種擊球線路。

（一）後場區域擊球線路

後場擊球技術有高遠球、平高球、吊球、殺球和劈球，每一種擊球技術都可以運用後場正手、頭頂和反手三種擊球姿勢，採用高手位、中高手位和低手位（殺球和劈球除外），在右邊線、中線和左邊線位置上，擊出後場不同擊球技術的直、斜線球路。

1. 高遠球、平高球和吊球擊球線路：從場地左邊線、中線和右邊線位置，以高、中和低手位，運用正手、頭頂和反手擊球姿勢，擊出各種直、斜線高遠球、平高球和吊球。

2. 殺球和劈球：在左邊線、右邊線和中線位置，以高和中高手位，運用正手、頭頂和反手擊球姿勢，擊出各種直、斜線殺球和劈球。

（二）前場區域擊球線路

前場擊球技術有搓球、放小球、挑球、推球、勾對角小球、撲球、撥半場和封網。每一項擊球技術都可以運用正手和反手兩種擊球姿勢，採用高、中高和低手不同位置，在右邊線、左邊線和中線位置上擊出前場不同擊球技術的直、斜線球路。

1. 挑高球、放小球和勾對角小球：在左邊線、右邊線和中線位置，以低手位運用正、反手擊球姿勢，擊出各種直、斜線挑高球、放小球和勾對角小球。

2. 平推球、勾對角小球和搓小球：在左邊線、右邊線和中線位置，以中高手位運用正、反手擊球姿勢，擊出各種直、斜線平推球、勾對角小球和搓小球。

3. 撲球、撥半場球和封網：在左邊線、右邊線和中線位置，以高手位運用正、反手擊球姿勢，擊出各種直、斜線撲球、撥半場球和封網球。

（三）中場區域擊球線路

中場擊球技術有接殺挑高球、接殺平抽球、接殺放小球、接殺勾對角球、攔截球和發球，每一種擊球技術都可以運用正手或反手擊球姿勢，用高、中高和低手位，在右邊線、左邊線和中線位置擊出中場不同擊球技術的直線、斜線球路。

1. 接殺挑高球、放小球和勾對角球：在左邊線、右邊線和中線位置，以中高手位和低手位，運用正、反手擊球姿勢，擊出各種直、斜線接殺挑高球、放小球和勾對角球球路。

2. 接殺平抽球和攔截球：在左邊線、右邊線和中線位置，以高手位和中高手位，運用正、反手擊球姿勢，擊出各種直、斜線接殺平抽球和攔截球。

3. 各種發球：從左、右發球區，運用正手或反手擊球姿勢，發出各種直線、斜線球。

在以上300多條擊球線路中有輕柔飄逸的網前旋轉小球，有時速近300多公里的後場扣殺球，有長短距離不等的直線、斜線球等。雙方選手在快速運動中，嫻熟地運用這些擊球線路，配合運用擊球時間差，加上心理和精神意志的對抗，構成羽毛球這一變化無常、妙趣橫生的競技運動。

第三節 ✦ 影響擊球品質的基本因素

羽毛球競賽比的是球體在空中飛行的速度和線路的變化。高品質的擊球集球速快、落點準、線路巧、變化多為一體，最大限度地調動對手，給對手製造最大的障礙，迫使對手出現漏洞，或是跟不上節奏被迫失誤，從而取得競賽勝利。

擊球品質受來球狀況、擊球意識、擊球技術等多方面因素（這些因素將在以後章節裏具體講述）的影響，現就一些基本的、直接影響擊球品質的擊球技巧因素分

述如下，如能協調處理好這些因素，就能促進擊球品質的提高。

一、擊球力量

擊球力量指運動中持拍手揮拍作用於球體上的力量。實戰中擊球力量的大小由引拍產生的速度和力量、球拍和拍弦的反彈力、羽毛球托的彈性等因素決定。

運動中擊球力量的大小直接反映在球體運行速度的快慢上。擊球力量較強者，持拍手揮拍作用於球體上的力量大，擊出的球向前飛行的速度也就較快；而擊球力量較弱者，揮拍作用於球體上的力量較小，球體飛行的速度也就較慢。除此之外，擊球力量的大小還受球拍和拍弦產生的反彈力、球托彈性等影響。

擊球力量大，球體飛向對方場區速度快，可增加對手接球的難度，對手的判斷、起動、移動、擊球等一系列動作都要快，才能搶在球體落地前獲得最佳的擊球位置。另外，擊球力量越大，反彈力越大，對手回球就越難控制。在出球角度相同情況下，擊球力量越大，球速越快，飛行越遠。

擊出力量大、速度快的球，需注意綜合協調以下幾方面因素：

第一，上下肢和軀幹各部位動作協調配合，肌肉張弛有序，力量集中，在擊球的瞬間，使爆發力藉由球拍作用於球體上。

第二，擊球前引拍動作充分、合理，留有加速空間，在揮拍產生速度最快、力量最大時擊中球體。

第三，選擇最佳擊球點和較好的擊球角度。

第四，擊球時用正拍面擊球。

第五，擊球後迅速收拍，做好擊下一次球的準備。

二、擊球弧線與節奏

羽毛球運動中，擊球弧度可分為高弧線球、低弧線球、平行弧線球和向下弧線球。擊球節奏是指從選手將球擊出到對手回球後再次擊球之間的時間，即雙方競賽一個回合。這個回合所需時間越短，節奏就越快。

擊球弧線的高低影響球速的快慢、飛行距離的長短和落點的位置，從而左右雙方比賽進行的速度節奏。

（一）高弧線線路球

出球角度與地面夾角越大，球向上飛行的弧線曲度越大，球飛行至最高點後下落，落點距離越短，球體飛行速度也越慢，競賽速度節奏隨之減慢。實戰中，防守過渡時可運用高弧線球來放慢擊球節奏，爭得回位時間，調整失衡的身體重心。如果擊球弧線不夠高，對方擊球速度節奏較快，則回位時間不夠，效果不好。

（二）低弧線線路球

出球角度與地面夾角越小，球飛行至最高點後下落的距離越長，球體飛行速度就越快，競賽速度節奏隨之加快。實戰時主要用於控制反控制中，以有效地調動對手位置。

低弧線球弧線高低是關鍵，弧線過高，則擊球速度節奏放慢，達不到戰術目的；弧線過低，則易被對手攔截，擊球速度節奏加快，主動變為被動。擊球弧線以使對手從中場位置起跳攔截不了為宜。

（三）向下飛行弧線球

球體在空中運行軌跡沒有拋物線，球體飛行距離最短，速度節奏也最快。實戰運用中，擊向下飛行弧度球，如擊球帶有拋物曲線，則擊球節奏放慢，戰術效果不好。

（四）平行飛行弧線球

球體在空中運行略有一定曲線，但弧線較低，飛行距離長，速度較快。實戰運用中，平行弧線球應防止飛行弧線過高，使得對手回擊球時占據主動，擊球威脅加大。

選手在比賽中應考慮以上因素，以控制和調節比賽的速度與節奏。

三、擊球落點

擊球落點指將球擊向對方場區的位置點。擊球落點品質的高低以擊球深遠度來衡量。擊球深遠度指擊球落點相對於場地邊沿和球網的遠近程度。

擊球落點距離邊線越近，表示擊球越深遠，調動對手範圍越大，越能增加對手擊球的難度，戰術效果越好。

相反，擊球落點距離邊線越遠，表示擊球品質不好，調動對手範圍小，對手擊球比較容易，戰術效果不好。

（一）擊後場球

落點越深遠，後場球戰術效果越好。如果落點距離端線太遠，則擊後場球品質不高，戰術效果不好。

（二）擊前場球

落點越靠近球網，表明擊球落點距離場地中心位置越深遠，戰術效果越好。如果落點距離球網太遠，則擊前場球品質不高，戰術效果不理想。

（三）擊邊線球

擊球落點靠近邊線，落點深遠，戰術效果好，反之則戰術效果不好。

以後場球為例，如擊球不夠深遠，即所謂的「中半場球」，擊出的球飛行落點在中場附近，則對手能在主動位置回擊球，速度節奏加快。擊後場球落點越靠近邊線和端線，擊球方越有時間為還擊下一個球做好準備，同時又能迫使對方遠離場地中心位置，增加其擊球難度，達到有效調動對方目的。

實戰中擊後場球必須擊得深遠，切忌擊出不高不遠的「半場球」，以免「送貨上門」，迎合對手凌厲進攻的胃口。

四、擊球拍面

擊球拍面指球拍與球托接觸方式。羽毛球運動中，根據擊球技術不同要求，可採用正拍面和斜拍面方式擊球。

用正拍面擊球，球體運行的速度快，力量大；用斜拍面擊球，球體運行距離縮短。斜拍面摩擦切擊球體，球體呈旋轉翻滾的軌跡運行。

（一）正拍面擊球

球拍與球托接觸瞬間以正拍面擊打球托，球拍面與球托的摩擦力小，擊球力量大，球速快，如平高球、殺球和挑球等都以正拍面擊球。正拍面擊打球托正面可擊出直線球。

（二）斜拍面擊球

球拍與球托接觸瞬間以斜拍面擊打球托，加大拍面與球體產生的摩擦力，透過控制擊球力量控制球體飛行的速度和距離，如吊球、劈球等都以斜拍面擊球。

（三）斜拍面捻動切擊球

以傾斜拍面捻動摩擦發力，切擊球托的不同側面，改變球體的運行軌跡，使球產生旋轉，如網前搓小球就是以斜拍面捻動擊打球托的不同部位來使球體產生不同方向的旋轉。

透過調整擊球拍面和改變擊球角度，可以擊出直線、斜線不同方向、不同弧線和不同距離的球。

（四）高手位擊球拍面變化對擊球方向的影響

在頭頂上方高手位置，拍頭在上，拍面與地面呈垂直走向：

1. 正拍面向下 45° 擊球，球呈向下弧線飛行，如擊吊球、殺球，以及前場撲

球、封網等。

2. 正拍面向後仰 45º，球呈平高弧線飛行，如擊平高球。

3. 正拍面向後仰 65º，球呈高弧線飛行，如擊高遠球。

4. 正拍面從後場向左斜 45º 擊打球托右後側部，球向左前方斜線飛行，如右手持拍者正手擊斜線球等。

5. 正拍面從後場向右斜 45º 擊打球托左後側部，球向右前方斜線飛行，如右手持拍者頭頂擊斜線球等。

6. 正拍面或反拍面擊打球托底部，球呈直線飛行，如正手或反手擊直線平高球。

7. 反拍面從後場向左斜 45º 擊打球托右後側部（背向球網方向），球向右前方斜線飛行（面向球網方向），如後場反手擊斜線高遠球、殺球等。

（五）低手位擊球拍面變化對擊球方向的影響

在頭部以下位置，拍頭向左下或右下，拍面與地面呈水平走向：

1. 拍面向下傾斜 45º，球呈向下弧線飛行，如前場撲球、封網等。

2. 拍面與地面垂直 90º 以正拍面擊球，球呈平行弧線直線飛行，如平推球和推撲球等。

3. 拍面向上仰 145º 擊球，球呈平高弧線飛行，如推球、半高弧線挑球等。

4. 拍面向上仰 165º 擊球，球呈高弧線飛行，如挑高遠球等。

5. 正拍面向右傾斜 45º 再向左前方揮動擊球，球向左前方斜線飛行。

6. 反拍面向左傾斜 45º 再向右前方揮動擊球，球向右前方斜線飛行。

五、擊球點與身體位置

擊球點與身體位置是否合適直接關係到擊球品質的高低。身體和擊球點位置影響擊球速度、方向。位置恰當，擊球既省勁，力量又大而且速度快，擊球品質高；位置不恰當，擊球既費勁，出球又乏力而且速度慢，擊球效果不好。

（一）擊球點位置

擊球點位置大致有擊球點靠前、擊球點靠後、擊球點高、擊球點低、擊球點靠右和擊球點靠左幾種。

1. **擊球點靠前**：指擊球點在身體前面。這種主動「迎球擊」方式，縮短了回球距離，加快了擊球速度節奏，擊球角度靈活，擊球範圍大，變化多。但需注意，在過前的擊球點擊球，容易擊球下網，或是形成「搆球打」，擊球效果也不好。

2. **擊球點靠後**：指擊球點在身體之後。這種被動擊球方式，擊球角度受限制，發力不充分，擊球節奏放慢，影響擊球品質。

3. **擊球點高**：指擊球點在身體制高點。主動擊球，出球角度靈活，擊球方向變化多，威脅大。如後場殺球、吊球和前場撲球、封網等，擊球點居高臨下，角度垂直，對手必須從下往上被動回擊。

4. **擊球點低**：指擊球點距離身體太近（高手位球），或距離地面太近（低手位球），出球角度受到限制，只能向上擊高弧線球，擊球被動，如放網前小球、接殺球等。

5. **擊球點靠右**：指擊球點靠身體右側，正拍面擊直線球容易，而擊斜線球角度大，不易掌握。

6. **擊球點靠左**：指擊球點靠身體左側，反拍面擊直線球容易，而擊斜線球角度大，不易掌握。

（二）影響最佳擊球點的因素

運動中擊球點的選擇除受對方來球品質限制外，還受以下幾方面因素影響。

1. **判斷與起動**：判斷準確與否和起動反應快慢是能否獲得最佳擊球點的前提。運動中爭取判斷準、起動快，可為步法快速移動創造條件。

2. **步法移動**：步法移動速度快慢和移動範圍大小是能否獲得最佳擊球點的基礎。有了準確的判斷和迅速的起動，加上快速的大範圍步法移動，使身體趕在球體運行下落前到位，就能取得較好的擊球點。

3. **出手快慢**：到達擊球位置後，應掌握適當的時機引拍擊球。如果出手快（即動手引拍早），擊球點高，發力充分，擊球主動，則效果好；如果出手慢（即動手引拍晚），擊球點低，發力不充分，擊球速度慢，則擊球品質不好。不過也應注意，如果出手太早，球還未下落就開始引拍，就會打點不準。恰當的出手時間，以後場球為例，球體剛調頭下落時，開始出手引拍，這樣，當球體下落到最佳擊球點時，正好揮臂擊中球托，發力最佳。

4. **引拍揮臂速度**：引拍揮臂速度的快慢，也對能否獲得最佳擊球點產生影響。揮臂迅速，爆發力強，往往能獲得最佳擊球時間和空間，擊球乾脆完整；揮臂速度慢，沒有爆發力，往往會錯過最佳擊球點，擊球品質受影響。

六、球體旋轉的特點

前場搓球技術是羽毛球運動擊球技術中唯一能使球體產生旋轉、改變飛行軌跡的擊球技術。這種球體運行軌跡不規則的球，產生左右上下旋轉，影響回擊球的方向和穩定性。

（一）影響球體旋轉的因素

1. **擊球拍面角度**：根據來球距離的遠近，調整拍面擊球角度。來球離網太

遠，擊球拍面應前傾，以斜拍面搓擊球托；來球距離球網很近，擊球拍面傾斜度加大，以近似水平拍面向前搓捻切擊球托。

2. **擊中球托的部位**：以反手搓球為例，向下切擊球托左側部位，球體會向下旋轉；如向上切擊球托右側位置，則球體呈上旋飛行。

3. **擊球力量**：旋轉球產生於摩擦擊球，拍面與球體摩擦過度，擊球力量過小，致使球體原地旋轉，難以向前運行過網；如果擊球力量過大，球體難以在拍面上形成一定的黏滯、揉搓狀態，則球體不易產生旋轉。

（二）應付旋轉球的方法

1. **縮短擊球時間**：回擊旋轉球的擊球時間越短，擊球方向偏離的可能性越小。而球托與球拍面接觸時間越長，越不易控制回球的方向。競賽過程中，最佳處理方法是爭取較高擊球點，由上向下，用小而快的發力動作，縮短擊球時間，往對方場區撥擊飛行中的旋轉球。

2. **找準擊球位置**：旋轉球的特點是球體呈左、右、上、下旋轉運行，容易使擊球托偏離或未擊中球托，擊球方向容易偏離球場造成失誤。因此，在球體運行過程中，看準球托方向，找準擊球位置，選擇在球托下落「相對正方向」時出手，以反搓小球回擊，儘量減小出界失誤機率。

2. **加快擊球速度**：當旋轉小球距離球網很近，我方又未能爭取到較高擊球點時，應用挑高球還擊，擊球時加快速度，加大拍面仰角，往對方場區中線位置挑高球，以減少出界的機率。

第四節 ✦ 擊球技術動作的基本結構

羽毛球運動中，每項擊球技術都靠一系列普遍聯繫和相互作用的基本環節來完成，科學合理地將各個環節連接在一起稱為動作結構。

羽毛球技術細膩，形式多樣，技術方法各有不同，但各項擊球技術動作結構有共同的規律。認識和掌握這些規律，可有效地幫助和促進擊球技術的掌握。

一、手法技術動作的基本結構

羽毛球運動中的上肢技術，無論前場、中場、後場還是發球，擊球動作結構均由準備姿勢、引拍動作、擊球動作和回收動作幾部分組成。

（一）準備姿勢

準備姿勢指擊球前的預備狀態，為下一步引拍做好充分準備。準備姿勢在同類

擊球技術中要求動作一致而隱蔽。例如，後場擊球、吊球或殺球等擊球前的準備姿勢均應採取同一姿勢側身隱蔽，這樣，對手不易看清虛實而提前作出判斷。

擊球前的準備姿勢切忌動作不一致、不隱蔽，表現出有特殊的傾向，使得對手早有判斷，影響了擊球的威力。

（二）引拍動作

擊球前向與擊球方向相反的方向引拍，為發力和變化拍面角度留有足夠的空間，使擊球獲得強大的作用力，其道理如同拉弓射箭。引拍動作成功與否，影響到擊球的效果。

羽毛球運動中，前場、後場和中場擊球技術方法不同，引拍動作的要求也不同。後場擊球力量大，要求手臂充分後引，加大引拍動作幅度，為擊球發力創造足夠的空間；前場擊球力量小，動作柔和，要求嚴格控制引拍幅度、角度和力量；中場擊球速度快，要求動作快，引拍幅度小。

（三）擊球動作

從結束引拍動作開始向來球方向揮拍擊球。完成好擊球動作：

第一，要求及時向前揮拍，爭取最佳擊球點。

第二，根據不同擊球技術的要求，調整好向前揮拍的速度和力量。

第三，擊球瞬間，應透過手指控制球拍，運用恰當的拍面角度，協調上下肢、軀幹和擊球戰術意識，完成擊球動作。

（四）回收動作

擊球後隨揮拍慣性，球拍有一定的隨後動作，應迅速收回至擊球前的準備姿勢，做好下次擊球準備。回收動作及時而乾淨俐落，利於下次擊球的積極準備。如果回收動作不到位，會影響下次擊球的準備時間和引拍動作。

二、步法技術動作的基本結構

羽毛球運動下肢步法技術動作的基本結構，無論前場、中場或是後場，都包含取位準備、判斷起動、移動擊球和回位步法幾部分。

（一）取位準備

根據自己擊球品質及對手擊球特點（即擊球習慣），在對方擊球前，選擇一定的位置做好取位準備。取位積極合理，等於先行半步，有了快速移動步法的前提。準備時應保持一觸即發的姿勢。主動狀態下，準備時重心應高一些；被動狀態下，準備時重心應適當降低。

（二）判斷起動

對手擊球瞬間，判斷來球方向，同時即向來球方向起動。準確判斷是快速起動的前提，起動速度的快慢又直接影響步法移動速度的快慢。判斷起動的關鍵是掌握好節奏：當球從對手拍面擊出的瞬間，利用前腳掌，發揮踝關節力量迅速蹬地，向來球方向起動，使身體獲得充分的起動加速度。

如果判斷起動節奏過快，則判斷不易準確，影響步法移動速度；判斷起動節奏過慢，步法移動速度將無法跟上對方來球的飛行速度。

（三）移動擊球

移動擊球是指由起動位置向擊球位置移動並完成擊球。移動擊球時應注意：
一是並步、交叉步、大跨步、小墊步和跳躍步等合理搭配使用，步幅到位。
二是腳步儘量保持水平移動，不宜抬腿過高，否則影響平面移動速度。
三是根據來球距離合理地選擇步法移動方式，可以一步移動到位擊球，如選擇兩步移動步法，則不但消耗體力，還浪費移動時間。
四是擊球時應爭取運用跳步或是蹬跨步，以提高擊球點。

（四）回位步法

擊球後迅速調整身體重心，向中心位置回位。擊球動作完成後，支撐腳一觸地，應即刻向中心位置回動。如果擊球後隨身體衝力慣性而停留片刻，或加墊多餘一小步再回位，會影響擊下拍球的步法移動速度。在回位過程中，步法節奏應同擊球節奏協調一致。擊球節奏快，回位也要快；擊球節奏放慢，回位速度也可相應放慢。最好的回位時機，是當對手擊球的瞬間正好是你回至中心位置準備開始再次起動之時。

> 思考與練習：

1. 羽毛球技術術語和戰術術語有哪些？
2. 簡述羽毛球擊球位置的選擇。
3. 羽毛球的基本技術由哪幾部分構成？
4. 簡述羽毛球的基本擊球線路。
5. 從不同角度分析影響擊球品質的基本因素。
6. 闡述羽毛球運動技術上下肢動作的基本結構由哪幾部分構成。

第一節 🏸 準備、發球與接發球技術

一、擊球前站位準備姿勢

羽毛球運動對抗速度極快，擊球前合理充分的準備，是快速回擊球的基本保障。

（一）接球前的基本準備姿勢

接球前的基本準備姿勢：兩腳自然開立，距離與肩同寬，與持拍手同側的腳前移半步，兩腳後跟自然提起，以前腳掌觸地，兩膝彎曲，身體重心微降。持拍手稍屈肘展腕，拍頭上仰置於胸前（圖 3-1）。

持拍手處於身體正手和反手上、中、下、左、右位置的最近距離，無論對方將球擊向這幾點的任何一點，都能以最短的距離、最快的速度揮拍擊球。

左側面　　　　　　　正面　　　　　　　右側面

圖 3-1　接球前的基本準備姿勢

（二）單打基本站位

做接球前的基本準備姿勢，考慮到後場擊球相對於前場擊球稍難的情況，可將單打擊球前基本站位位置（即中心點）選擇在場地二分之一中心點稍偏後一小步的位置上（圖 3-2）。

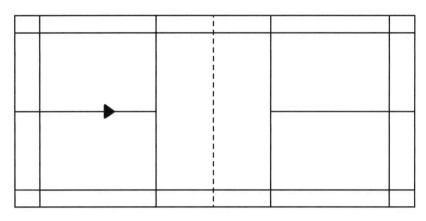

圖 3-2　單打擊球前的基本站位

1. 進攻站位

主動進攻準備時，兩腳開立成斜步站位姿勢（圖 3-3，以右手持拍為例），做前後方向移動。

2. 防守站位

被動防守準備時，雙腳開立應稍大，重心降低，兩腳左右開立成平步站位姿勢（圖 3-4），以利於向兩側平行移動防守。

在掌握了基本站位方法的基礎上，應根據實際情況及戰術需要，因時因地地靈活選擇單、雙打比賽中適當的站位。

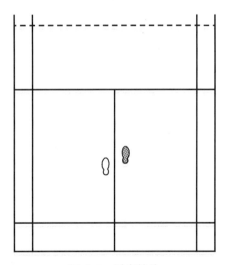

圖 3-3　斜步站位

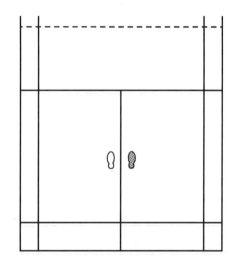

圖 3-4　平步站位

羽毛球運動理論與實踐

二、握拍的方法

握拍是選手擊球前要做的最基本準備，是學習羽毛球各項基本技術的起點，可以說由此開始的「起跑方向正確與否，將關係到能否實現終點目標」。有人曾作過這樣的比喻，「羽毛球的球拍是選手手臂的延伸」。球拍的形狀，與人的手形有相似之處，可以看做是手掌和手指的延伸。正確的握拍可使球拍與手有機地融為一體，選手可用這隻「延長的手」，隨心所欲地迎擊場上不同方向、不同速度的來球，並根據自己的意願，將球擊到對手場地的任意一點，達到手與拍完美的結合。而錯誤的握拍將會阻礙、限制技術的運用與發展。

運動中，選手在掌握基本型正手握拍和基本型反手握拍方法的基礎上，根據實戰需要，視對方從不同方向和角度擊來的後場、前場、中場球和發球，因時、因地適當靈活地調整握拍（例如凌厲凶猛的後場大力扣殺握拍和前場精巧細膩搓球握拍是截然不同的），才能完成高品質的擊球。技術水準越高，對握拍要求也越高。

下面逐一介紹各種握拍方法，均以右手持拍者為例，左手持拍者則反之。

（一）基本型正手握拍技術

基本型正手握拍技術，指在身體右側及後場頭頂運用正拍面擊球時的握拍（圖3-5）。

1. 基本型正手握拍技術

(1) 左手握拍中槓，使拍框與地面垂直。此時從左至右可看見拍柄上有 4 條棱線。

(2) 張開右手，使虎口對準拍柄斜棱上的第二條棱線，用近似握手的方法握住拍柄，從正面看，手與球拍柄的結合部位成 V 形（圖 3-6A）；從側面看，五指與拍柄呈斜形（圖 3-6B）。

圖 3-5　正手握拍應用範圍　　　圖 3-6A　基本型正手握拍正面

圖 3-6B　基本型正手握拍側面

(3) 無名指和小指握緊球拍，拇指、食指和中指自然放鬆，貼在拍柄兩側的寬面上。球拍柄端靠近手掌的小魚際肌，拍柄與掌心間留有空隙，準備發力擊球。

2. 正手握拍屈指發力

擊球前拇指、食指和中指放鬆，掌心與球拍柄之間留有發力空間。為滿足放鬆的要求，拇指和食指只要貼在球拍柄上即可，不要用力緊握。

擊球時，靠食指和拇指扣住球拍柄，中指、無名指和小指緊握拍柄，以拇指和手掌末端的小魚際肌為支點，其餘幾指為力點，由放鬆到抓緊，用近似槓桿原理的方法，屈指發力擊球（圖 3-7）。

（二）基本型反手握拍技術

在身體左側反手位置和身體右前下方用反拍面擊球時都用反手握拍（圖 3-8）。

1. 基本型反手握拍技術

在正手握拍的基礎上，將球拍柄稍向外旋，拇指上提，內側頂貼在拍柄第一斜棱旁的寬面上，也可將拇指放在第一、二斜棱之間的小窄面上。食指稍向下靠，同拇指一起卡住拍柄。其餘的中指、無名指和小指自然貼靠在拍柄上，留有發力的空間（圖 3-9）。

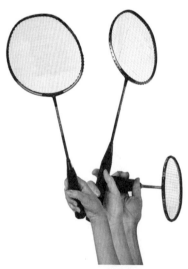

圖 3-7　正手握拍屈指發力

圖 3-8　反手握拍應用範圍

2. 反手握拍屈指發力

以食指和手掌末端小魚際肌為支點，其餘幾指為力點，拇指前頂，由放鬆到握緊球拍柄，用近似槓桿原理的方法，發力擊球（圖3-10）。

圖3-9　基本型反手握拍

圖3-10　反手屈指發力

（三）後場擊球握拍技術

1. 後場高遠（平高）球和扣殺球擊球力量大、速度快，為獲得更大的力臂距離，應充分運用屈指發力擊球。後場球正、反手握拍手接觸球拍柄的位置應稍靠後，以便於擊球發力（見圖 3-7、圖 3-10）。

2. 後場吊球與劈球是以斜拍面切擊球托，因此握拍要比擊後場平高球和殺球時更放鬆才能靈活控制拍面。正手吊球握拍主要以小指、無名指和中指放鬆持住球拍柄，拇指和食指自然地貼在球拍柄上，掌心空出（圖3-11A）。

反手吊球握拍：虎口對在球拍柄第三條斜棱上，拇指上移貼靠在球拍柄第一至第二斜棱之間的面上，其餘三指併握（圖 3-11B）。各手指以第一指節為力點握住球拍柄，掌心空出。

圖3-11A　正拍面吊球握拍

圖3-11B　反拍面吊球握拍

（四）前場擊球握拍技術

1. 前場搓小球握拍

前場搓球比後場擊球力量小，要求技術動作更細膩，握拍更靈活，手腕和手指都完全放鬆，手掌心與拍柄之間留有充分空隙（圖 3-12A、B）。靠拇指、中指、無名指和小指向內或向外旋轉、捻動拍柄發力擊球。

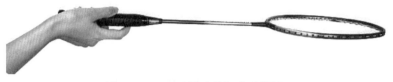

圖 3-12A　正手搓（放）小球握拍

圖 3-12B　反手搓（放）小球握拍

2. 前場推、挑球擊球握拍

正手擊球時，食指、拇指夾住拍柄（食指位置比拇指稍前），其餘三指呈斜形貼靠球拍柄中下部，掌心與球拍柄間留有空隙（圖 3-13A）。

圖 3-13A　前場正手推、挑後場球握拍

反手擊球時，拇指向上頂，放鬆握住拍柄（位置比食指稍靠前），其餘四指併握（圖 3-13B）。

羽毛球運動理論與實踐

圖 3-13B　前場反手推、挑後場球握拍

（五）中場平抽平擋、接殺球握拍技術

1. 平抽平擋握拍

由於平抽平擋球速度極快，常用於雙打對攻和反攻戰術中，恰當合理的握拍，能有效增強揮臂速度。以正、反手基本型握拍方法，將持拍手與球拍柄接觸位置往上移，幾乎置於拍柄與拍桿的接觸部位（圖 3-14）。

圖 3-14　中場平抽平擋握拍

2. 接殺球握拍

接殺球時，使持拍手與球拍柄的接觸位置靠前，持拍手完全放鬆持住拍柄，手掌與拍柄間的空隙更大，可有更大的活動空間（圖 3-15A、B），更靈活地控制擊球拍面。

圖 3-15A　中場正手接殺勾對角握拍

圖 3-15B 中場反手接殺勾對角握拍

三、單打發球技術

（一）單打發球姿勢和種類

就發球的姿勢而言，有正手發球姿勢、反手發球姿勢之分。一般情況下，單打時多採用正手發球姿勢，雙打多採用反手發球姿勢。

就球飛行的角度和距離而言，可將發球分為發後場高遠球、平高球、平射球和前場小球 4 種（圖 3-16）。

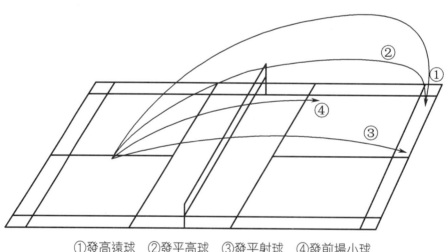

①發高遠球　②發平高球　③發平射球　④發前場小球
圖 3-16　單打發球種類

1. 發後場高遠球

這種發球多用正拍面將球擊得又高又遠，球飛行至最高點後突然調頭垂直下落至端線附近（見圖 3-16①）。由於這種發球的落點處於對方端線附近，可有效地調動對方遠離中心位置，並削弱其進攻的威力，同時也增大對方銜接下一拍球的難度，所以在單打中被普遍採用。

2. 發後場平高球

這是用正、反拍面擊出飛行弧線較發後場高遠球低的一種發球（見圖

3-16②），其落點視單、雙打發球規則的不同要求有遠近之分，分別在單、雙打發球區域的端線附近。球飛行的高度以對方起跳無法攔截為宜。由於飛行弧線不高和球速相對於高遠球稍快，所以與發前場小球配合使用能增加對方接發球的難度。

3. 發後場平射球

可用正、反拍面擊出飛行弧線較發後場平高球還要低的一種發球（見圖3-16③）。這種球幾乎擦網而過，直射對方後場端線，具有球速快、突擊性強的特點，是單、雙打發球搶攻戰術中常用的一種發球。實戰中，當接發球方無準備或是接發球站位出現空檔時，發這種球可發揮其快速和突變的威力，使接發球方陷於被動或被迫出現失誤。

4. 發前場小球

這是運用正、反拍面摩擦擊球，使球輕輕擦網而過，落在對方前發球線附近的一種發球（見圖 3-16④）。由於它的飛行弧線低，距離短，可以有效地限制對方接發球大力的扣殺進攻，所以是單、雙打中較常見的一種發球。

（二）單打發球站位

單打的發球站位距前發球線約 1 公尺（圖 3-17）。選擇場地中部這個位置發球，有利於迎擊前後左右等任何距離和落點的來球。但是發球站位也可根據個人的習慣和場上戰術需要自行選擇。

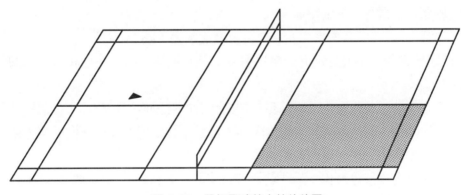

圖 3-17　單打發球基本站位位置

（三）正手發球準備姿勢

兩腳自然分開，左腳在前，腳尖對網；右腳在後，腳尖稍斜，重心在右腳上。左手手指夾持羽毛球中部，自然抬舉至胸前方；右手正手握拍放鬆屈舉至體後側，呈發球前的準備姿勢（圖3-18A）。

〔注意〕無論發後場高遠球、平高球、平射球，還是前場小球，發球前的準備姿勢必須一致，以便隱蔽，讓對方在我方發球前不明虛實，增加其判斷難度。

圖 3-18　正手發球

（四）正手發球技術

1. 以發球準備姿勢站立，持球手鬆手放球，持拍手上臂外旋帶動前臂充分伸腕（圖 3-18A、B），自下而上沿半弧形做迴環引拍動作。

2. 同時隨引拍動作轉體，重心向左腳移動。當拍揮至身體右側前下方，轉體至接近於面對球網時，準備擊球。

〔注意〕　發球最佳擊球點在左腳尖的右前下方（圖 3-18C）。

3. 擊球動作。下面分別介紹發平射球、發平高球、發高遠球和發小球的擊球動作。

正手發平射球擊球動作：擊球點在規則允許的範圍內爭取略高，拍面與地面呈近似 95° 的仰角（圖 3-19A），前臂內旋，帶動手腕快速閃動屈指向前發力擊球。關鍵是擊球動作小而快，爆發力和目的性強。

正手發平高球擊球動作：擊球點須在右前下方略高於發高遠球的擊球位置。擊球時前臂帶動手腕發力，拍面與地面呈小於 45° 的夾角（圖 3-19B），向前推進擊球。關鍵是控制好球的飛行弧度。如果拍面仰角大，擊出的球過高，則達不到戰術目的；但拍面仰角小，發出的球較低，易被對手攔擊。

正手發高遠球擊球動作：當拍面與球接觸的瞬間，上臂與前臂迅速內旋，帶動手腕快速向前上方屈指展腕閃動發力，用正拍面將球擊出（圖 3-19C）。

正手發小球擊球動作：擊球時握拍要鬆，前臂前擺，以手指控制力量收腕發力，用斜拍面往前推送切擊球托（圖 3-19D），使球輕輕擦網而過，落入對方前發球區內。為控制好擊球力量，引拍動作較發高遠球要小而柔和一些，發球後手腕以收腕姿勢制動結束。

A　正手發平射球擊球動作　　B　正手發平高球擊球動作
C　正手發高遠球擊球動作　　D　正手發小球擊球動作

圖 3-19

4. 擊球後，身體重心完全移至左腳上，持拍手隨擊球後的慣性動作自然向頭部左前上方揮動，手腕呈展腕狀態（見圖 3-18D）。

四、單打接發球技術

將對方的發球回擊至對方場區叫接發球。競賽是公平的，發球方控制著發球的主動權，接發球方卻掌握著第一擊球的主動權（將球由半場接發球區域任意還擊到對方的整個場區）。

（一）單打接發球種類

根據發球種類的不同可將接發球分為前場和後場、正手和反手姿勢接發球。

1. 接發前場小球回擊種類

接發球搓、放小球：接發球搓小球是當對方發前場小球品質不好、球速慢，我方判斷準確、擊球點較高時，以斜拍面摩擦擊球，使球旋轉翻滾，貼網落至對方前場區域的一種接發球。接發球放小球是當對方發前場小球品質較好，我方接球較被動（擊球點接近地面）時，抬擊球托，使球擦網而過，貼網落至對方前場區域的一種接發球（圖 3-20③）。

接發球勾對角小球：將對方發至前場的小球，以斜對角線路勾至對方前場區的一種接發球（圖 3-20②）。

接發球挑、推後場球：將對方發至前場的小球，以較高或半高的飛行弧線擊至對方後場區域的一種接發球（圖 3-20④）。接發球推球弧線比接發球挑球要低一些。

接發球撲球：將對方發至前場網上高弧線小球，以向下飛行的軌跡，將球從網頂部撲至對方場區的一種接發球（圖 3-20⑤）。

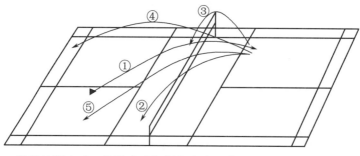

①發前場小球　②接發球勾對角小球　③接發球搓、放小球
④接發球推球、挑高球⑤接發球撲球

圖 3-20　前場接發小球回擊種類

2. 接發後場球回擊種類

接發球擊高遠（平高）球：是將對方發至後場的球，以高或半高弧線回擊至對方後場端線附近的一種接發球（圖 3-21②）。接發回擊平高球的飛行弧線比接發回擊高遠球要低一些，速度更快，更富於攻擊性。

接發球擊吊球：是將對方發至後場的球，以斜拍面，由上向下的飛行軌跡，擊向對方前場區域的一種接發球（圖 3-21③）。

接發球擊殺（抽殺）球：是將對方發至後場的球，以由上向下的飛行軌跡，擊向對方中場區域的一種接發球（圖 3-21④）。接發後半場高弧線的來球時，可採用扣殺球回擊；接發較平弧線的來球時，可採用抽殺球回擊。

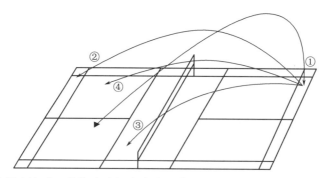

①發後場高遠球　②接發球擊高遠球　③接發球擊吊球　④接發球擊殺球

圖 3-21　後場接發球種類

（二）單打接發球站位

單打接發球站位應距前發球線約 1.5 公尺。在左發球區接發球，一般選擇有效發球區域中心位置站位（圖 3-22），以能照顧到發至前後左右各種落點的球。在右發球區接發球，選擇有效發球區域中心稍靠近中線的位置站位（圖 3-23）。

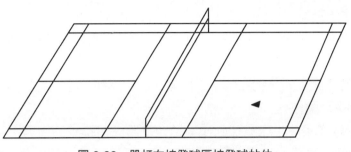

圖 3-22　單打左接發球區接發球站位

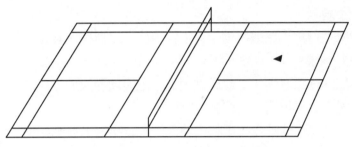

圖 3-23　單打右接發球區接發球站位

（三）接發球準備姿勢

左腳在前，全腳掌著地；右腳在後，前腳掌觸地。雙膝稍屈，重心在左腳上。右手持拍自然舉放在胸前，左臂自然屈肘於左側，保持身體平衡，兩眼注視前方，判斷對方的發球方向，準備接發球（圖 3-24A）。

A 單打接發球準備姿勢　B 正手接發球移動引拍動作　C 正手接發球搓小球擊球動作

圖 3-24

（四）接發球技術

接發球的方法是多種多樣、千姿百態的，沒有統一固定的模式。接同一種發球，由於選手個人打法不同、特點不同和技術水準不同，在接發球技術運用上也有所不同。

1. 前場正手接發球技術

(1) **判斷起動**。用正手前場接發球步法向來球方向移動,同時持拍臂微屈肘,外旋半弧形引拍(圖3-24B),準備接發球。

(2) **擊球動作**。下面分別介紹正手接發球的搓網前小球、勾對角小球、挑球、推球和撲球的擊球動作。

正手接發球搓網前小球擊球動作:結合身體向前跨步的衝力,用斜拍面大於120º的仰角拍面,向前摩擦推送擊球(圖3-24C)。擊球力量比網前搓小球要稍大一些,應控制適度的力量,如擊球用力過大,則球不會出現旋轉;擊球用力過小,接發球搓球會不過網。

正手接發球勾對角小球擊球動作:手腕內旋,以拇指、食指轉動拍柄,向網前斜對角方向發力擊球。

正手接發球挑球擊球動作:擊球點較低,用與地面大於90º的仰角拍面,前臂內旋,食指和拇指收緊拍柄,展腕發力擊球。

正手接發球推球擊球動作:手腕迅速內旋,食指發力撥動拍柄,以球拍與地面呈近似90º的夾角內翻拍面擊球。

正手接發球撲球擊球動作:擊球點高於球網頂部,前臂快速內旋,以球拍與地面小於90º的夾角,向下拍壓擊球。

(3) **回動**。完成接發球動作後,持拍手自然收回體前,向中心位置回動。

2. 前場反手接發球技術

(1) **判斷起動**。接發反手前場球時,向來球方向移動,反手握拍向來球方向伸出,同時前臂微屈做內旋半弧形引拍動作(圖3-25B),準備擊球。

A 單打接發球準備姿勢　B 反手接發球移動引拍動作
C 反手接發球搓小球擊球動作

圖3-25

羽毛球運動理論與實踐

(2) **擊球動作**。下面分別介紹反手接發球搓網前小球、勾對角小球、挑球、推球和撲球的擊球動作。

反手接發球搓小球擊球動作：結合身體向前跨步的衝力，食指、拇指內旋捻動球拍，用近似120º的斜拍面（圖3-25C），向前摩擦推送搓球。

反手接發球勾對角小球擊球動作：手腕外旋，拇指前頂，其餘四指收緊拍柄向網前斜對角方向發力擊球。

反手接發球挑球擊球動作：擊球點較低，前臂外旋，拇指前頂，用與地面呈大於90º的夾角拍面，收腕發力擊球。

反手接發球推球擊球動作：球拍與地面夾角近似90º，前臂迅速外旋，拇指前頂，手腕向前方外翻拍面擊球。

反手接發球撲球擊球動作：擊球點高於球網頂部，前臂快速外旋，用球拍與地面呈小於90º的夾角，拇指前頂，向前下方拍壓擊球。

(3) **回動**。擊球後，持拍手自然收回體前，腳步退回中心位置，成接球前準備姿勢。

3. 後場接發球技術

根據不同的來球位置，接發後場球可採用正手和頭頂兩種姿勢擊球。正手和頭頂接發後場球技術的動作軌跡基本相同，只是擊球點位置略有差異。正手接發後場球擊球點在身體右後側右肩上方，而頭頂接發後場球擊球點在身體左後側頭頂或左肩的上方。（圖3-26）

(1) **判斷起動**。用接發後場球步法向來球方向移動，同時上臂外旋帶動前臂後仰迴環引拍，身體重心在右腳上，準備起跳擊球。

(2) **擊球動作**。下面分別介紹接發球回擊高遠（平高）球、吊球和劈球、殺球、抽殺球的擊球動作。

接發球回擊高遠（平高）球擊球動作：擊球點在頭前上方，上臂帶動前臂迅速內旋向上揮動，將力傳遞至手腕，手指發力，用正拍面與地面呈稍大於90º的夾角（擊平高球）和接近120º的仰角（擊高遠球）將球擊出。

接發球回擊吊球和劈球擊球動作：擊球點比回擊平高球和高遠球靠前約10公分，上臂帶動前臂迅速內旋向上揮動，由手腕和手指控制擊球力量（劈球比吊球力大），用球拍面與地面夾角呈小於90º的斜面（劈球比吊球擊球角度更大）切擊球托右側（頭頂擊球切擊球托左後側）。

接發球回擊殺球擊球動作：身體充分後仰呈弓形展開，擊球點比回擊吊球再靠前約5公分，上臂帶動前臂迅速內旋向上揮動，最後由手腕手指發力，用與地面呈近似75º的夾角將球擊出。

接發球回擊抽殺球擊球動作：手臂迅速內旋、後倒迴環引拍，用與地面呈90º左右的夾角拍面向前揮動擊球。

圖 3-26　後場接發球動作

⑶ **回動**。擊球後，持拍手隨慣性動作向身體左前下方揮動，並迅速將拍收回體前，腳步向中心位置跟進回動，做好下次接球準備。

（五）接發球移動步法

1. 正、反手前場接發球移動步法

以單打接發球準備姿勢站立，正手前場接發球時，判斷來球方向後左腳蹬地，右腳向身體右前來球方向跨大步擊球（圖 3-27）。接球後，腳步向場地中心位置移動，準備接下一個來球。

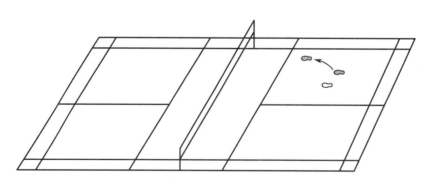

圖 3-27　正手前場接發球移動步法

反手前場接發球時，則判斷來球方向後右腳蹬地向身體左前來球方向跨步接球（圖 3-28）。

羽毛球運動理論與實踐

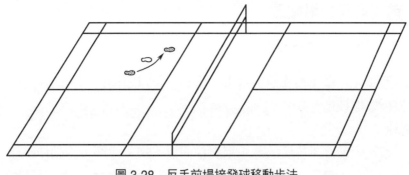

圖 3-28　反手前場接發球移動步法

2. 接頭頂、正手後場發球移動步法

以單打接發球準備姿勢站立，頭頂後場接發球時，雙腳蹬地向身體左後側來球方向起動，同時右腳後退第一步，身體重心在右腳上，配合上肢擊球動作向身體左後側方向做交叉起跳接發球（圖 3-29A）。

正手後場接發球時，左腳蹬地向身體右後方向起動後退第一步，右腳經左腳向來球方向交叉後退第二步（圖 3-29B），配合上肢交叉起跳接發球。

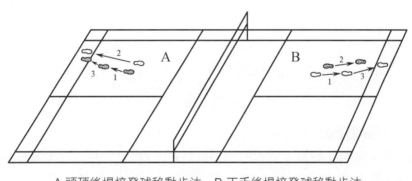

A 頭頂後場接發球移動步法　B 正手後場接發球移動步法

圖 3-29

第二節 　 前場擊球技術

前場擊球技術由前場挑高球、平推球、搓小球、放小球、勾對角線小球和撲球等幾種擊球技術組成，每一項擊球技術都可由正、反手擊球姿勢完成，擊出直線、斜線不同飛行路線的球。依據擊球點位置的不同，前場擊球可分為前場高手位擊球和前場低手位擊球兩種。

前場擊球由判斷起動——移動引拍——完成擊球——回收動作——再開始下一次擊球前的判斷起動循環完成。下面介紹的前場擊球技術均按這幾個基本環節進行，以右手持拍為例。

一、前場擊球技術種類

（一）前場高手位擊球種類

主動狀態下（即擊球點在肩部以上位置），可以運用搓球、勾對角球、平推球和撲球等幾種擊球技術。

1. 搓球

將對方擊至網前高手位置的球，用斜拍面以「搓」「切」等動作擊球，使球在摩擦力的作用下旋轉飛行，擦網而過。這種同樣落至對方網前的球稱為網前搓小球（圖 3-30①）。

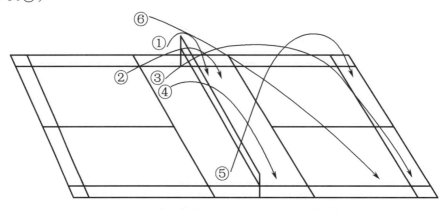

①前場搓小球　②前場低手位放小球　③前場平推斜線球
④前場高（低）手位勾對角球　⑤前場挑斜線球　⑥前場撲斜線球

圖 3-30

2. 高手位勾對角球

將對方擊至前場區域高手位置的球，以對角線路回擊向對方對應的前場區域的球稱為前場勾對角球（圖 3-30④）。

3. 平推球

平推球是將對方擊至前場位置較高的來球，以飛行弧線較平的線路回擊至對方端線附近的一種球（圖 3-30③）。由於擊球點高，動作小，發力距離短，速度快，而且落點變化多，因此加大了對方接球的難度，是從前場攻擊對方後場底線的一種有威力的進攻技術，在單、雙打中都常用。

4. 撲球

將位於球網上方的來球，由上向下、向對方場區撲擊下去稱為前場撲球（圖3-30⑥）。

（二）前場低手位擊球種類

前場低手位被動狀態下擊球，擊球點在腰部和膝蓋以下，一般採用挑高球、低手位勾對角線球、放小球等幾種擊球技術。

1. 挑高球

將對方擊至前場低手位的球，以由下至上的弧線回擊至對方後場端線上空的球為前場正手挑高球（圖 3-30⑤）。它是被動情況下為贏得回位時間而經常採用的一種過渡性技術。

2. 低手位勾對角球

將對方來前場低手位（幾乎觸地）的球輕輕一勾，回擊至對方斜對角前場區域的球稱前場低手位勾對角線球（圖 3-30④）。這是被動情況下與挑球、推球配合運用的一項控制反控制過渡性技術。

3. 放小球

將對方擊來前場低手位（幾乎觸地）的球輕輕一擊，使球擦網而過，落至對方前場區域的球稱為低手位放小球（圖 3-30②）。這是被動情況下，配合挑球而前後調動對方的一項過渡性技術。

二、前場高手位擊球技術

（一）前場高手位正手擊球技術

1. 判斷起動

判斷之後運用正手上網步法向身體右側的來球方向起動、移動，同時以肩肘為軸，前臂外旋帶動伸展，在身體的右前方做適量的半弧迴環引拍，左手自然後伸與右手反方向平行，保持身體平衡，準備擊球（圖 3-31）。

2. 擊球動作

將擊球點選擇在距離球網頂端 10 ～ 30 公分的位置。

正手搓球擊球動作：用食指、拇指捻動球拍，手腕由展腕至收腕發力，由右向左以斜拍面摩擦切擊球托的右後側部位，使球呈下旋翻滾過網稱為「收搓」（圖3-32A）。擊球動作由收腕到展腕發力，由左向右以斜拍面切擊球托的左後側部位，使呈上旋翻滾旋轉過網稱為「展搓」。

圖 3-31　前場高手位正手擊球動作

正手推球擊球動作：以肘為軸，前臂內旋帶動手腕由伸腕至展腕快速向前發力擊球，在擊球瞬間充分運用食指的撥力擊球（圖 3-32B）。正拍面向正前方擊球為推直線球。正拍面向斜前方向（由右向左前方揮動球拍）擊球為推斜線球。

正手高手位勾對角球擊球動作：上臂內旋帶動肘部稍回拉，手腕由伸腕至收腕發力切擊球托的右後側部位（圖 3-32C）。

A 正手搓球擊球動作　B 正手高手位推球擊球動作
C 正手高手位勾對角球擊球動作

圖 3-32

3. 擊球後回動

擊球後右腳立即蹬地向中心位置回動，同時手臂收回至胸前，準備回擊下一個來球。

（二）前場正手撲球技術

1. 判斷起動

運用前場躍起撲球步法向來球方向移動，在右腳蹬地向前方跨出或騰空躍起的同時，持拍手高舉向頭部前上方伸出，前臂略外旋迴環引拍。

2. 擊球動作

撲球的擊球點必須高於球網的頂部。擊球時，前臂內旋，手腕由伸展姿勢向前下方快速揮拍擊球托正面（圖 3-33）。如果來球距離球網較近，為避免擊球後控制不住球拍揮動慣力而觸網，可採用從右向左與球網幾乎平行的方向揮拍擊球。

3. 擊球後回動

擊球後手臂以制動動作結束，並迅速收回至體前，做好迎接下一個來球的準備。

圖 3-33　前場正手撲球動作

（三）前場高手位反手擊球技術

1. 判斷起動

運用前場反手上網步法向來球方向移動，同時持拍手前臂內旋帶動手腕做半弧形迴環引拍向來球方向伸出，左手自然平舉與右手對稱，保持身體平衡。（圖3-34）

圖 3-34　前場高手位反手擊球動作

2. 擊球動作

將擊球點選擇在低於球網頂端 10 ～ 30 公分的位置。

反手搓球擊球動作：運用食指、拇指捻動球拍，手腕由展腕至收腕發力，以斜拍面由左至右切擊球托的左後側部位稱為反手「收搓」（圖 3-35A）。手腕由收腕至展腕發力，以斜拍面由右向左切擊球托的右後側部位稱為反手「展搓」。

反手推球擊球動作：手腕由展腕至收腕向前快速揮動發力擊球，擊球的瞬間充分運用拇指前頂發力（圖 3-35B）。反拍面向正前方擊球為推直線球，反拍面向斜前方（由左向右前方揮動）擊球為推斜線球。擊球過程中，手腕幾乎保持手背面向上的平行狀態。

　　反手勾對角球擊球動作：上臂帶動肘部外旋做回拉動作，手腕由展腕至收腕發力切擊球托的左後側部位（圖 3-35C）。

A 反手收搓擊球動作　B 反手推球擊球動作
C 反手勾對角球擊球動作

圖 3-35

3. 擊球後回動

　　擊球後立即向中心位置回動，同時手臂收至胸前，準備回擊下一個來球。

（四）前場反手撲球技術

1. 判斷起動

　　運用前場躍起撲球步法向來球方向移動，在右腳蹬地向前方跨出或是騰空躍起邁出的同時，持拍手前臂稍內旋迴環引拍，向頭部前上方的來球方向伸出。

2. 擊球動作

　　撲的擊球點必須高於球網的頂部。擊球時，前臂外旋，手腕由伸展姿勢向前下方快速收腕發力擊球托正面（圖 3-36）。來球距離球網較近時，為避免擊球後球拍揮動的餘力導致觸網，可採用與球網幾乎平行的軌跡，從左向右揮拍擊球。

3. 擊球後回動

　　擊球後前臂和手腕以制動動作結束，並迅速收回至體前。

羽毛球運動理論與實踐

圖 3-36　前場反手撲球動作

三、前場低手位擊球技術

（一）前場低手位正手擊球技術

1. 判斷起動

判斷來球方向，降低重心，向右側的來球方向移動，同時持拍手手臂外旋，帶動手腕稍做迴環引拍動作伸向來球底部，左手拉舉於體後側與右手保持身體平衡。

2. 擊球動作

前場低手位擊球點在腰部或跨步腿膝蓋以下的位置。

正手挑高球擊球動作：前臂迅速內旋，帶動手腕向前上方展腕發力擊球（圖 3-37A），將球向對方場區上空高高挑起，以高弧線飛行，落至底線附近。

正手放小球擊球動作：手掌放鬆空出，僅用手指握住球拍柄，呈水平伸向球托底部（圖 3-37B），靠身體前衝力量和拇指、食指力量將接近地面的球輕輕向上「抬擊」球托底部，使球直線越過球網，貼網下落至對方前場區域。

正手勾對角球擊球動作：手臂內旋，食指發力，用斜拍面向斜前上方稍加力量抬擊球托底部（圖 3-37C），使球以一定的弧線越過球網，落入對方對角網前區域。

3. 擊球後回動

擊球後即向中心位置回動，持拍手手臂收至胸前。

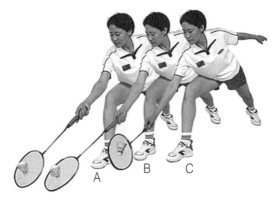

A 正手挑高球擊球動作　B 正手放小球擊球動作

C 低手位正手勾對角球擊球動作

圖 3-37

（二）前場低手位反手擊球技術

1. 判斷起動

降低身體重心，向左側的來球方向起動移動，同時手臂略內旋，帶動手腕稍迴環引拍，伸向來球方向，左手平舉於體後，保持身體平衡，準備擊球。

2. 擊球動作

擊球點在腰部或膝蓋以下位置。

反手勾對角小球擊球動作：上臂外旋，運用食指、拇指捻動球拍，用斜拍面向網前斜上方抬擊球托左側（圖 3-38A），使球落入對方前場對角區域。拍面抬擊的角度比高手位勾對角線球要大，力量也較大。

反手挑高球擊球動作：前臂外旋帶動手腕，利用拇指的頂力向前上方收腕發力將球向對方後場上空擊出（圖 3-38B），落入底線附近。

反手放小球擊球動作：借用跨步前衝力量，拇指輕輕向前上方抖動發力抬擊球托底部（圖 3-38C），使球越過球網，貼網落入對方前場區域。

A 低手位反手勾對角小球擊球動作　B 低手位反手挑高球擊球動作

C 低手位反手放小球擊球動作

圖 3-38

3. 擊球後回動

擊球後立即向中心位置回動，手臂收回體前。

四、前場擊球步法

全場步法視來球距離的遠近，可運用並步、交叉步、蹬跨步等移動方式，選用一步、兩步或是三步移動步法擊球。通常情況下，來球距離單打中心位置最遠（圖3-39，中圈外），可採用三步移動步法擊球；來球距離中心位置次遠（中圈內），可用兩步移動步法擊球；來球距離中心位置最近（小圈內），採用一步移動步法擊球。

前場步法跨步時，利用腳後跟著地制動。為防止身體向前衝力過大，腳尖可稍向外傾，左腳用拇指根部內側「刮」地向跨步腳（右腳）靠攏，保持身體平衡，便於向中心回動。

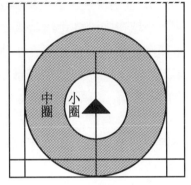

圖 3-39　全場步法範圍

（一）前場正手擊球步法

來球在右側前場區域，運用蹬跨步、交叉步或墊步移動步法向右側的前場區域移動擊球。

1. 前場正手三步上網步法

來球在中圈外，起動後右腳迅速向右側前方邁出第一小步，左腳緊接著向前交叉邁出第二小步，同時左腳的前腳掌用力蹬地，右腳再向前跨出第三大步（圖 3-40），準備擊球。擊球後，右腳向中心退回第一步，左腳交叉退回第二步，雙腳同時再做一小跳步回位。

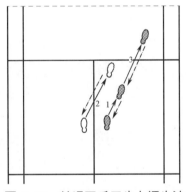

圖 3-40　前場正手三步上網步法

2. 前場正手兩步上網步法

來球在中圈內，起動後左腳向右側前方邁出第一小步，同時用力蹬地，右腳交叉跨出第二大步擊球（圖 3-41）。

擊球後，右腳立即往中心撤回第一步，左腳緊跟其後退回第二步回位。

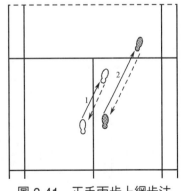

圖 3-41　正手兩步上網步法

3. 前場正手一步上網步法

來球在小圈內，起動後左前腳掌用力蹬地，右腳向來球方向跨出一大弓箭步擊球（圖 3-42）。擊球後立即往中心位置退步回位。

（二）前場反手擊球步法

來球在左側前場區域，運用蹬跨步、交叉步或墊步向左前方移動擊球。

1. 前場反手三步上網步法

來球在中圈外距離身體較遠，起動後右腳迅速向左側前方邁出第一小步，左腳向前交叉第二小步，同時左腳前腳掌用力蹬地，右腳再向前跨出第三步擊球（圖 3-43）。

擊球後右腳向中心位置撤回第一步，左腳緊跟退回第二步，兩腳再向中心位置做一小跳步回位。

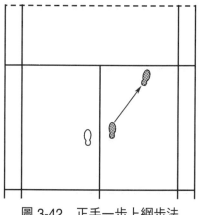

圖 3-42　正手一步上網步法

2. 前場反手兩步上網步法

來球在中圈內，起動後左腳向左前方來球方向邁出第一小步，右腳向前方交叉跨出第二步擊球（圖 3-44）。

擊球後右腳立即往中心位置撤回第一步，左腳退回第二步，左右腳同時再做一小跳步回位。

3. 前場反手一步上網步法技術

來球在小圈內，起動後左腳蹬地，右腳向來球方向跨大弓箭步擊球（圖3-45）。

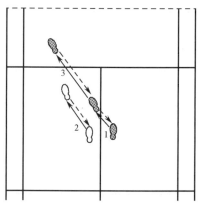

圖 3-43　前場反手三步上網步法

擊球後右腳向中心位置撤回一步，左腳再撤一小步回位。

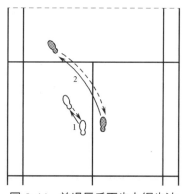

圖 3-44　前場反手兩步上網步法

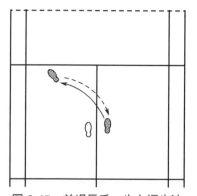

圖 3-45　前場反手一步上網步法

第三節 🏸 中場擊球技術

羽毛球單打中所運用的中場擊球技術有接殺球和中場騰空抽殺球。接殺球由接殺放直線小球、接殺勾對角小球、接殺挑高球和接殺反抽球等幾項擊球技術組成。騰空抽殺球一般擊球力量不是很大，但揮臂動作突然，速度較快。

中場各種接殺球技術由正、反手擊球姿勢完成，擊出直、斜線不同飛行路線的球。中場抽殺球由正手、頭頂兩種擊球姿勢完成。

中場擊球由判斷起動——移動引拍——完成擊球——回收動作——再開始下一次擊球前的判斷起動循環完成。

下面介紹的中場擊球技術均按這幾個基本環節進行，並以右手持拍為例。

一、中場擊球技術種類

（一）中場接殺球技術

中場接殺球的擊球位置在中場區域附近，主要有接殺挑高球（圖 3-46A①）、接殺平抽球（圖 3-46A②）、接殺放直線小球（圖 3-46A③）和接殺勾對角小球（圖 3-46B①）。

1. 接殺挑高球

將對方殺至腰部以下位置的球，以高弧線回擊至對方後場底線附近的球為接殺挑高球（見圖 3-46A①）。防守中運用這種擊球調動對方，讓他做左右底線大角度移動，削弱其進攻威力。廣泛運用於雙打中。

2. 接殺平抽球

將對方殺至肩、腰位置的球，沿球網以平行弧線向對方場區抽壓回擊為接殺平抽球（見圖 3-46A②）。

接殺平抽球的擊球點高，防守中當對方進攻品質不高、來球弧線較平時，應抓住機會運用接殺平抽球進行反攻。

3. 接殺放直線小球

將對方擊來的殺球，回擊網前小球至對方前場區域為接殺放直線小球（見圖3-46A③）。同其他接殺球技術配合使用，可調動對方前後奔跑，有效地限制其連續進攻。在單打競賽中較為常用。

4. 接殺勾對角小球

將對方擊來的殺球，以對角線小球回擊至對方前場區域為接殺勾對角線小球（見圖 3-46B①）。在防守中運用此項技術不但可避免因起高球而使對方發起連續進攻，導致自己陷入被動局面，而且還可形成小對角線路，增加對方前後移動的難度，削弱其進攻威力。

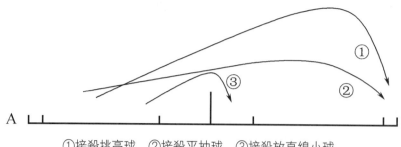

①接殺挑高球　②接殺平抽球　③接殺放直線小球

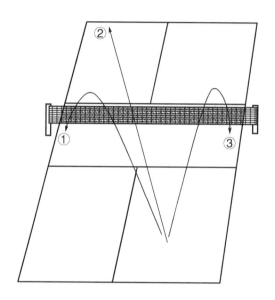

①接殺勾對角線小球　②中場騰空抽殺球　③接殺放直線小球

圖 3-46

（二）中場騰空抽殺球

這是起跳騰空將對方擊至中後場區域弧線較平的球，由高至低向對方場區抽殺過去的一種球（圖 3-46B②）。其戰術目的是在攻守控制和反控制中，當對方回球品質不好時抓住機會進行反攻。

二、中場擊球技術

（一）中場正手接殺球技術

1. 判斷起動

降低重心，運用正手接殺球步法向來球方向移動，同時以上臂帶動前臂和手腕外旋做一定的弧形引拍，球拍與跨步腳腳尖同時指向來球，準備擊球（圖 3-47）。

羽毛球運動理論與實踐

圖 3-47　中場正手接殺球動作

2. 擊球動作

擊球點控制在體側平行面之前的位置。這一點很重要，如果擊球點在體側平行面之後，則將失去接殺球的最佳擊球角度，無法接好殺球。

正手接殺勾對角線小球擊球動作：擊球時運用正手網前勾對角線小球的動作向前推送發力（圖 3-48A），使球沿對角線飛行，落入對方前場區域。可根據對方殺球力量的大小來調整擊球力量，對方殺球力量大，擊球發力相對小；對方殺球力量小，擊球發力需要大些。

　　A　　　　　B　　　　　C　　　　　D

A 正手接殺勾對角線小球擊球動作　B 正手接殺平抽球擊球動作
C 正手接殺放直線小球擊球動作　D 正手接殺挑高球擊球動作

圖 3-48

正手接殺平抽球擊球動作：手臂迅速內旋，食指控制球拍，在其餘 4 個手指的協作下，以類似翻壓的動作發力擊球（圖 3-48B），使球平行過網後即呈向下軌跡運行。

正手接殺放直線小球擊球動作：手腕屈收、手指控制球拍面，藉助對方殺球的力量，以一定的仰角斜拍面向前方推送切擊球托的底部（圖 3-48C），使球呈直線飛行落入對方前場區域。

正手接殺挑高球擊球動作：以肘為軸，前臂和手腕迅速內旋，食指緊扣拍柄，展腕發力將球擊出（圖 3-48D），使球呈高弧線飛行，落入對方場區底線附近。

3. 擊球後回動

在跨步腳觸地瞬間即向中心位置回動，同時持拍手迅速收回，準備回擊下一個來球。

（二）中場正手騰空抽殺球技術

1. 判斷起動

用中場起跳騰空步法向來球方向移動，向右斜上方來球方向起跳，伸展騰空，同時舉臂外旋後倒臂迴環引拍，手腕充分後伸，準備擊球。

2. 擊球動作

擊球點應在右肩斜前上方，前臂內旋帶動手腕，手指握緊拍柄，前屈閃動擊球。擊球拍面與地面呈 90° 左右夾角，將球向上、向下、向對方場區抽殺過去（圖 3-49）。

3. 擊球後回動

抽殺球後，前臂隨慣性往左下方揮動，右腳著地，身體重心在右腳上，立即向中心位置回動。

圖 3-49　中場正手騰空抽殺球動作

羽毛球運動理論與實踐

（三）中場反手接殺球技術

1. 判斷起動

降低身體重心，用中場接殺球步法向來球方向移動，在跨步腳前邁的同時，持拍手的上臂內旋，帶動前臂和手腕做一定的弧形引拍，伸向左側來球方向，準備擊球（圖 3-50）。

圖 3-50　中場反手接殺球技術動作

2. 擊球動作

擊球點必須控制在身體左側平行面以前的位置。

反手接殺勾對角小球擊球動作：用反手網前勾對角線小球的擊球動作，加大擊球力量和拍面角度向斜前方推送切擊球托左後側（圖 3-51A），使球呈對角線飛行，落入對方前場網前區域。

反手接殺放直線小球擊球動作：持拍手完全放鬆，手指控制球拍面，由展腕至收腕微發力，以一定的斜拍面仰角向前推送切擊球托的底部（圖 3-51B），使球呈直線飛行，貼網落入對方前場區域。

反手接殺挑高球擊球動作：以肘為軸，前臂和手腕迅速外旋，利用拇指的頂力發力，緊握球拍，以收腕動作將球擊出（圖 3-51C），使球呈高弧線飛行，落入對方底線附近。

反手接殺平抽球擊球動作：右腳觸地的同時，手臂迅速外旋帶動手腕閃動發力，在拇指前頂拍柄和其餘四指協作下，以類似翻壓的動作發力擊球（圖 3-51D），將球沿齊網平行高度，呈直線或對角線擊向對方場區。

3. 擊球後回動

擊球後，即向中心位置回動，持拍手迅速復位，準備回擊下一個來球。

A 反手接殺勾對角小球擊球動作　B 反手接殺放直線小球擊球動作

C 反手接殺挑高球擊球動作　D 反手接殺平抽球擊球動作

圖 3-51

（四）中場頭頂騰空抽殺球技術

1. 判斷起動

根據來球距離的遠近，用中場頭頂起跳騰空步法向來球方向移動，並向左斜上方來球方向騰起，同時持拍手臂和身體向來球伸展，手臂外旋倒臂迴環引拍，手腕充分後伸準備擊球。

2. 擊球動作

擊球點應在左肩斜前上方。擊球時，前臂內旋，帶動手腕前屈微收，手指抓緊拍柄閃動，靠手腕爆發力發力擊球，擊球拍面與地面夾角為 90º 左右（圖 3-52）。

3. 擊球後回動

抽殺球後，前臂隨慣性往左下方揮動，身體重心在左腳上，即刻向中心位置回動。

三、中場擊球步法

（一）中場正手擊球步法

由場地中心位置向右側區域移動擊球的步法稱為中場正手擊球步法。中場正手擊球步法可分為中場正手接殺球步法和中場正手騰空擊球步法。

中場正手接殺球步法，根據擊球位置不同可選擇蹬跨步、墊步或一步騰空接殺球步法。

圖 3-52　中場頭頂騰空抽殺球動作

1. 中場正手蹬跨步接殺球步法

　　當來球距離身體較近時，以左腳前腳掌為軸心，向右側的來球方向蹬地起動。同時身體右轉 90º 面向來球方向，右腳向來球方向跨步擊球（圖 3-53）。完成擊球後，右腳迅速向中心位置撤回一步回位。

2. 中場正手墊步接殺球步法

　　起動後左腳蹬地向右腳邁出第一小墊步，同時向右轉體 90º，面向來球方向。右腳向來球方向跨出第二步（圖 3-54），準備擊球。擊球後，跨步腳一觸地即向中心位置退回一小步，左腳緊隨其後向中心位置退回第二步回位。

3. 中場正手一步騰空接殺球步法

　　往中場右側區域位置移動起跳擊球的步法稱為中場正手騰空步法。來球距離身體較近時，由接球前的準備姿勢屈膝起動，向身體右側來球方向蹬地斜步起跳（圖 3-55A），準備擊球。

　　完成擊球後，身體重心在右腳上，當右腳觸地瞬間，迅速向中心位置回位。

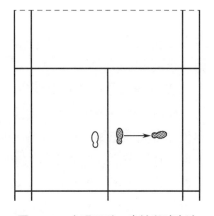

圖 3-53　中場正手一步接殺球步法

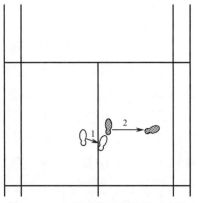

圖 3-54　中場正手兩步接殺球步法

A 中場正手一步騰空步法　B 中場頭頂一步騰空步法

圖 3-55

（二）中場反手擊球步法

由中心位置往左側移動擊球步法為中場反手區域移動步法，分為中場反手一步、兩步接殺球步法和中場頭頂騰空擊球步法。

1. 中場反手一步接殺球步法

當來球距離身體較近時，由接球前的準備姿勢起動，左腳向來球方向蹬地跨步，向左轉體 90º（圖 3-56），準備擊球。擊球後，左腳跟觸地迅速向中心位置退回一步，兩腳做一小跳步完成回位。

2. 中場反手兩步接殺球步法

來球距離身體較遠時，起動後左腳蹬地向來球方向邁出第一小步，向左轉體，背向球網，身體重心在左腳上。右腳緊接其後向來球方向邁出第二步蹬跨步（圖 3-57），準備擊球。完成擊球後，右腳迅速向中心位置退回第一步，同時向右轉體，兩腳做一小跳步完成回位。

3. 中場頭頂擊球騰空步法

往中場左側區域移動，並利用頭頂擊球姿勢起跳的步法稱為中場頭頂騰空步法。

來球距離身體較近時，屈膝，右腳前腳掌蹬地，左腳向身體左側斜步起跳，仰面準備擊球（見圖 3-55B）。完成擊球後，身體重心在左腳上，迅速向中心位置併一步，右腳向中心位置再前進一步，完成回位動作。

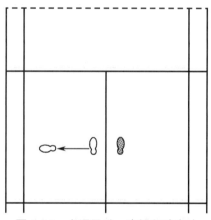

圖 3-56　中場反手一步接殺球步法

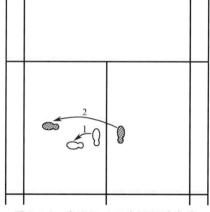

圖 3-57　中場反手兩步接殺球步法

羽毛球運動理論與實踐

第四節 🏸 後場擊球技術

後場擊球有力量大、速度快、爆發力和攻擊力強等特點，是羽毛球運動中的一項主要擊球技術，廣泛運用於單、雙打競賽中。然而，後場躍起這漂亮的凌空一擊，卻只有在前場、中場各項技術合理配合運用下才可能實現。

依據擊球位置的不同，後場擊球可分為後場高手位擊球和後場低手位擊球。每一項擊球技術又可由正手、頭頂和反手三種擊球姿勢完成。

後場正手擊球：在右後側位置，面向來球方向，用正拍面擊球。

後場頭頂擊球：在左後側位置，面向來球方向，用正拍面繞頭頂在左肩頭頂上方擊球。

後場反手擊球：在左後側位置，背向來球方向，用反拍擊球。

高遠球是後場擊球技術的基礎，其他擊球技術都是在高遠球擊球技術基礎上的「延伸」技術。高遠球擊球技術掌握得紮實，其他擊球技術便能融會貫通。後場擊球技術要求先掌握後場各項高手位擊球要領，然後學習後場低手位被動擊球和反手擊球技術，再進一步加強高難度後場突擊殺、點殺和高吊殺動作一致性等技術的練習。

後場擊球由判斷起動——移動引拍——完成擊球——回收動作——再開始下一次擊球前的判斷起動循環完成。下面介紹的後場擊球技術均按這幾個基本環節進行，並以右手持拍為例。

一、後場擊球技術種類

後場擊球依據戰術需要可擊出高遠球、平高球、吊球、劈球和殺球等，而每一種擊球均可分別擊出直線和斜線球路。

（一）後場高遠球

是由底線擊至對方底線的一種高弧線飛行球（見圖 3-21②）。後場高遠球由於飛行弧線較高，速度慢，在被動狀態下運用可爭取回位時間，以便過渡和調整擊球位置。雙打防守反攻可用後場高遠球調動對方至底線兩角，消耗其體力。後場高遠球在主動高手位和被動低手位置狀態下都可運用。

（二）後場平高球

是從底線以比高遠球低的飛行弧線擊至對方底線的球，其高度以對方從中場起跳攔擊不了為宜。後場平高球是一項高手位狀態下運用的後場進攻技術，由於它的動作突擊性強，出球速度快，如在適當的時機選擇高品質的平高球將對方逼至底線

兩角，再配合前場小球調動，效果極佳。

（三）後場吊球

是將後場區域端線附近位置的球，回擊到對方前場區域（前發球線附近與球網之間）緊靠邊線兩角的近網小球（見圖 3-21③）。吊球的飛行軌跡以球過網後迅速下落為宜，如能與後場高球結合使用，則能有效地調動對方，是後場一項主要進攻技術。根據不同的來球弧線和擊球位置，吊球又分為高手位主動吊球和低手位限制性吊球兩種，並可分別擊出直線和斜線球路。

（四）後場劈球

是一項介於吊球和殺球技術之間的後場進攻技術，採用高手位擊球。由於劈球是以吊球的動作、殺球的力量並以斜拍面擊球，所以速度快且落點一般都比較刁鑽。實戰中與平高球、吊球、殺球配合運用，常給對手造成判斷上的困難，是後場一項靈活多變、威力強大的進攻技術。

（五）後場殺球

是針對對方擊至後場或中後場區域的來球，爭取儘量高的擊球點，將球由高而下地向對方場區全力扣壓過去的一種球（見圖 3-21④），採用高手位擊球。殺球技術的擊球力量最大，速度最快，威力也最大，是進攻得分的重要手段。根據出球角度的不同，後場殺球可以擊出直線和斜線球；根據擊球力量的不同，可分為重殺和點殺；根據出球距離和落點的不同，可分為長殺（落點在雙打後發球線附近）和短殺（落點在中場）；根據擊球時間差的變化，也可採用突擊殺球等。

二、後場正手擊球技術

（一）後場正手高手位擊球技術

後場高手位擊球，即主動狀態下擊球，擊球點在肩部、頭部的上方。可依戰術需要擊出高遠球、平高球、吊球、劈球和殺球等。

1. 判斷起動

運用後場正手後退步法向右後側區域的來球方向移動，同時持拍手臂以 45°夾角屈肘舉於體側，左手自然上舉保持平衡，側身對網，重心在右腳上，呈擊球前的準備姿勢。

當球下落到一定的高度時，持拍手肘部上抬，手臂外旋，充分後倒，以肩為軸做迴環引拍動作，手腕充分伸展，形成擊球前較長的力臂，左手隨轉體動作伸向左側，協調右手發力，準備擊球（圖 3-58）。

圖 3-58　後場正手高手位擊球動作

2. 擊球動作

後場正手高遠球擊球動作：擊球點選擇在右肩前上方，前臂疾速內旋，帶動手腕加速向前上方揮動，屈收手腕，屈指發力，用正拍面以與地面成近 120º的仰角（圖 3-59A），在空中最高點將球向前上方擊出，高弧線飛行，落入對方場區底線附近。

後場正手平高球擊球動作：用比擊高遠球稍小（約 95º）的仰角拍面（圖3-59B），將球擊出為平高球，以平高弧線飛行，落入對方場區底線附近。

後場正手吊、劈球擊球動作：吊球和劈球的擊球點在右肩的前上方較擊高遠球稍前一點的位置（圖 3-59C）。擊球時手腕由伸腕到屈收帶動手指捻動發力，使球拍向內或向外旋轉，手腕手指控制力量，以斜拍面「切擊」球托後部的右側或左側，使球呈對角線飛行，落入對方前場區域。吊球和劈球擊球動作主要區別是擊球發力不同，吊球發力小，劈球則要加大擊球力量。

後場殺球擊球動作：擊球點選在右肩前上方較擊高遠球、吊球更前一點的位置上（圖 3-59D）。擊球前，為獲得較大的力臂，可充分調動下肢、腰腹和上肢的力量，使身體後仰幾乎呈「弓形」準備發力擊球。擊球瞬間前臂帶動手腕由伸到屈快速閃動，以正拍面向前下方發力壓擊球，使球自上向下飛行落入對方中後場區域。

A 後場正手高遠球擊球動作
B 後場正手平高球擊球動作
C 後場正手吊球和劈球擊球動作
D 後場正手殺球擊球動作

圖 3-59

3. 擊球後回動

擊球後持拍手隨擊球動作完成後的慣性向左前下方揮動，左手協助保持身體平衡，起跳腳觸地瞬間即向中心位置回動，同時持拍手由左前下方迅速收回至體前，準備迎接下一次來球。

（二）後場正手低手位擊球技術

後場正手低手位擊球，即被動狀態下擊球，擊球點大致在膝蓋高度上下的位置，可擊高遠球和限制性吊球。

1. 判斷起動

運用後場正手被動步法向右後側區域轉體移動，持拍手正手握拍自然側拉於身後，同時手肘前行，前臂外旋後倒，手腕充分後伸引拍，左手平舉於相應一側保持平衡，準備擊球（圖 3-60A、B、C）。

2. 擊球動作

後場正手被動高遠球擊球動作：前臂急速內旋，帶動手腕加速向前方揮動，右腳跨步著地的同時，以正拍面將球由低點向對方場區上空擊出（圖 3-60E）。注意上下肢要配合一致地完成擊球動作。

後場正手被動吊球擊球動作：擊球點比被動擊高遠球稍後，手肘先行鎖住，前臂後擺再向前揮動，同時手指控制拍面，收腕以斜拍面仰角切擊球托（圖 3-60D），使球由下自上吊至對方前場區域。

〔注意〕 正手後場被動吊球時手肘先行是關鍵，如果肘部位置不固定，則易擊球下網。

A、B、C　正手低手位擊球動作　D 正手被動吊球擊球動作
E 正手被動高遠球擊球動作

圖 3-60

羽毛球運動理論與實踐

3. 擊球後回動

擊球後，以制動動作控制手臂繼續向左側揮動，同時迅速提高身體重心，向中心位置轉體跟進回位，並將持拍手收至體前。

三、後場頭頂擊球技術

在左後場區用正拍面在頭頂上方擊球，叫後場頭頂擊球。這種擊球，依據戰術的需要可分別擊高遠球、平高球、吊球、劈球和殺球。每一項擊球技術，依據戰術的需要都可擊出直線或斜線球路。

1. 判斷起動

運用後場頭頂後退步法向來球落點方向後退移動，擊球前的準備姿勢應為側身（左肩對網），如果來不及，則可以仰面姿勢，用與後場正手擊球技術相同的引拍動作準備擊球（圖3-61）。

圖 3-61　後場頭頂擊球動作

2. 擊球動作

擊球點選擇在頭頂或左肩前上方。

後場頭頂殺球擊球動作：擊球點偏在頭頂前上方較擊高遠球和吊球靠前的位置，擊球時前臂內旋，帶動球拍高速向前下方揮動，以拍面與地面夾角小於90°的角度（圖3-62A），屈指大力發力擊球。

後場頭頂劈、吊球擊球動作：滑板吊球時用手指推捻拍柄，使球拍向內旋轉，以斜拍面向前下方滑動「切擊」球托左側後部（圖3-62B）。劈球擊球發力和擊球拍面角度較吊球大。

後場頭頂平高球擊球動作：擊球拍面較擊高遠球仰角小（圖3-62C），手腕、手指閃動發力更快，爆發力更強。

後場頭頂高遠球擊球動作：要領同後場正手擊球（圖3-62D）。

3. 擊球後回動

起跳擊球後，身體重心落在左腳上，左腳一觸地即迅速往中心位置回動，持拍手迅速回收至體前，準備下一次擊球。

四、後場反手擊球技術

（一）後場反手高手位擊球技術

在左後場區以反拍面擊球稱為後場反手擊球。這種擊球技術依據戰術的不同需要可擊出直、斜線反手高球，反手吊球和反手殺球。反拍面擊球的技術動作較難，擊球威力不如正拍面大，落點也不易控制，初學者處理左後場區的球時應盡可能地爭取用頭頂正拍面擊球。只有在極被動、迫不得已的情況下才用反手擊球。但是如果反手技術掌握得好，同樣能化險為夷，變被動為主動。

1. 判斷起動

以後場反手轉身「後退」步法迅速向來球方向移

A 後場頭頂殺球擊球動作
B 後場頭頂劈、吊球擊球動作
C 後場頭頂平高球擊球動作
D 後場頭頂高遠球擊球動作
圖 3-62

動，身體稍向左轉，背向球網，含胸收腹，反手握拍屈肘舉於右側與肩同高的位置，同時手臂內旋迴環引拍，手腕稍有外展，雙眼注視來球，準備擊球（圖3-63）。

圖 3-63　後場反手高手位擊球動作

2. 擊球動作

後場反手殺球擊球動作：後場反手殺球的擊球點較擊高遠球和吊球靠前，擊球時拍面的仰角較小（圖3-64A）。為了獲得最大的擊球力量，應協調好蹬力、腰腹力、肩力，以上臂帶動前臂由外旋快速閃動，屈指發力，用反拍正面擊球托的後部，使球由高向下飛行落入對方場區。擊球瞬間拍面向正前方下壓為反手殺直球，擊球拍面向斜前下方揮壓則是反手殺斜線球。

後場反手吊球擊球動作：擊球瞬間拍面與地面的夾角保持 90º 左右，以稍帶有前推的動作擊球，避免擊球不過網。吊直線擊球時前臂外旋帶動手腕，手指捻動發力，斜拍面沿從左向右的軌跡向前下方切擊球托的後中部（圖 3-64B），使球呈對角線飛行落入對方前場區域。吊斜線球時用斜拍面向斜下方切擊球托的左側部位。

後場反手高遠球擊球動作：上臂和前臂疾速外旋帶動手腕加速，近似畫一條弧線由左下方經胸前向右前上方揮動，擊球點選在右肩上方（圖 3-64C）。擊球時手腕由伸展至屈收快速閃動屈指發力，利用拇指的頂力、其餘四指的配合，緊握球拍，用反拍面將球向後場擊出，使球高弧線飛行，落入對方場區底線附近。在完成擊球動作的同時，右腳著地，身體重心也落在右腳上。

A 後場反手殺球擊球動作
B 後場反手吊球擊球動作
C 後場反手高遠球擊球動作

圖 3-64

3. 擊球後回動

完成擊球後，身體重心在右腳上，持拍手由制動動作收回體前，準備迎接下一個來球。

（二）後場反手低手位擊球技術

後場反手低手位擊球是處於較被動狀態下運用的一項過渡性技術，擊球點大致在膝關節上下的位置。

1. 判斷起動

運用後場反手被動轉身「後退」步法向來球落點方向後退移動，持拍手臂以肩為軸，前臂內旋迴環引拍，握拍放鬆，手腕稍有外展，呈背對球網跨步姿勢準備擊球（圖3-65A、B、C）。

2. 擊球動作

後場反手低手位高遠球擊球動作：上臂和前臂疾速外旋帶動手腕，利用拇指的頂力，配合其餘四指屈指發力，藉助身體右轉力量，向對方後場區域的前上方揮臂

擊球，使球高弧線飛行，落至對方底線附近。完成擊球動作的同時跨步腳著地。

　　後場反手低手位吊球擊球動作：擊球時手腕由伸展至屈收發力，手指和手腕控制拍面力量和角度，拇指前頂發力，以反拍面輕擊球托左後側部位（圖 3-65D），將球由下向上吊至對方前場區域。注意擊球瞬間手臂應有一定的前送動作，否則球不易過網。

A、B、C 後場反手低手位擊球動作　D 後場反手低手位吊球擊球動作

圖 3-65

3. 擊球後回動

完成擊球後迅速轉體，面向球網，向中心位置回位。

五、後場擊球步法

　　由中心位置向後場區域移動擊球的步法稱為後場後退步法。根據來球區域的不同可分為後場正手、頭頂和反手轉身「後退」步法。根據擊球位置不同又有主動擊球步法和被動擊球步法之分。

（一）後場正手後退步法

1. 後場正手兩步後退步法

　　來球距離身體不遠時，以左腳的前腳掌為軸心，右腳向右後側區域的來球落點方向蹬地起動後退步，同時左腳向右腳並步，重心在右腳上，右腳向右後斜方後退第二步跳起（圖 3-66），準備擊球。擊球後，右腳觸地迅速向中心位置邁回第一步，左腳即向中心位置邁回第二步，雙腳再接一小跳步，完成回位。

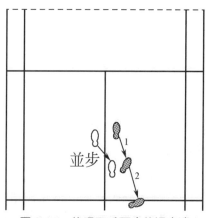

圖 3-66　後場正手兩步後退步法

羽毛球運動理論與實踐

2. 後場正手三步後退步法

來球距離身體過遠，起動後右腳向來球落點方向後退第一小步，左腳經右腳往後交叉退第二步。右腳再交叉退第三步，身體重心放在右腳上，向右後方向斜步起跳（圖 3-67），準備擊球。擊球後，右腳迅速向中心位置邁回第一步，左腳交叉邁回第二步，雙腳再接一小跳步完成回位。

3. 後場正手被動後退步法

後場被動步法是當對方來球品質較高、我方處於被動低手位時運用的跨步擊球步法。起

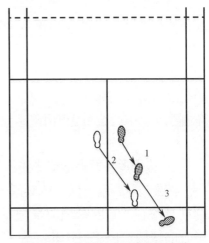

圖 3-67　後場正手三步後退步法

動後，右腳向來球落點方向後退第一小步，左腳交叉後退第二步，右腳又經左腳再向後交叉弓箭步跨出第三步（腳步動作參見圖 3-67），同時轉體，面向來球，準備擊球。要降低身體重心，採用跨步姿勢擊球。擊球後，身體重心在右腳上，迅速向中心位置蹬地邁回第一步，左腳向中心位置邁出第二步，同時轉體面向球網，雙腳向中心位置做第三步跳步，完成回位。

（二）後場頭頂後退步法

1. 後場頭頂兩步後退步法

右腳蹬地，轉體，向左後側後場區域的來球落點方向後退第一步，左腳向右腳並步，重心在右腳上（圖 3-68），右腳蹬地向左後交叉後退第二步起跳擊球。擊球後，左腳觸地迅速向中心位置回位。

2. 後場頭頂三步後退步法

起動後，右腳蹬地，轉體，向身體左後側區域的來球落點方向後退第一小步，左腳後交叉退第二步，右腳再向左後交叉退第三步（圖 3-69），身體重心在右腳上，交叉步起跳擊球。擊球後，迅速向中心位置蹬地交叉步回位。

（三）後場反手轉身「後退」步法

在左側的後場區域，配合反手擊球的後退步法稱為後場反手轉身「後退」步法。

1. 後場反手轉身兩步「後退」步法

右腳蹬地向左後場區轉體起動，同時左腳向

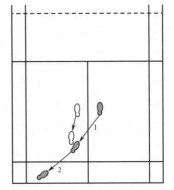

圖 3-68　後場頭頂兩步後退步法

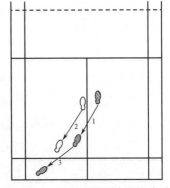

圖 3-69　後場頭頂三步後退步法

左後側來球落點方向邁出第一小步。右腳交叉
向來球方向再跨出第二步（圖 3-70），呈背
對球網的姿勢，右腳觸地的同時完成擊球，身
體迅速右轉，右腳向中心位置回位第一小步，
左腳交叉向中心位置邁出第二步，完成回位動
作。

2. 後場反手轉身三步「後退」步法

如果來球距離身體位置較遠，則以左腳前
腳掌為軸心，右腳蹬地向身體左後側來球落
點方向轉體邁出第一小步，左腳緊接其後向
左後側邁出第二步，右腳再交叉向來球落點
方向跨出第三步，並同時擊球（圖 3-71）。
擊球後身體重心在右腳上，迅速蹬地轉體向
中心位置方向邁出第一小步，左腳隨即交叉
邁出第二步，右腳再向中心位置邁出第三
步，完成回位動作。

3. 後場反手被動「後退」步法

此步法用於對方來球品質較高、我方處
於左後場區域較被動的低手位擊球時。右腳
蹬地向左後側來球落點方向轉體起動後撤第一
小步，左腳交叉向來球落點方向邁出第二步，
右腳以弓箭步向來球落點方向跨出最後一步
（圖 3-72），以被動低手位完成擊球。右腳觸
地完成擊球後，提高身體重心，迅速向右轉體
向場地中心方向回位邁出第一步，左腳緊跟其
後經右腳交叉向中心位置回位邁出第二步，最
後右腳向中心位置邁出第三步，完成回位動作。

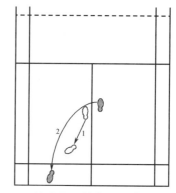

圖 3-70　後場反手轉身兩步「後退」步法

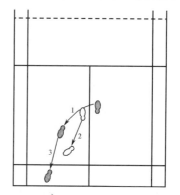

圖 3-71　後場反手轉身三步「後退」步法

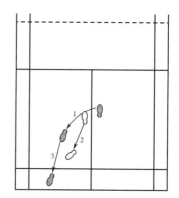

圖 3-72　後場反手被動「後退」步法

> 思考與練習：

1. 握拍的種類有哪些？請詳細闡述握拍方法。
2. 單打發球的種類及戰術作用有哪些？
3. 簡述前場高手位擊球技術的種類及技術要領。
4. 簡述中場接殺球技術的種類。
5. 試述正手擊後場高遠球技術的過程。
6. 簡述後場後退步法技術動作方法。

羽毛球運動理論與實踐

雙打比賽的場地雖然比單打略大，但發球和接發球區域較單打縮小了一點兒。兩人共同作戰，場上實際控制的範圍縮小，對抗性加強，比賽的回合增多，擊球速度加快，形成了較單打更勝一籌的快、狠、巧、變的特點。在複雜多變的激烈競爭環境中加大了默契配合的難度。為此，在掌握單打技術的基礎上，還應熟練掌握雙打主要基本技術，並學會在對抗中自如運用，從而在比賽中取勝。

雙打基本技術，包括握拍、發球、接發球、擊球和步法技術等。本章講述的雙打技術均以右手持拍為例。

第一節 🏸 雙打的握拍、發球與接發球

一、雙打握拍方法

雙打的短、平、快特點決定了雙打握拍較單打略有不同。為了加快揮臂的速度和控制擊球的拍面，在處理雙打前場較平弧線、較快速度的來球時，應將握拍位置適當前移，縮短球拍長度，以利於加快擺臂速度，控制擊球的拍面和角度。

（一）雙打正手封網和發球握拍

將虎口對在球拍柄的第二至第三條斜棱之間的窄面上，持拍手與拍柄接觸位置在拍柄與拍桿接觸處，平握球拍（圖 4-1）。封網握拍可參見圖 3-14。

（二）雙打反手封網和發球的握拍

將虎口對在拍柄的第一和第二條斜棱之間的窄面上，手指第一指關節與拍柄接觸，掌心完全空出（圖 4-2）。

二、雙打發球技術

發球是雙打的一項重要技術。雙打由兩隊四人同場競技，球速較單打更快，對

87

圖 4-1　雙打正手發球握拍

圖 4-2　雙打反手發球握拍

發球的要求也更高。如果發球品質不好，比賽開始就會陷入被動挨打的局面。因此，發球是爭取開局主動的關鍵。

（一）雙打發球站位與發球有效區域

1. 雙打發球站位

雙打發球者的站位較單打靠前，在緊靠前發球線與中線交接附近的 T 形位置（圖 4-3 中△處）。選擇這個位置發球，便於發球後搶擊第三拍封網前球。另一同伴站在後場中部位置（圖 4-3 中▲處）準備接第三拍。混合雙打中，由於分工不同，通常男隊員發球站位一般移至女隊員後。

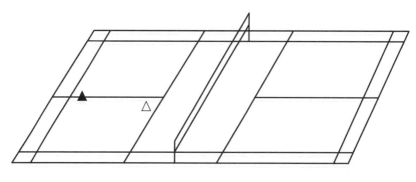

△ 雙打發球者站位　　▲ 雙打發球者的同伴站位

圖 4-3　雙打發球站位

2. 雙打有效發球區域

選手在右發球區發球，必須以對角線路將球發在對方的右發球區內。

雙打右發球有效區域為：中線、中線右邊的雙打邊線、雙打後發球線和前發球線之間（圖4-4）。

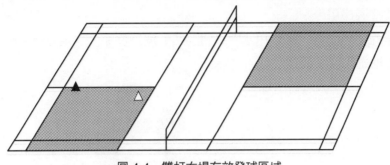

圖4-4　雙打右場有效發球區域

左發球有效區域為：中線、中線左邊的雙打邊線、雙打後發球線和前發球線之間（圖4-5）。

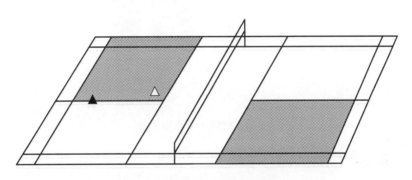

圖4-5　雙打左場有效發球區域

（二）雙打發球種類

根據雙打短、平、快的特點，以發後場平高球、後場平射球和網前小球為主。各項發球飛行線路與單打發球相同，只是根據雙打發球區域的變化其落點位置較單打略有變化。

1. 雙打發後場平高球

是飛行弧線較發後場高遠球低的一種發球，其飛行高度以對方跳起無法攔截為宜，落點在雙打後發球線附近。由於這種發球的落點位於對方後場附近，故應與發網前小球配合使用，以增加對方接發球的判斷難度。

2. 雙打發後場平射球

這種球以幾乎與球網平行的弧線直射對方雙打後發球線附近，具有球速快、突擊性強的特點，多用於雙打發球搶攻戰術。在接發球方無準備、站位出現空檔的情

況下，或是為了加快節奏，運用這種快速、突變的發球優勢，可迫使接發球方陷於被動或者接發球失誤。

3. 雙打發網前小球

是以斜拍面摩擦擊球，使球貼網而過，落在接發球方前發球線附近的一種發球。這種小球飛行弧度低，距離短，在雙打中可以有效地限制接發球方直接扣殺進攻，因而被普遍採用。

就發球的姿勢而言，可以用正手（圖 4-6）或是反手姿勢發球。通常情況下，選手們更多地選用反手姿勢發球。

圖 4-6　雙打正手發球姿勢

（三）雙打反手發球技術

反手發球技術是在身體的左前方用反拍面擊球的一種發球姿勢。與正手發球不同的是，反手發球力臂距離相對較小，對球的控制力更強，發球動作更具一致性、隱蔽性和突然性。

1. 反手發球準備姿勢

雙腳自然分開前後站立，右腳在前，腳尖對網；左腳在後，腳尖觸地，重心在右腳上。為爭取更高的擊球點，右腳可適當提踵。左手拇指、食指和中指拿住球體的羽毛部分，自然斜傾置於反拍面前。持拍手做反手發球握拍，自然屈肘放至體前，拍頭向下，準備發球（圖 4-7A）。

2. 雙打反手發球技術

(1) 以反手發球準備姿勢做好準備（圖 4-8A），左手放球的同時，持拍手以肘為軸前臂內旋，帶動手腕展腕由後向前做迴環弧形引拍（圖 4-8B），準備擊球。

(2) 擊球動作。下面分別介紹反手發小球、平高球和平射球的擊球動作。

反手發小球擊球動作：擊球時手腕由外展至內收捻動發力，靠手腕和手指控制

力量，以斜拍面向前輕輕推送切擊球托（圖 4-8E），使球齊網飛行，落至對方前發球線附近。雙打反手發小球的關鍵是擊球拍面角度與力量的控制。

圖 4-7　反手發球準備姿勢

　　反手發平高球擊球動作：擊球時屈指收腕發力，用正拍面向前上方將球擊出（圖 4-8D），使球以一定弧線向上飛行，越過接發球方落入其雙打後發球線附近。

　　反手發平射球擊球動作：擊球時，儘可能地在規則允許範圍內提高擊球點，利用拇指的頂力，並配合其餘四指屈指發力，使拍面與地面呈近似於 90° 的角度迅速向前推進擊球（圖 4-8C），使球以與球網平行弧線飛行，直落對方雙打後發球線附近。

　　(3) 以制動動作結束發力。

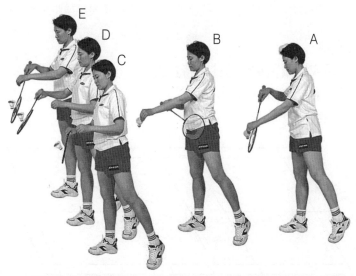

A 反手發球準備姿勢　B 引拍動作　C 反手發平射球擊球動作
D 反手發平高球擊球動作　E 反手發小球擊球動作

圖 4-8

三、雙打接發球技術

（一）雙打接發球技術種類

雙打接發球技術可參見單打接發球技術所述的接發前場球和接發後場球技術部分，下面再補充一些更具雙打特點的接發球技術。

1. 接發撥球

這是將對方發至網前的小球，爭取在高點用正、反拍面將球撥擊至對方中場結合部位的一種接發球（圖 4-9②）。由於落點在對方前後場選手之間的中部半場結合部位，可有效避免前場選手網前封殺，同時又可迫使後場選手採用下手位擊球，減弱其進攻的威力，故在雙打中被普遍採用。

2. 接發推撲球

將對方發至前場的小球，爭取在高的擊球點上用正、反手推撲中路球（圖 4-9③），或者推撲後場底線兩角的一種接發球。出球速度快，威脅大，攻擊性強。

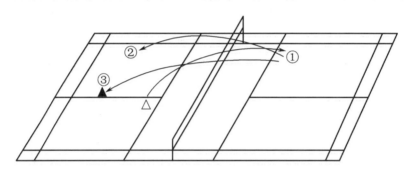

①雙打發小球　②雙打接發撥球　③雙打接發推撲中路球

圖 4-9

3. 接發抽殺球

是用後場正手或是頭頂擊球方式，將對方發至後場的平高球或平射球，向對方場區抽殺過去的一種接發球（圖 4-10②）。採用這種接發球，能以快制快，可有效地破壞對方發球搶攻意圖。

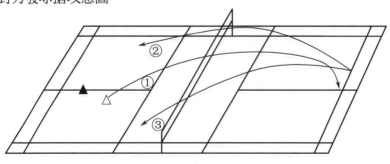

①發平高球或平射球　②接發抽殺球　③接發劈吊球

圖 4-10

羽毛球運動理論與實踐

（二）雙打接發球站位及準備姿勢

1. 雙打接發球基本站位

雙打由於後發球線比單打縮短 92 公分，發高球易被扣殺，一般以發小球為主。因此，雙打接發球的站位一般選擇靠近前發球線的位置，目的是爭取在網前搶高點擊球。

在右發球區接球，如圖 4-11C，站位略偏左靠近中線，其同伴站位如圖 4-11D。

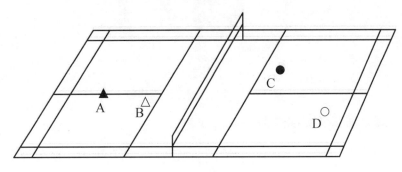

△為發球者　▲為發球者的同伴　●為右區接發球者站位
○為接發球者的同伴站位

圖 4-11　雙打右區接發球站位

在左發球區接球，如圖 4-12C，站位選擇在中心位置，其同伴站位如圖 4-12D。

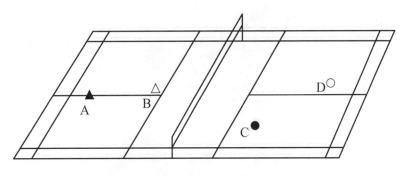

△為發球者　▲為發球者的同伴　●為左區接發球者站位
○為接發球者的同伴站位

圖 4-12　雙打左區接發球站位

2. 雙打接發球準備姿勢

左腳全腳掌著地在前，右腳前腳掌觸地在後，身體重心在左腳上，雙膝稍屈，右手屈肘舉拍至頭頂前上方，左手自然屈肘於左前側，保持身體平衡，眼睛注視對方，準備接發球（圖 4-13）。

左側面 正面 右側面

圖 4-13　雙打接發球準備姿勢

（三）雙打前場接發球技術

雙打接發前場小球的方法是快速搶網前制高點，可利用推撲球或撥半場球等方法還擊。

1. 雙打正手前場接發球技術

⑴ 做好接發球準備姿勢判斷來球後，持拍手正手握拍微外旋展腕引拍伸向來球方向，同時右腳向前跨步，準備擊球（圖 4-14）。

圖 4-14　前場正手接發球動作

⑵ 擊球動作。下面分別介紹雙打正手接發推撲球和接發撥半場球。

雙打正手接發推撲球：爭取高的擊球點，前臂迅速內旋，帶動手腕轉動，屈食指緊扣拍柄發力，以正拍面向前下方拍擊球托正部（圖 4-15A、C），使球以與球網平行或是過網後以向下的弧線飛行，落至對方中後場區域。

雙打正手接發撥半場球：取高點擊球，用食指和拇指捻動拍柄發力，以斜拍面收腕動作向對方半場區域撥擊球托右側（圖 4-15B），使球呈低弧線飛行，越過對方前場選手，落至兩人之間半場位置。

A 前場正手接發推撲直線球擊球動作　B 前場正手接發撥半場球擊球動作
C 前場正手接發推撲斜線球擊球動作

圖 4-15

　　(3) 擊球後掌心向下，持拍手以制動動作結束，隨後隨球向前場跟進，並將球拍收回至頭頂前上方，準備封擊下一個來球。

　　2. 反手前場接發球技術

　　(1) 判斷來球，做好準備。持拍手反手握拍伸向來球方向，右腳向前跨步的同時做內旋引拍，準備擊球（圖 4-16）。

圖 4-16　前場反手接發球動作

(2) 擊球動作。下面分別介紹反手接發撥半場球和接發推撲球的擊球動作。

反手接發撥半場球：爭取高點，拇指和食指捻動拍柄，以斜拍面收腕動作向對方半場區域撥擊球托左後側（圖 4-17A）。反手接發撥半場球的飛行弧線與正手相同。

反手接發推撲球技術：爭取高點，前臂迅速外旋並收腕，拇指前頂緊握拍柄向前下方發力，反拍面拍擊球托正部（圖 4-17B）。反手接發推撲球的飛行弧線與正手相同。

(3) 擊球後持拍手以制動動作結束，準備封擊下一個來球。

（四）雙打後場接發抽殺球技術

持拍手對準來球方向，抬肘，以鞭打動作快速向後倒臂引拍。正手抽殺球時擊球點在右肩前上方，頭頂抽殺球時擊球點在左肩頭頂上方。擊球時，上臂和前臂迅速內旋，帶動手腕快速閃動，手指由鬆至緊屈指發力，用正拍面快速將球向對方場區擊出（圖 4-18）。

擊球後要控制住手臂，不要揮臂過大，要迅速收回至體前位置，準備回擊下一個來球。

A 反手接發撥半場球擊球動作
B 反手接發推撲球擊球動作
圖 4-17

圖 4-18　正手、頭頂後場接發抽殺球動作

第二節 🏸 雙打的擊球技術

一、雙打前場擊球技術

（一）雙打前場擊球技術種類

在第三章單打前場擊球技術中介紹的搓網前小球、勾網前對角線球、推後場球、挑後場球和撲球等擊球技術，同樣廣泛應用於雙打中。除此之外，雙打前場擊球技術還有前場撥球、推撲球和封網等，前兩項擊球技術在本章第一節的「三、雙打接發球技術」已作過介紹，在此僅介紹前場封網技術。

前場封網技術是在前場位置，用正手或頭頂和反手擊球方式，將對方擊來的平抽球和網前小球封壓至對方場區的一種擊球技術。由於網前擊球距離短，對方來球速度較快，回擊球的速度也快，所以控制和封緊前場球，是雙打爭取主動的有效途徑和得分的重要手段。

（二）雙打前場選手擊球前準備姿勢

兩腳與肩同寬自然開立，腳後跟提起，兩膝微屈。持拍手屈肘高舉至頭前上方，拍頭稍偏向左。左手自然向上抬舉，與持拍手保持身體平衡（圖 4-19前排中）。

左　　　　　　　中　　　　　　　右

中，雙打前場選手擊球前準備姿勢和正手封網動作；
左，前場正手封網動作；右，前場頭頂封網動作左

圖 4-19

（三）封網擊球技術

1. 正手和頭頂封網擊球技術

⑴ 向來球方向移動，手肘上抬，前臂後倒做迴環引拍，準備擊球。擊球動作小而快，以前臂帶動手腕，由外旋後伸至內旋前屈快速向前閃動發力，將球向對方場區前下方擊壓過去。正手封網擊球點在右肩上方或斜上方（見圖 4-19 中或左），頭頂封網擊球點則在左肩斜前上方（見圖 4-19 右）。

⑵ 擊球後，上臂上舉控制動作，前臂與手腕迅速制動，收回成前場擊球前準備姿勢，準備下一次擊球。

2. 反手封網技術

⑴ 用前場反手接發球步法向來球方向移動並跨步，同時持拍手上臂帶動前臂做內旋引拍，手腕呈展腕姿勢向來球方向伸出（圖 4-20B），準備擊球。

⑵ 擊球時，前臂迅速外旋帶動手腕向前揮動，拇指前頂，收腕發力，將球向對方場區的前下方擊出（圖 4-20C）。

⑶ 擊球後持拍手固定在擊球高度，以制動動作結束。

圖 4-20　反手封網動作

二、雙打中場擊球技術

（一）雙打中場擊球技術種類

1. 平抽快擋球

運用正手或反手擊球姿勢，將對方擊至肩部高度附近的球，以齊網的飛行弧線，還擊至對方中後場區域，或者快擋過網的球。平抽快擋球發力動作小，距離短，速度快，廣泛運用於雙打對攻和反攻中。

2. 接殺撥半場球

運用正手或反手擊球姿勢，將對方擊來的腰以上部位的殺球，撥擊至對方前後

場的結合部，打破對方連續進攻態勢。多用於雙打的防守調動戰術。

（二）雙打中場防守擊球前準備姿勢

兩腳與肩同寬開立於雙打左或右半場中心位置，腳後跟提起，重心降低。持拍手握拍位置上移，屈肘置於體前，拍頭稍偏向左，左臂自然屈肘於體側，兩眼注視來球（圖 4-21）。

（三）雙打中場擊球技術

1. 中場正手平抽快擋擊球技術

⑴ 擊球前做好準備姿勢，準確判斷，適時移動。跨步的同時，持拍手以肩為軸，手臂屈肘後引，前臂向後外旋迴環帶動手腕伸展引拍。

⑵ 擊球動作。下面分別介紹正手平抽球擊球和正手快擋球擊球的動作。

正手平抽球擊球動作：持拍手的肘關節後引，前臂迅速向前內旋，帶動手腕屈收發力，向前推壓擊球，使球以一定的速度齊網平行飛行至對方場區（見圖 4-21A）。

正手快擋球擊球動作：擊球時主要以食指和拇指控制住拍面，向前推送擊球（見圖 4-21B），使球以低弧線越過球網，落入對方前場區域。擋球的擊球點較平抽球低一些。

⑶ 擊球後慣性動作小，要迅速收拍，同時右腳回位一步成準備姿勢。

A 正手平抽球擊球動作　B 正手快擋球擊球動作
C 雙打中場防守擊球前準備姿勢

圖 4-21

2. 中場反手平抽、快擋球技術

⑴ 持拍手以肩為軸，上臂帶動前臂內旋迴環引拍，向來球方向伸出。

(2) 擊球動作。下面分別介紹反手快擋球和反手平抽球的擊球動作。

反手快擋球擊球動作： 以反拍面對準來球，幾乎沒有擊球前的預擺引拍動作，以拇指和食指控制球拍，向前推送擋球（圖 4-22B）。擊球後球的飛行弧線軌跡同正手快擋球。擋球的擊球點較平抽球低一些。

反手平抽球擊球動作： 擊球時前臂外旋帶動手腕屈收閃動，利用拇指的頂力向前推送發力擊球（圖 4-22C）。球的飛行弧線同正手平抽球。

A 雙打中場防守擊球前準備姿勢　B 反手快擋球擊球動作
C 反手平抽球擊球動作

圖 4-22

(3) 擊球後，前臂以制動動作結束，收拍成準備姿勢。

3. 中場正手接殺撥球技術

(1) 準確、適時地判斷和移動，持拍手的肩肘關節外旋，帶動手腕稍做迴環引拍，伸向右側來球方向，當右腳跨步觸地時，運用比正手網前勾對角線小球稍大的動作擊球，食指向前推送發力擊球（圖 4-23B），使球齊網向前飛行，落入對方兩位選手間的中半場空檔。

A 雙打中場防守擊球前準備姿勢　B 中場正手接殺撥球動作

圖 4-23

(2) 擊球後即刻復位成擊球前的準備姿勢。

4. 中場反手接殺撥球技術

(1) 準確、適時地判斷和移動，持拍手的肩肘關節內旋，帶動手腕稍做伸腕引拍，伸向左側的來球方向，當右腳跨步觸地時，運用較反手網前勾對角線小球稍大的動作擊球，加大擊球力量和擊球拍面角度，拇指向前推送發力擊球（圖4-24B）。擊球後，球的飛行弧線和軌跡同正手接殺撥球技術。

(2) 擊球後，持拍手迅速回收成準備姿勢。

A 雙打中場防守擊球前準備姿勢　B 中場反手接殺撥球動作

圖 4-24

（四）雙打中場擊球移動步法

1. 平行站位中場正手接殺球步法

用雙打擊球前的準備姿勢開始，以左腳為軸心，右腳向右上步或向右側跨步擊球（圖 4-25A）。如果來球直衝身上，則以左腳為軸心，右腳向右後撤一步擊球（圖 4-25B）。

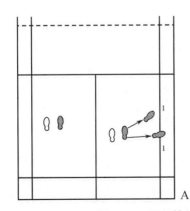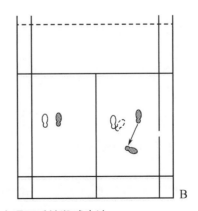

圖 4-25　平行站位中場正手接殺球步法

2. 平行站位中場反手接殺球步法

以雙打擊球前的準備姿勢開始，向來球方向起動，右腳向左前方跨步（圖4-26A），或是左腳向左後側退步擊球（圖4-26B）。

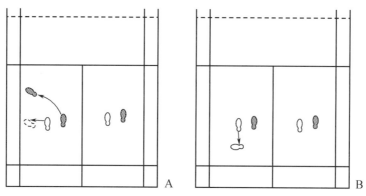

圖4-26　平行站位中場反手接殺球步法

3. 前後站位中半場移動步法

此步法用於接發第三拍球。如來球在右中半場，則右腳向來球方向邁出第一小步，左腳緊跟著並第二步至右腳旁，右腳隨即向來球方向跨出第三步擊球（圖4-27A）。

如來球在左中半場，則左腳向來球方向邁出第一小步，右腳緊跟其後經左腳交叉向來球方向跨步擊球（圖4-27B）。

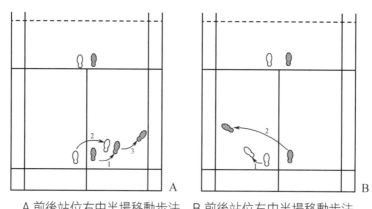

A 前後站位右中半場移動步法　B 前後站位左中半場移動步法

圖4-27

三、雙打後場擊球技術

前面介紹的單打後場擊球技術均可運用於雙打中，下面就具有雙打特點的後場擊球技術做一些補充。

（一）後場擊球技術種類

後場擊球包括點殺身上球、攔截球技術。

1. 點殺身上球

這是用正手、頭頂等擊球方式，將對方擊來的中後場球，以近似扣球的動作向對方身上，特別是右肩附近位置點擊過去的一種球。雖然點殺球的擊球力量不如大力扣殺球那麼大，但由於其動作巧，落點準，速度快，與後場重殺、長殺等配合運用，卻能起到讓對方防不勝防的作用。

2. 攔截球

這是用正手、反手和頭頂等擊球方式，將對方擊來的快速有力的平抽球，攔截至對方前場的一種擊球技術。實戰中，運用攔截球可以有效地破壞對方的連續進攻戰術。

（二）後場選手擊球前準備姿勢

與單打擊球前準備姿勢相同，如圖 4-28B 所示。

（三）後場擊球技術

後場擊球包括後場正手擊球、反手攔截球和頭頂攔截球技術等。

1. 後場正手擊球技術

⑴ 運用後退步法向來球方向移動，持拍手屈肘上舉至體側肩高位置，同時上臂帶動前臂後倒外旋迴環引拍，如果是攔截球，則輕微外旋引拍即可，準備擊球。

⑵ 擊球動作包括點殺擊球動作、攔截球擊球動作等。

點殺擊球動作：爭取較高的擊球點，上臂協調配合前臂，手肘制動後擺，靠手腕和手指發力點擊球托，使球自上而下，向擊球目標飛行。

攔截球擊球動作：擊球時，持拍手正手握拍直接伸向來球方向，手腕內收帶動手指輕微發力，以斜拍面攔截球托（圖 4-28A），使球過網後落入對方前場區域。

A 正手攔截球擊球動作　B 後場擊球前準備姿勢

圖 4-28

(3) 擊球後迅速收拍至體前，準備下一個來球。

2. 後場反手攔截球技術

(1) 準備好，判斷準，左腳向左側來球方向邁出一步，轉體，右腳經左腳交叉向來球方向跨出第二大步，同時持拍手以肘為軸做小弧度內旋引拍，爭取高的擊球點向來球方向伸出。

(2) 手腕由微展至內收發力，以反拍斜拍面抹擊球托後部（圖 4-29B）。擊球後，球的飛行走向同正手攔截球技術。

(3) 擊球後手臂以制動動作結束，回收至體前做好準備姿勢。

圖 4-29　反手攔截球擊球動作

3. 頭頂攔截球技術

(1) 準備好（圖 4-30A），判斷準，雙腳蹬地向後場頭頂來球方向斜步起跳，持拍手後仰引拍（圖 4-30B），準備擊球。

(2) 手指、手腕控制拍面，以正拍面抹擊球托（圖 4-30C），使球越過球網落入對方前場區域。

(3) 擊球後以制動動作結束，迅速收回準備下一個來球。

（四）後場移動步法

參見單打後場擊球步法。

圖 4-30　頭頂攔截球擊球動作

思考與練習：

1. 結合自身體會淺談雙打握拍的方法以及與單打有何不同。
2. 雙打發球種類及其戰術作用有哪些？
3. 雙打前、後場接發球技術種類及其特點各有哪些？
4. 雙打前場擊球技術種類及其技術要領有哪些？
5. 雙打中場擊球技術種類及其技術要領有哪些？
6. 雙打後場擊球技術種類及其技術要領有哪些？

羽毛球戰術是選手在比賽中為爭取勝利，充分發揮自己的競技水準，根據對手的技術特點、體力和心理素質等情況採取的對策。羽毛球比賽中得分或失分，看起來似乎是由某一技術動作而實現的，其實比賽中的任何一項技術行動都是在戰術意識的支配下完成的。

羽毛球比賽突出的特點，就是比賽雙方始終圍繞著限制與反限制展開激烈爭奪。為了爭取主動，比賽雙方總是一方面儘可能地充分發揮自己的優勢，設法彌補自己的弱點；另一方面盡力限制對方特長的發揮，並誘使對方暴露弱點，隨即發起攻擊，從而制勝。羽毛球比賽的魅力體現在這種進攻與防守、控制與反控制的意志、心理、技術、戰術和體能的較量中。

比賽中，在雙方實力相當的情況下，正確地運用戰術，適時地抓住戰機，對奪取比賽的最後勝利具有極其重要的意義。

第一節 🏸 基本技術的戰術意識與運用

技術與戰術是相互作用和影響的，技術運用中帶有戰術意圖，戰術靠技術體現。在學習和掌握基本擊球技術的同時，必須加強擊球戰術意識的培養，體會「腦體並用」，除了要打得「巧」外，還要運用得「妙」。

不僅要求懂得怎樣擊球，更重要的是還要懂得在什麼情形下擊什麼樣的球、擊到什麼位置去，使擊出的每一個球都具有戰術意義。只有技、戰術兼顧，合理交融，才能取得最佳效果。若擊球時毫無戰術意識準備，隨意揮拍擊球，出球沒有戰術目的，技術運用不連貫，擊球效果不會好。

一、發球、接發球的戰術意識及運用

羽毛球擊球技術中，發球是唯一一項不受對方擊球方式和擊球線路限制的技術。也就是說，發球方處於主動地位，可以根據對方的站位、擊球能力、擊球路線和當時的心理狀態等情況，有目的、有意識地選擇發球的方式，運用得好，從每個

回合開始的第一個球就能控制場上主動權。但若運用得不好，就會將自己的主動權拱手讓給對方。

然而，競賽是公平的，發球方控制了發球的主動權，接發球方卻掌握著首次擊球的主動權，即發球規則嚴格規定了發球的區域（相當於接球方整個場區的半塊場地），而接發球方卻可將球還擊到對方的整個場區。因此，無論發球或接發球都應有準備地、充分地施展技能。

（一）發球戰術意識

準確而恰當的發球，能增加對手接發球的困難，迫使其按照你的意願回球或回球品質不高。特殊情況下，還會造成對手接發球失誤。相反，不適宜的發球，會為對手提供反攻機會，使其從被動變為主動，而自己卻從主動變為被動。因此，發球品質的高低，決定著一分球比賽回合開始的主動與被動，可見發球的重要性。然而，實戰中忽視發球重要性的情況時有出現，對於爭奪多個回合才得來的發球權不珍惜，拿起球隨意就發，結果不是發球品質不高，就是發球失誤。不僅沒有把握好發球的優勢，反而讓對手掌握了主動，這是十分可惜的。

實戰比賽中，要利用發球前的撿球空隙思考發球戰術，保持積極主動的發球意識。如：

1. 迅速回顧上一回合中戰術運用適宜或不恰當的地方，並決定下一回合的戰術。
2. 觀察對手當時的心態，並以此來調整發球節奏和變換發球的速度。
3. 回顧前幾次發球主動和被動的情形，選擇對方意想不到的發球方式。
4. 考慮當時對手可能採取的接發球策略，並預想應付對方第三拍的方法。
5. 重視發球準確性，不把直接得分的希望放在發球上，可只考慮如何準確地將球發入對方場區內。

根據以上幾方面的情況，再有意識、有目的地發球。

（二）發球的戰術運用

1. 發球區域及其戰術特點

將發球區域分為如圖 5-1 所示的 1、2、3、4 號位置。1、2 號位為對方右接發球區域的網前兩角，3、4 號位為對方右接發球區域的後場兩角。也可以將靠近中線的前後兩點稱為 2、4 號位置，靠近邊線的前後兩點稱為 1、3 號位置。

⑴ 將球發至 3 號位（圖 5-2），便於拉開對方位置，下一拍可將對方調動至對角線網前。發這個位置球要注意對手回擊直線平高球進攻我方左後場，即後場反手區域。

⑵ 將球發至 4 號位（圖 5-3），可限制對方以快速直線平高球攻擊我方後場左邊線位置，因為中線的出球角度要較邊線小一些，出球需經過我方的中心位置才能到達兩邊線，便於有時間準備第三拍球。

羽毛球運動理論與實踐

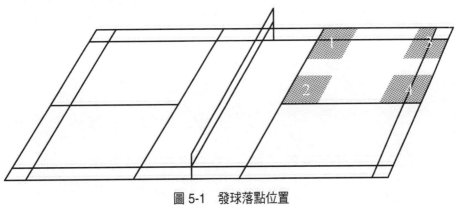

圖 5-1　發球落點位置

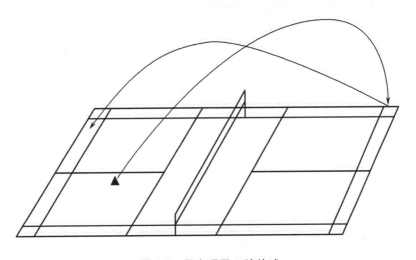

圖 5-2　發右場區 3 號位球

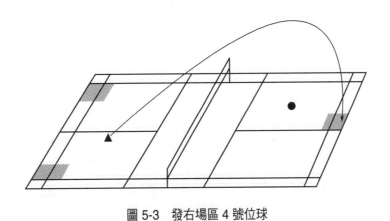

圖 5-3　發右場區 4 號位球

　　(3) 將球發至 2 號位（圖 5-4），對方出球角度小，便於判斷對方的出球方
向，容易回擊對方推至我方後場的球。

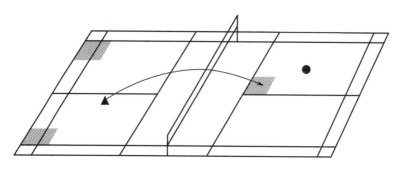

圖 5-4　發右場區 2 號位球

(4) 將球發至 1 號位，特別是右場區 1 號位（圖 5-5），有利於我方下一拍攻擊對方左後場反手區域，但是我方也必須注意防範對方以直線球攻擊我方左後場區域。

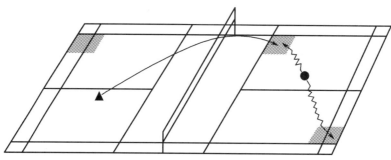

圖 5-5　發右場區 1 號位球

(5) 發 1、2 號位之間的前場中路小球或稱「追身球」（圖 5-6）效果不錯。追身球是用發網前小球的動作，但擊球力量稍大一些，是直衝對方身上去的一種球。其戰術特點有兩方面：一方面是突然性強，因為在對方沒有防備的情況下發這種小球比發一般網前小球速度要快，通常會使對方措手不及，造成接發球被動；另一方面是穩定性強，發中路球直衝對方身上，比較穩妥，能減少發球出邊線的機會，命中率高。

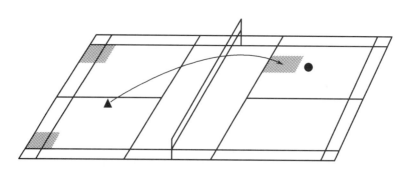

圖 5-6　發右前場區中路球

羽毛球運動理論與實踐

2. 視對方接發球站位決定發球路線

對方接發球站位偏後，注意力在後場，網前出現空檔，這時我方就應發網前小球（圖5-7）。

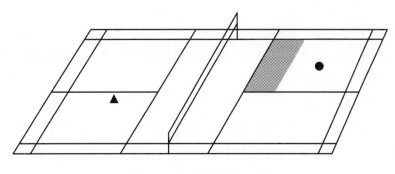

圖 5-7　發右場區網前小球

對方接發球站位靠前，接發球注意力在前場，後場出現空檔，此時就可以發後場球（圖 5-8）。

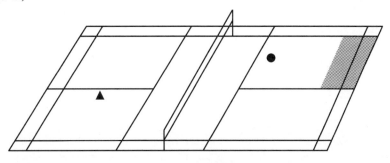

圖 5-8　發右場區後場球

對手接發球站位靠近場地邊線，可採用突然性很強的平射球襲擊對方的 4 號位置（圖 5-9），使其措手不及，回球失誤。發平射球速度快且弧線平，對方接發球若想吊前場小球，不易控制力量，可能性不大；對方也沒有時間和空間條件採用接發球居高向下大力殺球。因此，發平射球後防範的重點可在中場平快球和後場球上。但此種發球戰術不可一味地運用，要與其他種類的發球結合使用，並加強線路變化才能取得較好效果。

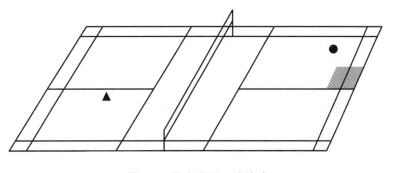

圖 5-9　發右場區 4 號位球

3. 視對手的技術特長和接發球規律發球

對付後場進攻能力強、球路刁鑽、前場球相對弱的對手，可以發網前小球為主，限制其後場進攻優勢的發揮。如果對方網前技術動作一致性強，出手變化多，威脅大，那麼發球時就應避開其優勢，以多發後場球為主。

瞭解掌握了對手接發球規律，可投其所好，有針對性地利用。如對手接發後場高球習慣以壓直線平高球為主，則可有意採用發後場高球，然後注意去堵擊其接發球出直線平高球的習慣球路。

4. 視對手心態發球

突然改變發球方向：發現對方接發球急躁，躍躍欲試想撲封網前球，這時發球可擺出欲發前場小球的姿勢，在擊球瞬間突然改發後場平高球，這樣搶攻效果較好。

以身體形態或表情迷惑對手：發球時，故意顯出猶豫不決或漫不經心的姿態，給對手一定的假象，再以突然的發球動作，陷對手於被動。也就是說，透過一定假象迷惑、打亂對手接發球的準備。

（三）接發球的戰術運用意識

比賽中，發球方總是想方設法地利用多變的發球來增加接發球方接球的難度，以爭取主動。接發球方也總是想盡一切辦法做好充分的準備，來還擊對方的發球，以求後發制人，不讓發球方的意圖得逞。

接發球是後發制人，須待判斷出對方出球方向後才能進行接發球，且規則規定，如果接發球失誤，發球就得分，接發球心理承受的負擔比發球要大，因此，接發球者要沉得住氣。準確恰當地發球雖能增加接發球的困難，但積極主動、有針對性地接好發球同樣也能得分。這就要求接發球者在做好充分準備的前提下積極、主動地接發球。

為避免無意識地被動接發球，同樣應利用對方短暫的撿球空隙來思考如何高效地接發球，可以從以下幾方面考慮：

1. 觀察場上局勢，從對手身體姿勢和表情等方面來觀察其心態。
2. 思考上一回合比賽雙方戰術的優劣，決定此回合從接發開始的戰術策略。
3. 回顧對方前幾次發球的戰術意圖。
4. 判斷對方可能採取的發球策略。
5. 根據以上幾方面的情況，做到有意識、有目的的接發球。

二、前場擊球技術的戰術意識及運用

（一）前場擊球意識

前場擊球意識要求選手有明確的位置感覺，明白在什麼位置情況下選擇什麼樣

的擊球技術，這無論對擊球的品質還是戰術運用的效果都是非常重要的。比如，擊球位置太低，在球網以下位置擊球，就不可再以搓網前小球的擊球方式回擊球；如果擊球位置在球網頂部以下位置，就不能再用網前撲球的方式擊球；如果在網前擊球位置很高的情況下，卻以挑高球還擊，就會使比賽速度減慢，貽誤戰機。因此，運用前場擊球技術，一定要依據自己當時所處的擊球位置來選擇擊球技術，只有在適宜的擊球位置下，合理地應用擊球技術，才能收到較好的擊球效果，達到預期的戰術目的。

1. 前場高手位主動進攻狀態下的擊球意識

前場高手位擊球，場上主動權控制在我方，擊球位置較主動，擊球時間較充裕，可不受對手來球的限制，利用撲球、推後場球，或是搓網前小球等主動性網前進攻技術向對手發起攻擊，可迫使其疲於應付，或是被動失誤。但要注意避免急於求成、品質要求過高、一拍將對手置於死地的打法意識。處理來球應具有在快和穩的前提下與對手周旋多拍的意識。

2. 前場中高手位對峙狀態下的擊球意識

擊球點在球網頂部與地面距離的三分之一處，這種擊球狀態常出現在雙方控制與反控制的調動中。這時要特別注意樹立以穩為主的擊球意識，根據對方技術特點，配合後場各種擊球技術，合理運用網前搓球、推球、勾球等技術，在多拍調動中，尋找有利的戰機。

3. 前場低手位被動防守狀態下的擊球意識

在被動情形下的擊球戰術意識只能是設法過渡，挽救險情，再從中尋求機會，扭轉不利形勢，轉被動為主動。因為在這種擊球狀態下，我方已失去場上控制權，擊球位置較被動，擊球點很低。絕不能在被動狀態下還盲目地運用攻擊性的擊球戰術意識來處理球。

（二）前場擊球的取位方法

處理好場上各種技、戰術間的聯貫、銜接，除了要有良好的判斷力和移動步法外，合適的取位能提高場上速度，有利於回擊下一拍的來球。

1. 前場搓（放）、勾小球後的取位

主動高手位置擊高品質的搓球後應隨球跟進取位（圖 5-10），注意防範對方的反搓小球，爭取以撲球或是撥球回擊。若對方挑後場球，還有時間取位。

主動高手位置勾對角線小球後應隨球向落球方向移動取位（圖 5-11），注意防範對方搓直線小球。

當被動地從網前低手位置回擊一個品質不高的小球時，對方擊球位置較主動，他可隨意選擇前場擊球技術，可以假動作放網前小球配合平推後場球，可以起跳撲球，也可以搓近網旋轉小球，因此應以平行站位取位（圖 5-12），注意防範對方假動作重複放網前球，或是推挑後場球，甚至撲球。

如果已處於低手位置擊球狀態下，還硬要以平推後場球或是搓網前小球回擊，那個會得不償失，或者平推球被對方擋擊扣殺，或者搓球不過網等等，擊球毫無意義。

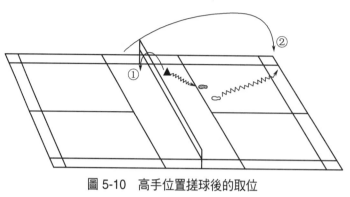

圖 5-10　高手位置搓球後的取位

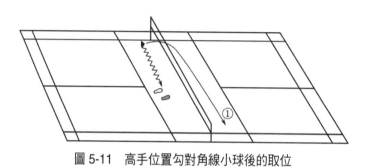

圖 5-11　高手位置勾對角線小球後的取位

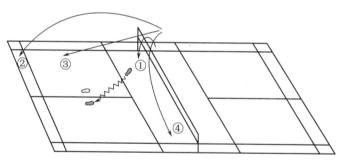

圖 5-12　被動低手位置放網前球後的取位

2. 前場推、挑後場球後的取位

　　擊對角線路球後，重點防範對方回擊直線殺球、平高球和吊球。回動速度要視自己出球的速度而定，推平球，出球速度快，回動取位速度也要快；出球速度慢，如挑高遠球（過渡球）後，回動取位速度可以適當慢一些。

　　當前場推球角度好、速度快，落點在對方邊線與端線夾角處時，取位可偏前，將注意力放在網前。因為此時對手已被壓住，很難再回擊威脅較大的後場攻擊性球，多數情況只能用限制性過渡球至網前，我方應該抓住控制網前的機會。

3. 前場撲球後的取位

雖然撲球被稱為在網前的扣殺球，是在非常主動的情況下擊出的，但是，撲球後也不能掉以輕心，還要隨球迅速向中心位置回動取位，應付對手可能再反擊過來的球。

（三）前場球路的運用

1. 與身材高大、接低手位球困難的選手比賽，可多使用前場重複線路球，增加其接球難度。

2. 與身材較矮小、後場攻擊力不太好的選手比賽，可爭取前場高擊球點，將球推壓至對方後場，以創造進攻機會。

3. 一般情況下，握拍不靈活、手法粗糙的選手，其前場擊球技巧掌握得不好，比賽中可多使用網前小球。

三、中場擊球技術的戰術意識及運用

（一）中場擊球意識

中場位置擊球速度極快，平抽平擋球多在進攻處於相持局面時運用，而接殺球多在處於防守狀態下運用。比賽中的進攻和防守是經常轉換的，在雙方選手控制與反控制的較量中交替反覆出現。因此，進攻時要有由攻轉守的思想準備，而防守時也要有由守轉攻的意識。接殺球時，擊球意識要根據當時擊球位置來選擇，爭取好的擊球角度，即在身前完成擊球。如果擊球點落在身後，則中場擊球技術的出球品質會受到限制。

因此，除了擊球前積極判斷對方的出球路線外，重要的是要有意識地迎著球擊，不能等球。

1. 中場高手位進攻狀態下的主動擊球意識

中場主動高手位擊球時，由於擊球位置有利，擊球時間充裕，自由發揮擊球餘地大，所以應取攻擊性的擊球戰術意識。運用平抽平擋球技術時應爭取將球向下壓，接殺球時可爭取運用接殺平抽球技術將球反壓過去。擊球時，要求出手動作快、擊球線路變化多，應有積極的擊球意識，隨著快速有力的擊球，壓向前場，以爭取攻勢。但是高手位置擊平抽平擋下壓球或接殺平抽球時，既要避免急於求成，拍面下壓角度太大造成球不過網，又要注意平抽平擋球中不要往後退、往後躲，以免出現失去好時機而變攻勢為守勢的現象。同時，處於主動高手位置，也不能有任何麻痺大意的心理，仍然要做好接下一拍球的準備。

2. 中場中高手位對峙狀態下的擊球意識

對方的來球品質較高、速度較快，迫使我方在肩部與腰部之間的位置擊球，為中場中高手位擊球。由於擊球時間不太充裕，無論擊平抽平擋球還是接殺球，擊球

的戰術意識都應以穩為主，擊球的品質不能要求過高。

3. 中場低手位被動防守狀態下的擊球意識

對方來球品質很好，控制場上的主動權，迫使我方在失控狀態下在腰部以下用低手位置被動擊球時，應該注意的是對手來球強有力，威力大，擊球的戰術意識要以防守過渡為主，控制出球的速度，調整出球的節奏，在應付中尋找落點，設法破壞對方的連續進攻，爭取迴旋的餘地。

（二）中場擊球取位方法

根據對方出球的品質，熟悉其進攻習慣線路，在判斷準確和有預見的基礎上，能主動地出擊，才能爭取中場擊球的主動。否則採取守勢，等來球才做出反應，只能處於被動地位，消極地防守。

（1）接殺球的取位

前、後場出直線球後接殺球取位：接殺球的取位方法與後場和前場擊球技術有所不同。通常情形下，進攻的一方都習慣將球殺向對方場區的空檔。因此，接殺球的取位方法，除了注意對方的習慣性攻球線路外，還要將注意力放在保護本場區空檔的位置上。例如從左場區前場或後場區域出品質不高的直線球路後，取位應靠右區，將注意力放在對方回擊斜線殺球的位置上。

前、後場出對角線球後接殺球取位：當從右場區前場或後場出品質不高的對角線球路時，對手殺球進攻左區的可能性極大。擊球後，應迅速向中心位置偏左一點方向跟進移動，將注意力放在防守左區的殺球上。

當對手擊來的直線殺球很飄、角度不好、品質不高時，可運用接殺平抽對角線球回擊，隨出球方向跟進一小步，注意對方回擊直線球路爭取有效的反攻。

2. 平抽球的取位

平抽球多用在相對主動的情況下。因此，要求擊球前的準備姿勢及身體重心要高一些，以斜步站位準備。持拍手的準備位置可以舉高一些，擊球意識要積極、主動。當回球品質高時，站位可以隨球往前跟進一些，爭取主動壓上網擊球；如果這時你還往後躲，向後取位回球，那麼對手就會壓向前場，控制場上的主動權。

3. 平擋球取位

平抽平擋對抗中，如出球品質不好，則取位不能太靠前，可靠中場偏後，保持一定的距離，以留有一定的時間判斷對方的下一拍擊球。

（三）中場球路戰術的運用

與身材高大、後場進攻威力大而步法不太靈活的選手比賽，當對方殺球進攻時，可採用接殺放網前小球或接殺勾對角線小球回擊。採用這種戰術，一方面可以破壞對方後場連續大力扣殺的意圖，限制其連續進攻；另一方面，可以由前後場大角度的調動，消耗對方的體力，削弱對方進攻威力。但擊球後要隨球跟進取位，注

意對方回擊直線網前球和直線推後場球。

如與身材較矮小、後場進攻威力不大的選手比賽，當對方殺球進攻時，可採用接殺平抽或是接殺挑高球回擊，壓住對方後場，再伺機反攻。

四、後場擊球技術的戰術意識及運用

羽毛球比賽變化多、速度快，擊球意識與每位選手的稟性、習慣、對事物的看法，以及擊球時的情緒等綜合素質因素相關聯，選手在處理同一種來球時，由於擊球意識不同，在處理方式的選擇上不同，擊球效果也不同。

（一）後場擊球意識

良好的戰術意圖，是在正確擊球意識支配下，透過恰當的擊球技術來貫徹實施的。羽毛球比賽臨場局勢千變萬化，雙方選手擊球總是處於進攻、對峙和防守等不同的擊球狀態變化之中，不同的擊球狀態應受不同的擊球意識支配，這樣才能保證最佳的擊球效果。

1. 後場主動高手位進攻狀態下的擊球意識

對方來球弧線相對較高、速度較慢，或是不到位，落至我方後場中部的雙打後發球線附近，我方有時間從容選擇高手位擊球。在這種情形下，由於擊球位置較有利，擊球時間較充裕，有自由發揮的餘地，應取攻擊狀擊球的戰術意識，以擊進攻球為主。擊球時要求出手快、速度快、變化多，任意選用平高球、吊球、殺球和劈球等技術向對方場區進行任意位置的全力攻擊，不受對手擊球效果限制。例如：對方回擊一個中後半場高球，這時我方無論選擇擊何種線路的球（如直、斜線扣殺，直、斜線劈吊球等），都能對對方造成威脅，對手在這種狀態下不敢輕易行動。

主動情形下，應避免急於求成、品質要求過高的擊球意識。雖占盡優勢，仍應把握好擊球分寸，樹立穩定持久的擊球意識。

2. 後場中高手位對峙狀態下的擊球意識

對方來球品質較高、速度較快，迫使我方在身體重心位置欠平衡、擊球位置欠佳狀態下擊球，由於沒有充分的擊球時間和空間，後場中高手位的擊球戰術意識應以穩為主，與對方周旋控制與反控制，出球的品質不能要求過高，出球的角度不可太刁鑽，可酌情運用點殺、平高球、吊球等，保持擊球的穩定和持續性。

3. 後場低手位被動防守狀態下的擊球意識

場上主動權被對方控制，攻擊性來球直逼後場底線，在失控狀態下，擊球位置被動，只能用低手位置還擊球。在這種情況下，擊球的戰術意識應採取防守過渡，控制擊球的速度，調整擊球的節奏，化險為夷，爭取時間。

在被動低手位情形下，受對手來球限制，只有一兩種可行的擊球方式能保證相對好的擊球效果。如對手將球逼至我方正手底線低手位置，則只能設法回擊又高又

遠的高球至對方中路底線附近，或以軟吊球限制對方連續進攻，才能爭取迴旋餘地，擺脫困境。在運用技術時，不能忽視擊球的戰術意識，只有在正確擊球戰術意識支配下，熟練的擊球技巧才能充分發揮作用。

（二）後場擊球取位方法

非週期性技術特點決定了羽毛球運動擊球位置千變萬化。由於來球的方向左右不定、來球的角度和弧線有高有低、來球的距離有長有短和來球的力量有大有小，選手在身體前後左右上下等各個空間位置都有可能擊球。羽毛球運動特點使相關聯的技、戰術因素間沒有固定和一成不變的模式，一切技、戰術都是在動態的狀況下完成的，而且同一情況可採用不同的處理方法。對方的狀況不同，其回擊球對自己的影響也不同。在擊球路線千變萬化、速度極快的運動中，要保證身體的移動跟上球體飛行的速度，有預見性地提前取位也是很重要的。

1. 擊後場高遠球（平高球）後的取位

回擊後場高遠球或平高球後，取位方法要依據出球路線決定。

出直線球路時：重點防範對方回擊的直線高遠球或是平高球、吊球和殺球，取位時注意力應放在對手回擊直線球的位置上。例如從左場區出高品質的直線平高球路，這時不必盲目快速向中心位置回動，而應靠左區取位，將注意力放在對方回擊直線球路上。因為這種情形下，直線距離相對於斜線距離要短且快，而且高品質平高球攻擊力強，斜線球困難大，因此應重點保護直線（圖 5-13）。

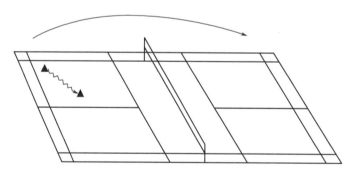

圖 5-13　擊直線高遠球或平高球後的取位

出斜線球路時：選手應隨球迅速向中心位置移動，重點防範對方回擊的直線殺球、平高球和吊球。

取位速度要視自己出球的速度而定，出球速度快，如擊平高球後，取位速度要快；出球速度慢，如回擊高遠球（過渡球）後，取位回動速度可以適當慢一些。

擊至對手底線兩側攻擊性平高球，品質較高時，取位可以稍偏後一點。因為此時我方位置較有利，在出球速度上已壓住對方，對方不大可能擊出威脅較大的攻擊性球。如果擊球已迫使對方在底線位置用低手位擊球，那麼防範的重點是對方回擊

前場吊球，取位可稍前一些。

2. 擊吊球後的取位

吊直線球後注意防範對方回擊直線，取位偏直線。吊對角線球後取位的角度要大一些，注意防範對方回擊直線網前或是推直線後場球（圖5-14）。

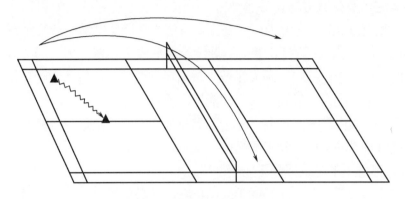

圖 5-14　擊斜線吊球後取位

吊球品質高，對方位置較被動時，取位速度可以快一些，此時對方一般以放網前球或是推挑後場球回擊。

吊球品質不好，對方主動情況下，他會以推後場球的假動作突然改放直線網前球，或是勾網前對角線球，應注意加強防範。

3. 扣殺球後的取位

主動殺球，特別是半場位置殺球後，如果殺球品質較好，球速下壓快，可以隨球迅速回動，取位偏重於向中前場壓進（圖5-15），準備下一拍連續上網進攻，即殺球上網。此時若對方處於被動狀態重複挑後場，速度慢，我方仍有時間回擊。同時也要注意觀察對方回擊殺球的習慣性路線，隨時調整取位位置。

限制性殺球，即點殺後，殺球位置不是太主動，不要急於衝上網，應採取一步回位，稍作停頓，判斷清楚來球方向後再起動。

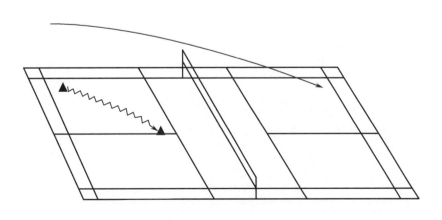

圖 5-15　主動殺球後取位

五、雙打擊球技術的戰術意識及運用

（一）雙打的基本站位與分工

規則規定，雙打除發球和接發球外，兩位選手不受擊球次數和擊球方位的限制。雙打場地寬度比單打僅增加 92 公分，發球、接發球區域的前後距離還比單打縮短了 76 公分。因此，雙打比賽從發球開始就形成了較單打平、快、近、狠的短兵相接局面。在快速對抗中，兩人在技、戰術攻守銜接、站位及跑動輪轉等方面都要協調一致，默契配合，形同一人，才能打好雙打。

為了避免兩人由於分工不妥、配合不默契造成的互相搶球或退讓漏接等現象，都要遵循雙打基本的站位、分工及換位要求。

1. 進攻狀態下的站位與分工

兩人前後場合理分開，前場選手的站位在前場發球線附近，負責處理前發球線以前區域的來球。後場選手負責的區域較前場選手大一些，站位位置在雙打後發球線稍前的位置，負責處理中、後場大部分區域的來球（圖 5-16）。

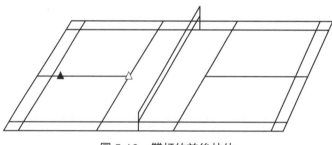

圖 5-16　雙打的前後站位

混合雙打進攻時的站位方法與雙打一樣，採用前後站位。區別是男選手主要站後場，負責處理中、後場大部分區域的來球，負責的範圍比雙打後場選手要大。女選手一般站前場位置，負責處理前場發球線至球網區域的來球。

2. 防守狀態下的站位與分工

雙打防守時，採用平行分邊防守站位。兩人合理分開，立於左右場區的中心位置（圖 5-17），原則上各自負責處理自己半場區域的來球。當對方來球擊至兩人的結合部位（即中路球）時，由當時處於正手擊球位置的選手負責回擊。

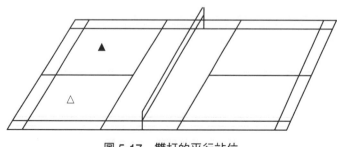

圖 5-17　雙打的平行站位

羽毛球運動理論與實踐

混合雙打防守站位方法與雙打一樣，採用平行分邊站位。區別是男選手站位應適當偏向女選手一側，負責處理近三分之二場區的球。例如：男選手站左場區防守時，其負責的區域比較大，向右超過了中線（圖5-18）；女選手站位一般偏近右邊線一些，負責約三分之一的場區。

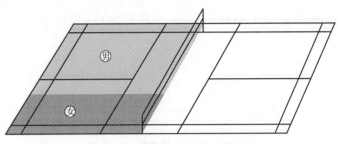

圖5-18　混雙防守的站位及分工

　　站位不是固定不變的，比賽中無論採用哪種站位方法，也無論處於進攻還是防守，兩人的位置都要均衡地合理分佈，照顧到全場範圍的各個位置，避免擠在一起或偏向場地的某一側。

（二）雙打基本換位方法

　　一場雙打比賽，不可能一方總是處於進攻或總是處於防守，比賽雙方激烈地對抗，使得進攻與防守、防守與進攻總是不停地轉換。

1. 雙打進攻轉防守的換位方法

　　前後進攻站位時，當一名選手被迫從網前挑高球後，他應迅速直線後退至同側半場的中心位置（圖5-19中的△），準備防守。另一名選手（圖5-19中的▲）應配合從後場向前補位至另一側半場的中心位置，成平行防守站位，由進攻轉入準備防守。

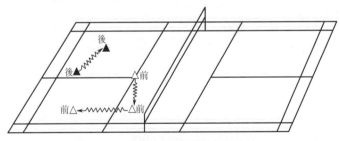

圖5-19　前場由進攻轉防守的換位

　　前後進攻站位時，當後場選手（圖5-20中的▲）從後場起高球後，應向前回位至擊球位置同側的半場中心位置。另一名選手（圖5-20中的△）應迅速配合從前場退位至另側半場的中心位置，成平行防守站位，準備防守。

　　前後進攻站位時，當後場選手（圖5-21中的▲）在中半場被迫起高球後，應退回一步至同側半場中心位置。前場選手（圖5-21中的△）後退到另一側保護空檔，形成平行分邊防守站位，準備防守。

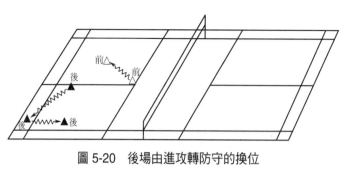

圖 5-20 後場由進攻轉防守的換位

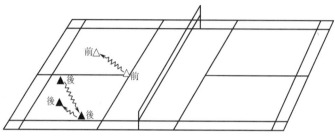

圖 5-21 中場由進攻轉防守的換位

2. 雙打防守轉進攻的換位

平行防守站位，如圖 5-22 所示，△在接吊或接殺球主動回擊網前小球後，應隨球跟進移動至前場，準備封網。另一名選手▲應迅速退至後場，形成前後進攻站位，準備進攻。

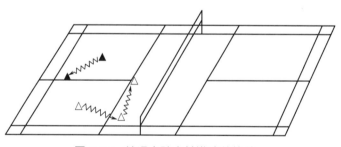

圖 5-22 前場由防守轉進攻的換位

平行防守站位，如圖 5-23 所示，當對方擊高球，選手▲後退以進攻球路回擊。選手△應迅速移至前場，形成前後進攻隊形。

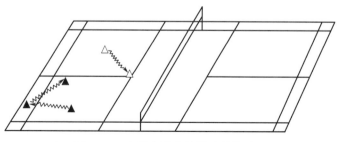

圖 5-23 中場由防守轉進攻的換位

羽毛球運動理論與實踐

平行防守站位。當其中一位選手在中場接殺球反攻時，該選手應隨球上步壓向網前。其同伴則應移動至後場，迅速轉換成前後進攻的站位，準備進攻。

3. 前後站位進攻直線後的取位

前面介紹的是雙打進攻的基本站位。在實戰中，雙打進攻中的前後站位要根據場上出球的線路靈活地選擇。當後場選手▲以直線殺球進攻時，前場選手△應偏向進攻線路一側取位（圖 5-24），將注意力移向對方出直線球的區域，封住網前。

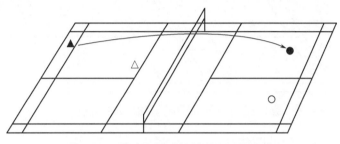

圖 5-24　進攻直線球後前場選手的取位

4. 前後站位進攻對角線後的取位

當後場選手以對角線球路進攻時，前場選手要做相應的取位才能積極有效地封網。方法如下：

如圖 5-25 所示，後場選手▲從左後場區以對角球路進攻對方的左場區時，前場選手△應稍向前場右區移動取位，將注意力放在對方回擊直線球區域上。

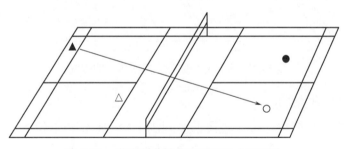

圖 5-25　進攻對角線後前場選手右前取位

後場選手▲從右後場區以對角線球路進攻對方的右場區時，前場選手△要稍向前場左區移動取位（圖 5-26），將注意力放在對方回擊直線球區域上。

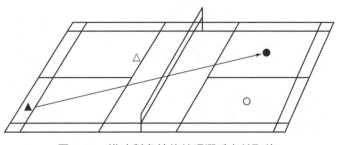

圖 5-26　進攻對角線後前場選手左前取位

5. 防守直線球路的取位

當對方尤其左場區以直線球路進攻我方右場區時，站在左場區的選手▲應適當向場地中線靠近取位（圖 5-27），以分擔中路球的壓力。因為此時對方用大對角的斜線球路攻擊我方左場區邊線位置難度稍大。

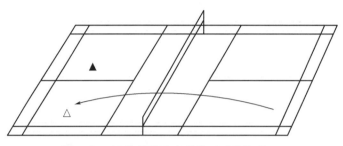

圖 5-27　平行站位防守直線球路的取位

6. 防守對角線球路的取位

當對方由其左場區以對角線球路進攻我方左場區域時，站在右場區的選手▲應適當左移取位（圖 5-28），以分擔左場區選手△中路球的壓力。

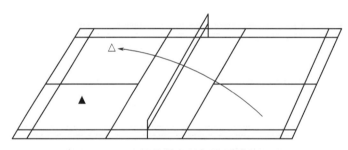

圖 5-28　平行站位防守對角線球路的取位

7. 雙打發球後的取位

雙打發球員▲發後場球後，應後退至同側半場中心位置取位，準備防守。另一名選手△則應從後場向前移至另一半場中心位置，形成平行分邊站位，各自處理所負責的半邊球場的來球（圖 5-29）。

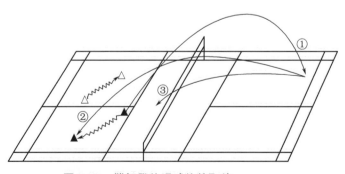

圖 5-29　雙打發後場球後的取位

雙打發球應圍繞同伴的技術特長來選擇，要有利於同伴技術特長的發揮，避免由於發球不恰當，對方接發球對同伴造成威脅。發球時注意與同伴溝通，兩人商量好，並向同伴通報你的發球意向，以便同伴心中有數。

8. 雙打結合部位的配合

前後進攻站位，當對方將球回擊到兩人前後之間的位置時，後場選手應主動還擊，因為他是正面對球，視線好，而前場選手要後退擊球，視線不好。平行防守站位，當對方將球攻至兩人左右之間的位置時，應由正拍面選手擊球，因為他較反拍面者容易發力。

任何時候，兩人均應保持合理的站位佈局，如果位置偏離，可能出現搶球現象，這時由距離來球位置近的選手擊球，另一選手應迅速向相反空檔區域移動，彌補空缺。

第二節 🏸 單、雙打的基本戰術

除了要掌握一定的基本技術、具備一定的體能素質和心理品質外，還要學習一些羽毛球運動的基本單、雙打戰術，才能有利於在比賽中充分發揮技能，擊敗對手。

一、單打的基本戰術

戰術運用與選手個人打法特點密切相關。打法可以說是選手的技術風格，它根據選手的技術特點和身體條件來決定。身材高大、進攻速度和力量好的選手，適合選擇下壓進攻控制網前或突擊進攻打法；而速度和力量不足，身材不是太高大，但步法靈活、速度耐力好的選手，通常採用守中反攻或是拉吊突擊的打法。總之，要在自身技術特點和身體條件基礎上，依據對手的實際情況，適時合理地運用戰術，把握場上主動權。

下面介紹拉吊突擊進攻戰術、發球搶攻戰術、守中反攻戰術、下壓進攻控制網前戰術和壓底線戰術。

（一）拉吊突擊進攻戰術

這種戰術是利用快速的平高球、吊球、殺球和網前搓、推、勾球，準確地將球擊到對方場區的後場底線兩角和前場網前兩角這 4 個點上。其特點是透過多拍快速拉開調動對方，使其前後左右來回大範圍地奔跑，在雙方控制與反控制較量過程中，一旦對方出現回球品質不高或偏離中心位置時，我方即可抓住機會，尋其空檔突擊進攻。因此，運用這種戰術時，擊球的落點角度要大，速度要快，充分調動對

方，使其最大限度地移動，抓住機會球進行快速突擊，以取得較好的戰術效果。

根據對手特點，可採用不同的拉吊路線：

1. 如果對方的靈活性較差，跑動、轉動較慢，那麼拉吊時可多採用小對角線球路，加大對方接球的難度，迫使其身體重心不穩而失誤。例如對手在反手網前勾對角後，正手後場往往會出現空檔，此時似乎應推直線（因此位置距離最遠）。然而，如果此時運用推對角後場，距離雖然看起來近一些，但對方擊球時卻需要小對角轉動身體，用頭頂擊球，這對於身體靈活性較差和跑動、轉動慢的選手來說，就加大了移動難度，接球也就更困難。

2. 如果對方是步法好、身體較靈活且移動速度快的選手，他出球後回中心位置很快，則應選擇重複路線的球，或使用假動作以破壞其步法起動節奏，增加其回球難度，使其起動、移動不舒暢，以打亂其前後場快速移動的優勢。

3. 如果對手步法移動慢，則可採用快速拉前、後場大對角路線的戰術。即透過不斷快速拉開調動對方，迫使對方出現空檔，伺機突擊。

（二）發球搶攻戰術

根據對方的站位、反擊能力、接發球路線和當時的思想狀態等情況，有目的、有意識地採用多變的發球，爭取由發球開始就掌握場上主動，為自己創造進攻機會。這種戰術用於對付經驗不足和防守能力較弱的選手比較有效。特別是當比賽進入關鍵時刻，比分出現相持狀況，透過打破常規，突然改變發球方式形成發球搶攻之勢，陷對手於被動，可有效地打破僵局。

發高遠球戰術

高遠球在空中的飛行時間長、距離遠，可以有效地將對手從中心位置調至底線位置，使其不便直接發動強攻。如對手後場擊球失誤較多，不善於接又高又遠垂直下落的高遠球時，就要堅持多發高遠球。

運用發球搶攻戰術時，應注意觀察對方接發球的注意力。當對方注意力高度集中時，可適當放緩發球時間，待對方注意力的「最佳點」下降後再將球發出。若對方接發球注意力不太集中，則可迅即發球，使其接發球被動。同時，還要注意發球的落點及出球的弧線要合理。

（三）守中反攻戰術

如果我方的防守能力好，足以抵擋對方的進攻，而對方又喜好盲目進攻且體力又差，這種情況下可選用守中反攻戰術。這是一種後發制人的戰術。透過先將各種來球回擊至對方後場，以誘使對方發起進攻，在對方只顧進攻而疏於防守時，我方即可採取突擊反攻，或當對方疲於進攻、體力耗盡、速度減慢時我方再發起進攻。其特點是透過高球、推球和適當的吊球、搓球、勾球等球路變化，與對方展開持久的抗衡，誘使其產生急躁，造成失誤，或當對手陷於被動、進攻品質稍差時，我方

即抓住有利時機進行反攻。

（四）下壓進攻控制網前戰術

這種戰術是先發制人，以快速凶狠、凌厲的進攻，從速度、力量上壓住對方，速戰速決。其特點是先以速度、力量不同的吊球、劈球、點殺、輕殺、重殺球將球下壓，創造機會上網，以搓、推、勾球控制網前，將對方的注意力吸引至網前，再配合以平高球突擊對方底線，創造中後場的進攻機會，再全力發起進攻。這種戰術對付身材高大、步法移動慢、網前出手慢和接下手球吃力的選手較有效。

通常可以直線長殺、對角點殺和劈殺上網搓、推、勾控制網前，或由中後場的重殺、輕殺創造網前機會，上網控制。實戰中，當來球品質不高，在中後半場時，我方應採用重殺。如對方來球品質很好，可採用輕殺，以保持較好的身體重心，目的是下一個球上網控制網前。

（五）壓底線戰術

反覆用快速的高球、平高球、推球擊至對方底線附近，特別是對方反手後場區域，造成對方被動，當其注意力集中在後場時，再以快吊或突擊點殺進攻其前場空檔。此種戰術對付初學羽毛球的選手較有效，因為初學者一般技術不熟練，特別是反手後場的還擊能力差，進攻後場往往容易奏效。

1. 第一拍發後場邊線高遠球，重複兩次直線平高球後，突然扣殺對角線或吊對角線：

如第一拍發左場區 3 號位高遠球，第二拍對方回直線高遠球，第三拍用平高球成功地重複壓左後底線一角，第四拍對方被動回直線高遠球，第五拍即可殺球或吊對角線球。

2. 對付急於上網搶網和後退步法起動移動較慢的對手：

透過反覆多次的平高球壓對方至後場，在其注意力集中於後場時，再以快吊或扣殺進攻其前半場。

二、雙打的基本戰術

雙打的戰術目的就是設法給對手製造混亂，調動對手，使其出現漏洞，或由於位置錯亂、失誤引起爭吵，出現漏接等現象。

（一）攻中路戰術

當對方在防守狀態下左右分邊站位時，我方進攻要儘可能把球攻到對方兩人之間的中場空檔區域，造成對方搶擊球發生碰撞，或相互讓球出現漏接失誤。這是對付配合不默契對手的有效戰術。

攻半場戰術是攻中路戰術的另一種形式，當對方處於進攻狀態下兩人前後站位時，可將球回擊到其中場兩人前後之間的靠近邊線位置上，這樣也能造成對方搶接或漏接。

（二）攻人戰術

如對方兩人中有一人技術水準稍差，集中力量盯住弱者打，不讓他有調整的機會，這叫攻人戰術。運用這種戰術時，如果對方已經意識到我方的戰術意圖，加強了對弱者一方的保護時，可採用先盯住技術水準差者攻幾拍，然後突然改用攻技術水準強者的戰術。由於強者為保護弱者，已將注意力集中在弱者，此時再突然轉攻他反而容易奏效。

攻人戰術也可採用先集中力量對付技術水準較高者，消耗其體力，削弱其戰鬥力，然後再伺機進攻技術水準較差者，或採用突擊其空檔的戰術。總之，戰術的運用不是一成不變的，必須根據當時的情形，靈活運用方能奏效。

（三）後殺前封戰術

這是雙打中最常見的進攻戰術。當處於主動狀態，進行強攻時，一名選手在後場大力殺球進攻，另一名選手在網前，努力封堵對方回擊的球。後場選手進攻時要注意攻球的落點位置，前場選手封網應根據對手回球習慣，積極、有意識、有準備地封堵對方的出球路線，避免消極地等待。

一般情況下，當後場選手殺大對角線、中路、小斜線或採用攻人戰術時，前場封網選手都應將判斷來球的重點放在封住對方的直線球上。

（四）守中反攻戰術

這是對付後場進攻能力差或是為消耗對方體力而採用的一種後發制人的戰術。透過拉後場底線兩角誘使對方在左右移動中進攻，我方由防守，伺機進行反攻。

運用這種戰術的前提條件是必須具備一定的防守能力，能守住對方的進攻才能有反攻的機會。

（五）軟硬結合戰術

透過吊網前或推半場等球路，使球向下飛行，創造機會，迫使對方起高球，被動防守。進攻過程中，如不能成功，可再透過軟吊網前或是撥擊半場等球路，待對方挑球品質不高時再次發起進攻。運用這種戰術時，進攻的對象通常是對方上網接球、處於匆忙後退的那名選手。

在對方防守位置很好、回球品質很高的情況下，組織進攻應採用以打落點為主的軟殺、點殺技術，以直線小對角路線殺球、大對角斜線進攻創造機會，迫使對方回球品質不高，再做大力扣殺強攻。

三、混合雙打的基本戰術

混合雙打是由一名男選手和一名女選手搭配組成的雙打，基本技、戰術同雙打很相似，但由於女子選手在技術和速度、力量等方面都要比男子選手差一些，往往是被攻擊的主要對象，所以在具體運用戰術的方式上與雙打有些不同的地方，突出表現在以下兩點：

1. 站位與雙打不同

混合雙打女選手攻擊力較男選手弱，主要站前場，負責封住網前小球；而男選手能力較強，負責中後場的大範圍區域，形成男選手在後、女選手在前的基本進攻隊形。男選手發球時站位要較雙打後移至中場附近，此時女選手應站在靠近前發球線附近。發球後，男選手立即準備守住中後場，女選手則立即準備封住前半場。

左右站位時，無論女選手在左區還是右區，往往是只負責守住靠近邊線的三分之一區域，而將場區的大部分區域留給男選手，這樣女選手防守範圍小，防守起來也相對容易些。

2. 女選手往往是被攻擊的目標

進攻時通常都圍攻女選手，防守時也設法將女選手調至後場，使其向左右兩角奔跑，不但消耗其體力，而且還抑制了男選手的後場進攻威力。因此，被攻擊的女選手可採用回擊對角線路球來限制和擺脫對方強有力的進攻。由於對角線路相對直線距離稍長，擊球威脅相對直線要小些。同時，當女選手擊對角線路球時，男選手處於直線位置，便於防守。

羽毛球運動的技術特點決定了羽毛球戰術豐富多彩，比賽中對手不同，特點各異，各種戰術、球路的組織、運用更是千變萬化。

以上介紹的只是基本的單、雙打戰術知識。在實際比賽中，要在掌握好以上基本戰術的基礎上，善於根據臨場的具體情況靈活地運用戰術。

第三節 ✐ 比賽戰術準備的內容與方法

比賽，看起來是技術、戰術、體能和心理的較量，實際上其核心是智能的較量。選手長年練習和準備的各方面技藝和才能，靠睿智將它們貫穿起來，扭成一股合力，並最終在臨場實戰中充分發揮，才能轉換成優異成績。

掌握了優異的運動才能，還要懂得如何去運用。鬥智，要懂得如何鬥。平時日積月累學習的各種羽毛球知識，發展的各項運動技能，在比賽中未必能充分發揮出來。許多實例顯示，由於比賽經驗不足，賽前不懂得如何準備，比賽中的表現往往與平日練習時判若兩人，憋足了勁兒卻使不出來；或在場上盲目地憑直覺或習慣打球，贏球不知贏在哪裏，輸球更不知原因，嚴重阻礙競技水準的提高，也影響了比

賽成績。

如果在比賽前、比賽中和比賽後都能注意發揮聰明才智，有針對性地思考一些問題，就能牢牢控制住比賽局勢。因此，優秀選手必須樹立強烈的比賽意識（指駕馭比賽的綜合能力），賽前針對比賽中可能出現的情況做積極、全面和認真的準備；比賽中保持清醒頭腦，善於觀察對手的戰術、心理變化，適時、合理地調整自己的戰術對策，並以平常心態對待和克服比賽場上各種因素的干擾，充分發揮技、戰術水準；賽後則擺正自己的位置，分析比賽體驗，總結和吸取經驗教訓，明確今後的努力方向。因此，在掌握技術、戰術和提高身體素質的同時，還需要學習和增加這些方面的能力，並在平時練習中注意這些方面的鍛鍊。

一、觀察瞭解對手的途徑與方法

（一）獲取對手資料的途徑及需瞭解的訊息

羽毛球運動愛好者，無論以競技為目標，還是以鍛鍊身體為目的，只要全身心投入到運動中，都能體會到無窮的快樂。在這個過程中，除了關注自我的提高外，瞭解和掌握其他選手的情況也是必要的。

在收集資料和建立對手基本情況檔案的過程中，不但要做到心中有數，為比賽時提供參考依據，避免盲目性，還應觀察和吸取對手的長處，並研究克敵制勝的對策，這也是一個自我學習與提高的過程。

1. 獲取資料的途徑

⑴ 透過觀看比賽瞭解對手的情況。

透過比賽錄影、電視轉播或賽場實地觀摩，統計和分析對手在比賽中技、戰術運用情況，以及比賽心理和體能狀況等方面情況，收集記錄對手的基本資料。

⑵ 透過廣播、報刊媒體等管道收集對手的情況。

注意跟蹤廣播、報刊、網絡等媒體對優秀選手的報導，從中收集對手的情況，掌握其發展動態，並不斷補充和完善。

⑶ 透過交流獲取對手的情況。

透過與朋友和球友之間的交談，瞭解並捕捉有關對手的一切訊息，然後記錄、分類、整理，補充到「對手檔案」裏。

2. 「對手檔案」的基本訊息

建立對手基本情況檔案，其內容大致有以下幾個方面：

對手年齡、身高、體質狀況和從事羽毛球運動的訓練年限等訊息。

對手以往比賽成績，包括參加各種重大比賽的名次等訊息。

對手的性格秉性、打法特點等相關訊息。

對手的技術特長和弱點方面的訊息。

對手心理素質、意志品質方面的訊息。

對手身體素質能力方面的訊息。

（二）觀察和瞭解對手的方法

比賽前瞭解對手技術、戰術、身體狀況和心理狀態，是制定正確比賽方案的基礎，也是取得比賽勝利的前提。只有將對手基本情況搞清楚，做到知己知彼，心中有數，才能百戰不殆。

1. 觀察對手性格、心理和意志品質

瞭解對手的性格、心理和意志品質對穩定自己的比賽情緒幫助很大，可以從以下幾個方面來觀察：比賽時是否容易緊張失常？關鍵時刻是否能頂得住？領先時有什麼習慣表現？落後時又有什麼習慣表現？鬥志是否頑強？是否不畏強手，敢打敢拚？對裁判員的誤判是否容易產生心理波動？受到來自觀眾或客觀條件的影響是否容易激動？

賽前能將對手以上幾方面情況瞭解清楚，有針對性地做好充足準備，比賽中就能適時調整戰略戰術。爭取在比賽一開始就從氣勢上壓倒對手，從技、戰術和心理上戰勝對手。

2. 觀察對手的技術特點

熟悉對手的技術特點，並選擇和制定有針對性的比賽戰術方案，是贏得比賽勝利的重要途徑之一。通常需要瞭解和掌握以下幾個方面的訊息：

(1) 瞭解對手類型。是屬於技術型選手還是力量型選手？

(2) 確定對手技術優勢（與自己比較）。其優勢是在進攻方面，還是在防守方面？

(3) 瞭解對手的習慣球路和絕招技術。

(4) 掌握對手技術薄弱點和失分的規律。

(5) 對手發球和接發球技術優勢。

(6) 雙打搭檔個人技術特點和基本狀況。

3. 觀察對手戰術特點

(1) **瞭解對手的打法特點**：是突擊進攻，還是守中反攻？

(2) **習慣球路**：組織進攻和防守反攻的慣用球路。

(3) **習慣戰術**：從發球和接發球戰術到主要得分戰術，以及失分後戰術的調整。

(4) 比賽中是否容易受對手的戰術影響而改變戰術？

(5) 雙打兩人的配合是否默契，弱點和漏洞在哪裏？

4. 觀察對手的體能狀況

(1) **瞭解對手基本體能狀態**：身體素質如何？是否對自身體力狀態有所顧慮？

(2) **瞭解對手對待艱苦比賽的態度**：意志品質如何？是否經得住艱苦比賽的考驗？體力不支時是否容易分散注意力，動搖意志？

(3) **瞭解對手體能素質特點**：是步法好，控制範圍大，還是手法好，擊球有威力？

根據觀察瞭解到的情況，進行綜合評估和客觀分析，再依據自身狀況，制定相應的比賽方案。

二、比賽前的準備

（一）主觀因素方面的準備

1. 心理準備

鼓勵自己勇於同強手對抗，對比賽的艱苦程度做好充分的心理準備，設想比賽中可能遭遇的挫折和各種干擾，並慎重考慮自己應該如何應對，下決心進行頑強拚搏，與對手周旋到底。

根據以往經驗，用適合自己的方法，使自己在賽前進入輕鬆愉快的狀態，解除精神上的壓力，輕裝上陣，使注意力保持集中。比如聽音樂，看自己喜愛的故事書、電影、電視節目等，從頭腦中擺脫與比賽有關的一切訊息和想法，使精神得到放鬆。可透過深呼吸來放慢呼吸節奏，穩定情緒，緩解心理壓力，以輕鬆、振奮、躍躍欲試的心理和精神狀態投入比賽。

2. 技術準備

保持最佳的競技狀態是賽前技術準備的目的。比賽前已沒有時間再提高技術，賽前技術上的準備只能由基本技術的適當練習，找到手法、步法的良好感覺，並加強對抗中特長技術的運用，以及攻轉守、守轉攻技術的銜接轉換，並熟識球性，增強控球能力。

3. 戰術準備

羽毛球個人項目的特點，決定了比賽中選手本身需具有較強的獨立作戰能力，在錯綜複雜的比賽中，應善於根據當時的情況，靈活機智、隨機應變地運用戰術。要做到這一點，就要求選手在賽前對比賽中可能出現的情況做充分的預計和準備，這樣在實戰中才能處變不驚，化險為夷。戰術，簡單地說就是打法的佈局，例如讓由前後場擊出的球呼應，透過有計畫、有目的的組合運用球路，形成一種模式，使對方不自覺地被套進你的模式裏，跟著你走，最終使他在你的控制下出錯而失敗。戰術準備大致可以從以下幾個方面進行。

(1) **對付擊球威力大的對手。**

身材高大的對手，大多擊球威力大，擅長進攻。同這樣的選手對陣，在戰術選擇上要注意多以對角線限制對手的進攻線路，避免因起後場球讓對手發揮進攻的優勢。可運用對角線、重複小對角線球路來調動對手，先控制其前半場區，再攻後場，創造突擊進攻機會。

(2) **對付步法移動快的對手。**

身材較矮的選手，長處多在腳下敏捷的步法，細膩的網前球是他們的得分利器。對付這樣的選手，在戰術選擇上要力爭壓住他的後場，再伺機進攻。因為對手個子較矮小，後場球威脅不會太大，所以應先壓住其後場。擊球線路可快慢結合，大對角調動，配合重複線路，破壞其起動節奏，打亂其移動步法。

(3) **對付攻擊力強但穩定性差的對手。**

可先投其所好，採用守中反攻的戰術。多打後場高球，讓對方進攻。但前提是必須守得住對方的進攻，待對方攻勢減弱時再行反攻；如果守不住對方的前幾拍進攻，則應限制其進攻特長的發揮，及時先發制人，以攻制攻，壓住對方。

4. 身體準備

(1) **保持正常生活習慣。**

大賽前，身體方面的準備最重要的是保持正常的生活起居，保證充足的睡眠時間。飲食上注意多吃瓜果蔬菜，並攝入一定量的蛋白質，避免吃平時不太習慣或從未嘗試的食品。進餐應在賽前兩小時前完成，以保證比賽開始時體內的食物已消化。要嚴格控制菸、酒。賽前補充水和糖分，最好在開賽前半小時左右飲用。此外，還應注意保暖和使肌肉放鬆，可透過按摩、拉伸關節韌帶等手段進行。

(2) **賽前充分的準備活動。**

比賽前 40 分鐘左右，開始緩慢有序地進行準備活動。準備活動的目的是使內臟器官慢慢調動起來，減小其生理惰性，讓肌肉適應劇烈運動的需要，進入比賽狀態，減小突然劇烈的運動帶來的機體不適，避免機體傷損，防止因身體沒有進入狀態而影響比賽成績。

準備活動可以從慢跑、拉伸關節韌帶開始，逐步進入一定範圍的移動、跳躍，進而再做一些結合羽毛球運動特點的準備活動，比如突然起動、停頓和揮拍擊球，最後再持球進行基本技術的小範圍活動。應根據自己的身體狀況和性格習慣摸索一套適合自己的熱身方法。準備活動既要充分，又要掌握合適的度。如果準備活動不充分，身體各部分機能沒有調動起來，未進入備戰狀態，將影響比賽初始階段競技水準的正常發揮，有時甚至還會造成肌肉拉傷；如果準備活動過量，一方面消耗體力，另一方面身體過早進入興奮狀態，也不利於比賽水準的發揮。準備活動以感覺身體發熱、微微出汗、精神興奮為宜。

5. 器材準備

(1) **羽毛球拍。**

根據競賽規則，比賽中出現球拍斷弦的情況時，選手可以到場邊更換球拍。因此，賽前要準備 2～3 支球拍，以備比賽中球拍斷弦時更換。如果球拍斷弦，但雙方仍處在對抗中，自行更換球拍時對手恰巧將球擊中在界內，則屬失分。

(2) **修拍工具。**

如果沒有足夠多的拍子，或是習慣自己修補球拍，比賽前應準備修拍工具，以

便球拍斷弦後及時修補。當然，如果條件允許，也可用修拍機器修補。

(3) 擦汗毛巾。

羽毛球比賽激烈，且沒有時間限制。運動量大，體力消耗大，出汗多。規則規定，一局比賽尚未結束，或是沒有出現平局時，比賽必須持續進行，選手不能申請休息或離開球場。但選手在徵得裁判員同意後，可以喝點水和擦擦汗。因此，賽前有必要準備一條毛巾，一方面防止汗水過多影響視線，另一方面在體力不支時，可以在規則允許的範圍內，借用擦汗的短暫機會調整一下體力。另外，戰術不順，或是主動失誤多時，也可以利用擦汗機會穩定一下情緒。

(4) 防滑劑。

現代羽毛球比賽，有的在塑膠地板上進行，也有在木地板上進行的，選手在賽前應熟悉比賽場地。如果場地不理想，移動中地面較滑，可以採取一定的彌補措施，如準備一些防滑劑。木質地板防滑劑可以用松香替代。也可以準備一條濕毛巾，置於場地旁，比賽前適時地在上面踩一踩，增加濕度適當防滑。

(5) 服裝。

比賽前還需要考慮準備服裝。夏季比賽，天氣悶熱，體力消耗頗大，出汗量也大。賽前準備一兩套比賽服裝，以便比賽過程中流汗過多時更換。另外，賽前應檢查鞋襪狀況，鞋子是否結實、襪子是否舒適等。如有不適，應盡早更換。

(6) 別針、髮夾。

女選手在比賽前還要準備一些別針、髮夾之類的小東西，以備需要時用。

（二）應對客觀因素的準備

比賽中，必然地要應對裁判員和觀眾、氣候環境以及場地器材等客觀因素，對可能發生的情況，須有心理準備。

1. 應對裁判員、觀眾

如何對待比賽中可能出現的裁判員偏袒和誤判，這是選手在賽前準備中不可忽視的問題。如處理不好，情緒因裁判員的偏袒和誤判受到嚴重干擾，會影響比賽水準的正常發揮。

主觀意願上希望這樣的事情不要發生，但如果比賽中真的出現了，明智的選擇是拋開這些干擾，或將干擾程度降至最低，迅速穩定情緒，從零開始，緊緊抓住每一分球的抗爭。

如何應對比賽中來自觀眾的起鬨、喧嘩、「攻擊」和侮辱等情況，這是選手賽前應考慮和準備的又一客觀情況。多數情況下，觀眾的觀賞帶有傾向性，觀眾的支持和鼓勵，可以鼓舞選手的士氣，相反，觀眾的起鬨和「攻擊」，會影響和干擾選手的心理狀態。

裁判員和觀眾的態度和舉止，是不可控制的客觀因素，只有靠自身積極的心理準備、正確的心態來對待。

2. 應對氣候環境

如何適應比賽地區的氣候和天氣，並針對比賽地的氣候環境條件制定相應的比賽戰術，也是賽前準備的內容。

在氣候炎熱地區比賽，在制定戰術時，一方面要圍繞自身狀況，例如體力好時可以選擇與對手周旋，體力不佳時則應力爭速戰速決，並準備補充水分，配備一些防汗用品；另一方面還應瞭解一些客觀環境對羽毛球飛行速度產生影響的基本知識，例如通常在炎熱環境中比賽，比賽館內的空氣因高溫發生膨脹，變得「稀」而「輕」，壓強減小，選手用同樣的力量擊球後，球會變得輕而飄，飛行速度加快，擊球的準確性可能會受到一定影響，而在寒冷地區比賽，由於氣溫低，空氣凝重，密度大，壓強大，空氣對羽毛球飛行的阻力加大，球的飛行速度會隨之減慢，選手容易因不適應這種冷空氣而降低對球的控制力，使失誤率增加。

3. 應對場地器材

賽前對比賽場地的風向、風速和光線等客觀因素瞭解和適應與否，將對選手技、戰術水準的發揮產生影響。選手對比賽場地環境及器材性能心中有數，比賽中就能穩定情緒，增強勝利的信心。

羽毛球比賽時為減少場內空氣流動，一般不允許使用空調，門窗也經常關閉。因為即使輕微的氣流也會對球體的飛行速度產生影響，使選手處於順風或逆風等不同的位置。在球體重量、擊球力量和出球角度均不變的情況下，球速也會隨之加快或減慢。

在順風情況下，球速比較快，擊球容易出界，後場球進攻穩定性差，可採用將球先向下壓的打法，用吊、殺或搓小球等技術把球控制在近網區域；在逆風情況下，球速比較慢，球不容易出界，可以大膽使用高球、平高球、推球、挑球等技術，進攻對手的後場。

開賽前的試球時間裏，選手可透過發球來感受比賽用球的速度。如果用與平時一樣的方法和力量發高遠球，球總是出界，則意味著球速偏快；如發球不夠深，不到位，意味著球速偏慢。

應付球速的快慢，除了換球外，還可使用簡便方法，比如折羽毛法，即將羽毛球球口處的羽毛向內或向外翻折，由改變球口直徑的大小，來改變空氣對球的阻力，從而獲得理想的球速。

比賽場地光線太強或照明不足，會影響選手的視線，加大判斷難度。然而，比賽雙方都處於相同的場地條件下，自身面臨的困難，對手也必須面對。只要心理準備充分，處理得好，把比賽的影響降至最低，就能增加獲勝的希望。應對採光照明影響選手視覺的情況，可嘗試將球下壓，因為判斷對手從低手位擊出的球要比從高手位擊出的球容易一些。優秀選手如因賽前對客觀因素準備不足，最終受客觀因素影響而失去比賽取勝的機會，是最不合算的，也是不可原諒的。因此，凡是與比賽有關的、可能對比賽產生影響的因素，都是賽前準備應對的內容。

三、比賽中的自我控制與調節

（一）心理自控

穩定的心理品質是正常發揮技、戰術的基礎。有刺激就會有心理反應。心理穩定性的優劣，常常是比賽勝敗的關鍵。因此，心理與技、戰術和體能緊緊聯繫在一起，共同成為影響選手比賽成績的重要因素。比賽中要有以下的心理準備。

1. 比分領先時的心理準備

賽場上形勢千變萬化，比分領先的情況下，不能有任何放鬆或麻痺思想，要繼續放開手腳，敢打敢拚，堅持運用行之有效的技、戰術，保持領先優勢，一鼓作氣將比賽進行到底。

2. 比分相持時的心理準備

比賽中雙方比分相持不下，打得很激烈，特別是出現 20 ： 20 的情況時，要看誰的意志堅強，誰能夠頂住壓力並揚長避短，誰就能取得比賽的最後勝利。比分相持時，除了在心理上要堅持頂住，一分一分地咬緊，堅持到最後外，還要在戰術上考慮如何作適當的戰術變化，如以發球搶攻、改變擊球節奏等方式來打破僵持局面。雙方分數持平時，「穩」為第一，爭取穩住局勢，嚴防主動失誤。在調動、反控制中，如有機會球出現，則要大膽出擊。

3. 比分落後時的心理準備

在比分落後的情況下，不能氣餒或喪失鬥志。哪怕只有百分之一獲勝的希望，也要盡百分之百的努力去爭取。比賽的實際意義除了體驗勝利的喜悅外，更重要的是參與競賽、挑戰自我的過程。即使輸球，也要輸得明白，透過較量，找出差距，發現問題，為以後的訓練樹立明確努力的目標和方向。

（二）戰術調整

1. 戰術意識和應變能力

首先，比賽中要積極貫徹賽前制定的戰術方案，執行「以攻為主、積極防守」的戰術思想。其次，在比賽中頭腦要冷靜、清醒，觀察、分析和判斷對手情況的能力要強，反應要快。該進攻時，不打防守球路，堅決地組織進攻；該防守時，不勉強盲目地發起進攻，爭取積極的防守轉攻；該過渡時，大膽地採用過渡技術，在複雜局勢中，創造和抓住取勝的時機。

2. 根據場上情況適時調整戰術

根據賽場形勢的變化，靈活運用比賽前準備的戰術。如發現對手信心不足，則應抓住戰機，發起攻勢，從氣勢上壓倒對手；如對手戰術運用得當，我方頻頻失利，則應冷靜觀察，識破對手意圖，及時分析不順的原因，根據對方戰術相應地調整我方的戰術。

一套方案不行，換另一套方案；快攻打法不奏效，換拉吊打法。如果在不順的

羽毛球運動理論與實踐

情況下，還不查找原因，一味地打下去，會很快輸掉這局比賽。如我方控制場上局勢，處於主動狀態，比分遙遙領先，打得十分順手，則表明戰術得當，應堅決繼續執行此戰術，使對手跟著我方戰術意圖走，不受制於人。

選手的意志力對比賽結果會產生重要影響。鬥志頑強、體力充沛的對手最難對付，要有足夠的毅力同他抗衡。倘若發現對手有意增加在場內走動、到場邊擦汗、頻頻要求換球、拖延比賽時間和呼吸不勻稱等情況，表明他疲勞過度，鬥志開始動搖。這時，應把握制勝機會，或加快速度增強攻勢，或不打強攻而採取穩拖戰術，耐心地拉吊四角，以多拍調動迫使對方前後左右大範圍跑動，進一步消耗其體力，拖垮對方。

3. 以己之長，攻彼之短

無論採用何種戰術，都應以自己的特長來攻擊對方的薄弱之處。只要比賽前發現了對方某一項技術較差，就應該抓住這一弱點進行攻擊。但如果這一戰術已引起對方的警覺，我方還一味繼續攻之，則可能徒勞無益。因此，戰術運用要靈活，先引開對方注意力，再攻其弱點，這樣效果才好。相反，如果我方的特長技術被對方注意了，就要採取迂迴措施，暫時改變自己的打法，以擺脫對方在戰術上的糾纏。否則，一味堅持此打法，特長將會變為特短，主動會變為被動。

假如發現對手的某一絕招對我方很有威脅，比如他的正手後場起跳突擊點殺對角線頻頻得分，就要採取措施，在被動的情況下儘量不給他正手後場位置的球，或是爭取用其他球路調動他，避開他的注意力，再突擊這個位置，破壞其進攻節奏，不讓他發揮這一特長技術。再如，對方吊殺下壓控制網前戰術很成功，速度很快，我方難以招架，這時可爭取將球先向下壓，不起高球，或者改變擊球節奏，限制對方的進攻速度，以緩解壓力。

（三）技術運用

1. 貫徹「穩」字當頭的擊球意識

比賽中，無論是主動還是被動狀態下，擊球時都要避免將球擊至最靠近邊界區域的意識，或將弧度不是很高的球拚命下壓扣殺。因為這種一拍將對手置於死地、一拍解決戰鬥、急於求成的擊球意識，容易因對擊球品質要求過高而將球擊下網或將球打出邊界，造成無謂的失誤。

據觀察，比賽中因被逼失誤或自己無謂主動失誤而丟分的情況，遠遠多於被對方直接擊中得分的情況。因此，比賽的勝負常常取決於選手能否擺正自己的擊球意識。要「穩」字當頭，以穩取勝，做到「自殺」失誤率低於對手。誰能做到把出錯的機會留給對手，誰就增加了自己獲勝的機會。

另外，比賽中還要儘量避免使用沒有把握的擊球技術。

2. 果斷完成擊球動作

減少主動失誤，除了要有正確的擊球意識外，擊球時不能有任何雜念和顧慮，

要大膽、果斷地出手，完成整個動作。避免因擔心失誤而謹小慎微、過於保守、猶豫不決的現象，造成擊球動作變樣，影響擊球效果。

3. 控制擊球的落點

擊球到位的前提是步法到位，只有步法到位才能得到較好的擊球點，保證擊球動作順利完成，有效控制擊球的落點。因此，必須全力積極地準備，保持步法快速移動，並注意將步法的起動、回動節奏與擊球的節奏配合好。

（四）體能分配

羽毛球比賽採用三局兩勝制，不受時間限制。在雙方實力相當的比賽中，無論是單打還是雙打，誰也攻不死誰的情況比比皆是。有時一個球就要打一百多拍，拿一分都非常不容易，雙方體力消耗巨大。因此，選手的良好體能素質是承擔激烈比賽的基礎，比賽中合理分配體力是保證選手臨場技術、戰術水準充分發揮的重要因素。比賽開始，一般說體能狀況好，能保持一定的速度，正常地發揮技、戰術水準。隨著比賽激烈程度的不斷加劇，體力消耗加大，尤其比賽的最後關鍵時刻，也是爭奪最激烈的時候，往往因體力不支而表現出技術動作變形、主動失誤增多，或速度明顯減慢、受制於對方等情況，進而造成比賽失利。因此，比賽中應根據場上局勢來調整體力分配。如果第一局暫時領先，第二局出現體力不支、大勢已去的情況，可酌情考慮放棄第二局，保留體力爭取拿下第三局決勝局；如果第二局競賽還不是一邊倒，還有獲勝希望，就應該力爭拿下第二局。

當自己體力狀況不佳時，可採用快速拉吊突擊戰術，以快制慢，爭取速戰速決。也可考慮由以下幾種途徑來緩解體力壓力：

一是採用打發球搶攻戰術，在發球上做文章，透過多變的發球來控制場上節奏。

二是由申請擦汗、喝水，或放慢撿球動作等方式來爭取休息時間，調整呼吸，使體力得到一定恢復。

一、比賽結束的後續工作

（一）主觀因素方面的總結

比賽結束後，從心理上、技術上、戰術上和體能上，參照比賽前的準備方案，對實際比賽中的情形進行總結，分析比賽中心理承受力如何、處理領先球或落後球的情況如何，以及體力和意志品質在比賽中的表現如何。從技術和戰術上分析比賽前的準備方案是否合理，如比賽中是否堅持既定的技、戰術方針，運用情況如何，特長技術發揮如何，進攻防守技、戰術轉換運用如何，著重分析主要失分的技術和錯誤的戰術，雙打、混雙配合情況及合作中的弱點和漏洞等。

還要分析體能是否經得住激烈比賽的考驗，以及賽前準備方案的科學性。從以上幾方面內容認真總結，肯定成績，找出差距，發揚優勢，確立下一步目標。

除此之外，賽後要重視機體的恢復。身體經過巔峰狀態後，必然要有一個從低谷恢復的過程，然後才可能再次進入新的高潮。大型激烈比賽體能消耗巨大，賽後身體狀態處於低潮，需要科學地進行休息和積極的調整，為以後的訓練和比賽做準備。

比賽後身體的恢復，因比賽的激烈程度、個人負荷狀況不同，採用的方式方法也不同。主要應從肌肉放鬆和代謝補充等方面來進行。

（二）身體肌肉放鬆

1. 按摩放鬆：

站姿或坐姿，採用自我按摩和抖動等方法，對上下肢、軀幹等各部位肌肉進行放鬆。或者採用臥姿，請同伴或親友幫助按摩，對各部分肌肉進行放鬆。

2. 熱療放鬆：

有條件的可利用溫泉、衝浪、桑那浴、蒸氣浴和熱水沐浴等方式進行熱療放鬆。

3. 靜力牽張放鬆：

高強度運動後，及時用靜力牽張方法對肌肉韌帶進行放鬆，對緩解疲勞和改善肌肉乳酸堆積、促進肌肉狀況恢復有顯著效果。

（三）身體能量代謝補充

身體因比賽中激烈的對抗而消耗很多營養物質，賽後必須及時合理地進行補充，才有助於體力的恢復和疲勞的消除。賽後應注意加強糖元、維生素、蛋白質、水和礦物質的補充。此外，激烈運動後，體內產生酸性代謝物，使乳酸堆積，要多吃富含維生素的水果、蔬菜等鹼性食品，以利機體的恢復。

比賽中精神緊張、壓力大，賽後可透過聽音樂、看電影、下棋、打牌、跳舞和閱讀有趣的書籍等方式適當調節，使精神放鬆，讓大腦得到休息。

（四）客觀因素方面的總結

比賽後，選手應針對比賽中應對客觀因素的表現以及客觀因素對比賽成績的影響情況進行總結。如場地風向、光線、球速等不適應情況，是否引起心理變化，是否產生慌亂情緒，裁判員的不公或誤判是否引起自己的憤怒，觀眾的起鬨、喧嘩是否使自己感到煩躁不安，以致影響比賽心理的穩定等等，在回顧中總結經驗，吸取教訓。

羽毛球運動特點決定了羽毛球比賽豐富多彩。比賽中對手不同，各種技術、戰術、體能和心理的準備和運用也不同，以上介紹的只是一些最基本的知識。在實際運用中，在掌握好以上知識的基礎上，應根據自身和對手的具體情況及臨場的情勢來靈活運用，併力爭在訓練和比賽中加以豐富和發展，逐步摸索出一套適合自己的準備、比賽和休整方法。

1. 結合圖示簡述羽毛球運動的發球戰術。
2. 簡述後場擊球技術的戰術意識與運用方法。
3. 簡述後場擊球的取位方法。
4. 簡述前場擊球的取位方法。
5. 簡述雙打的戰術分工與基本跑位方法。
6. 試述羽毛球運動單、雙打基本戰術。

羽毛球運動理論與實踐

第六章　技、戰術教學訓練內容與方法

第一節　技、戰術教學訓練的注意事項

一、由易到難，由簡到繁

技、戰術教學訓練內容的選擇要根據選手的實際情況來確定，內容恰當才能提高學生的興趣，過易或過難、安排不恰當等，都會影響學生學習的信心和積極性。對於一項技術動作的掌握通常要經過以下四個階段。

（一）泛化階段

泛化階段是學習技術動作的初始階段，表現為上下肢動作僵硬和配合不協調、擊球不準、多餘動作消耗體能等。這一階段的教學應降低難度，將完整技術動作分解為局部動作，熟悉、體會並模仿要領進行反覆多次的無球揮拍練習，形成初步的正確動作動力定型，再上場進行定點定位的固定、半固定等簡單線路的練習，鞏固正確動作。

（二）分化階段

隨著多餘動作的逐漸消失，技術動作要領進一步掌握，在獨立完成系列動作的基礎上，加強對正確、錯誤動作的認識，對練習中反覆出現的錯誤技術動作進行及時的糾正；培養積極的擊球意識，並在基本技術練習中學習基本戰術運用。

（三）鞏固階段

此階段學生已掌握正確技術動作，上下肢協調用力，動作穩定。這時的教學訓練應進一步樹立正確技術概念，增強戰術意識，加大擊球難度，將已掌握的基本技術進行複雜組合，在實戰中靈活運用。

（四）定型階段

熟練掌握和靈活運用基本技術階段。步法合理，能根據來球靈活地調整步幅，

起動和回位節奏掌握得恰到好處；手法靈活多變，一致性強，可以發展個人絕招技術，增強擊球穩定意識，豐富戰術知識。

教學訓練內容必須由淺入深、由易到難、由簡到繁、循序漸進地進行。訓練的負荷量也應由小到大，做出合理的安排。

二、注重長期系統科學的訓練

良好的運動成績，是在多年持續系統訓練過程中，隨著身體素質的提高和技術動作的改進而獲得的。如果訓練不當，就不可能掌握和完善技術動作，發展和提高身體素質，已經掌握了的技術動作和獲得的身體素質，也會逐漸消退。

教學訓練的主要任務是發展身體素質，提高技術、戰術和心理水準，這都需要經過不間斷的科學系統訓練才能達到。

為了使教學訓練有目的、有要求、有步驟、有措施、有系統地進行，做到心中有數，逐步認識和掌握羽毛球運動的特點和規律，在教學訓練中一定要重視教學訓練科學性和合理性，處理好基本技術與特長技術、技術訓練與戰術訓練、技術訓練與身體素質訓練、運動負荷——恢復——再負荷——超量恢復等多方面關係，使技、戰術教學訓練更加科學合理。

三、掌握正確的技、戰術要領

不同的鍛鍊目的使教學訓練的任務和要求不同。以競技為目的的教學訓練是異常嚴格的，只有紮實掌握正確和全面的基本技、戰術，才能獲得高的競技水準；以興趣愛好和健身為目的的教學訓練應注重「動」起來，達到鍛鍊出汗的目的即可。然而，無論哪種目的和興趣，進行羽毛球運動都必須重視基本技、戰術的規範性，掌握正確技、戰術是教學訓練的一項長期任務。

技、戰術要領掌握得正確、合理，使擊球既有威力、節省體能，又能避免運動損傷、延長運動壽命，還能體驗動作舒暢、姿態優美的良好感受。而技、戰術要領不正確，擊球既不能發揮有效的威力，動作彆扭不協調，還容易受傷。

因此，教學訓練中應重視掌握技術要領，不斷改進和完善技、戰術技能，防止學習中因技術概念不明確，正確要領不紮實，教師沒有及時提醒糾正，而形成錯誤的技、戰術習慣的傾向。

四、技術訓練帶有戰術意識

羽毛球技、戰術受多種因素影響，基本技術只有在戰術意識的有效控制下才能合理運用，充分發揮威力。因此，教學訓練不應侷限於對技術動作的掌握，更重要

的是使學生在掌握技能的同時，能夠在比賽中運用已掌握的技能，把擊球戰術意識的培養貫穿基本技術練習的始終。

要求學生不僅要明確技術的操作方法，還要明確技術的戰術作用及相關運用方法，增強進攻、防守和過渡技術的戰術轉換意識，做到技術訓練與實戰運用並駕前行，讓基本技術訓練同戰術意識訓練密切結合，使訓練更有效率，符合現代羽毛球運動發展的需要。

注意防止基本技術訓練中出現技術訓練與實戰運用脫離的現象，如果只強調技術動作要領的掌握，而忽視戰術意識的培養，使基本技術訓練單一，學生只會完成技術動作，不懂得實戰中靈活運用的方法，那麼，已掌握的技術就難以在比賽中真正高效地發揮作用。

五、注重興趣的培養

興趣對於羽毛球教學訓練是個很重要的因素，如果人們對某件事物發生了興趣，就可以保持長時間的注意，自覺、主動、積極地學習。

教師應向學生展示準確、熟練、輕快、優美的運動技術，使學生透過視覺，直接感知羽毛球運動的規範性，初學階段便建立一個正確概念，以利提高學生學習興趣和信心。

提高羽毛球技、戰術水準的最有效的方法就是在明確動作要領的基礎上，進行反覆多次的重複性訓練。透過反覆練習，使掌握的技、戰術要領形成固定的習慣模式，在比賽中隨心所欲地運用。

因此，教學訓練應採用豐富多彩的組織形式和多樣化的訓練方法與手段，如採用一些男女搭配練習、不同水準選手間交叉練習、多球練習、固定不固定線路練習、直線和斜線結合、前場和後場結合等多樣化的訓練方法，克服由於單調枯燥的基本技、戰術練習使學生產生注意力分散的現象，鞏固學生學習興趣。

六、對教師的基本要求

教師教學積極性的高低，教學方法的優劣，直接影響教學訓練品質的好壞。教師必須熱愛自己的工作，熱愛學生，努力提高理論水準，言傳身教，以自身的規範行為影響學生。同時，啟發學生積極思維，培養他們分析和解決問題的能力，使直觀的感知與積極的思維有效結合，保證教學的良好效果。

教師應具備羽毛球運動基礎理論知識，傳授正確的運動技能，瞭解人體生理運動常識，熟知羽毛球競賽規則、裁判方法及競賽管理知識，採取因材施教、循序漸進、直觀等多種教學方法，科學、合理地組織實施教學訓練課，保證教學環境的安全。

第二節 ⚑ 技、戰術教學訓練的內容與方法

提高技術水準除在室內正規場地上持球練習外，在沒有場地和對手的情況下，可以在場外進行練習。場外練習簡單，可操作性強，能幫助練習者熟識球性，增強球感，鞏固技術動作。

一、輔助練習的內容與方法

（一）鏡面揮拍練習

面對鏡子做揮拍動作：面對鏡子站立，進行發球、高遠球、殺球、平抽球、挑球、推球、撲球等的揮拍動作練習。為更清晰地觀察擊球拍面，可在球拍頂端拴一條布帶，這樣可更方便地從鏡中觀察擊球點位置及擊球拍面等動作是否正確。布帶產生的響聲會提示揮拍的速度和練習者的發力情況。

練習時應有意識地根據正確動作要領完成揮拍動作，並透過鏡子自我觀察。例如，進行扣球動作揮拍，從鏡中可以觀察到擊球拍面是否「正」，如果發現是用斜拍面擊球，則要努力糾正；可以觀察到擊球點是否足夠「高」，如果手臂彎曲，則要努力糾正伸直手臂在高點擊球；還可以觀察到發力是否「充分」，如果揮拍時布帶響聲過長，則說明力量未能集中，擊球發力不充分。練習者應帶著這些問題反覆練習，直至掌握正確擊球姿勢、樹立正確動作動力定型為止。

（二）擊吊線球練習方法

一是用細繩拴住羽毛球並把它固定在高處，球托高度以練習者後場擊球動作揮拍至肩上方最高點為準，原地用後場正手、頭頂和反手擊球動作，揮拍擊打懸掛在空中的球托，從中體會擊球拍面角度、發力時間和發力位置。

二是用細線將羽毛球拴住並固定在腰部前方位置的高度，用前場正、反手挑球或推球動作，揮拍擊打球托，體會前場運用挑球、推球技術擊球拍面的角度和發力。

（三）後場高手位擊球動作輔助揮拍練習

1. 分解擊球動作揮拍練習

面對牆壁站立，手臂上舉，貼近耳部，肘關節向後彎曲，保持在肩上方與頭齊平的位置。前臂外旋引拍，手腕充分向後伸展。上臂內旋帶動手腕做屈伸後場擊球動作，體會手腕內旋擊球要領。當拍揮至接近牆壁時，拍面正對牆壁，以解決因為斜拍面擊球而影響擊球發力的問題。

此項練習在室內外任何面對牆壁的地方都可進行。

2. 完整擊球動作揮拍練習

以後場高遠球擊球前準備姿勢側身對牆壁站立，手臂上抬，肘關節向後彎曲引拍，同時轉體，手臂帶動手腕向前揮拍，以球拍正面輕輕觸牆。

此練習目的在於幫助練習者體會正拍面和高擊球點擊球動作，手臂在揮拍過程中要控制揮拍速度和力量。

（四）抬球練習

這是一種最佳的熟識球性、增強球感、提高手眼配合、體會握拍發力的練習，它不受時間和場地條件的限制，只要有一把球拍和一個羽毛球，在室內外都能進行練習。

1. 原地抬球練習

開始練習時，用正或反拍面輕輕向上抬擊球，嘗試連續抬擊並控制球。練習熟練後，可以用挑球動作全力向上方抬擊球，將球擊得越高越好，體會發力動作方法，同時熟識控制球性。

2. 移動抬球練習

將抬球練習與下肢移動步法相結合，在向前或是向後的移動中完成抬擊球動作。如抬球向前快速衝跑練習，即在腳步移動的同時完成手的抬球動作。

此項練習要求擊球時控制拍面和角度方向，使球不落地，並保持一定向前衝跑速度，在快速移動中完成持續抬擊球的動作。也可採用後退跑的方式同時完成抬球動作，但這項練習較向前跑抬擊球難度更大。

3. 旋轉搓擊球練習

用網前正、反手搓球動作，以斜拍面向上搓擊球。練習時，發力動作應小而輕，切搓擊球使球向上或向下旋轉移動。連續搓擊球次數越多、越旋轉，控制球能力就越強，也越有利於提高練習者技術水準。

（五）擊牆壁球練習

這是初學者的一項很好的練習方法，它不受場地和對手的限制，目的在於盡快熟識球性，增加球感，體會擊球發力感覺並鞏固正確的擊球動作。經過一段時間場外擊牆壁練習，在場上擊球時會明顯感覺到自己技術的進步，能更自如地將對方的來球用規範的動作回擊過去。

1. 向牆壁殺抽擊球練習

選擇一處平滑牆壁，距離牆壁 2 公尺處站立，用接殺抽球動作向牆壁連續快速抽球。此練習可提高判斷反應速度，熟練正、反手握拍和接殺抽球擊球姿勢的轉換。在練習中需注意發力不宜過大，否則會因為反彈球速度太快而來不及進行下次擊球的準備，影響抽球連續性。同時腳步應積極隨球快速移動，適時根據來球方向調整步法，配合手臂完成擊球動作。

2. 向牆壁封網擊球練習

站於距離牆壁 1.5 公尺處，屈肘高舉手臂用封網動作向牆壁連續擊球，體會前臂、手腕和手指的前後快速擺動和發力。練習的初始階段，揮臂速度往往跟不上球從牆壁的反彈速度，持續數次擊球較困難。此時應注意將手臂高高舉在頭頂上方（完成一次擊球後不要放下），同時縮小手臂擺動弧度，加快手臂的擺動頻律，擊球瞬間用手腕手指發力。

3. 向牆壁擊高遠球練習

站於距離牆壁 2 ～ 3 公尺處，左手向上垂直拋球，當球開始下落時，用後場擊高遠球的動作向牆壁「擊球」，體驗羽毛球下落速度與身體距離的關係，藉以體會其中的感覺。

4. 向牆壁做雙打配合擊球練習

兩人站立於距離牆壁 1.5 ～ 2 公尺處，面向牆壁擊打羽毛球。不限定擊打次數（即一人可連續擊數次），兩人相互配合，勿使球落地，連續擊球次數越多越好。此項練習由於速度較快，範圍較小，故可有效增強雙打同伴間的配合默契，提高練習者的補位意識。

（六）反應及意念練習

羽毛球實戰對抗中，移動速度快慢取決於判斷和反應速度的快慢，靈敏的聽覺、視覺和動作系統是提高反應速度的基礎。反應速度主要透過「看」和「聽」的鍛鍊來提高。

1. 信號燈反應練習

這是最貼近羽毛球實戰情形的輔助練習方法。練習時運用各種擊球動作，根據指令完成移動揮拍動作，虛擬擊球。在增強擊球意識的同時，學會合理分配注意力，使身體運動與大腦活動同步進行，不但注意擊球動作和姿勢，還要判斷擊球線路和戰術，腦體並用完成練習。

用紅色、黃色和綠色各 3 組彩色信號燈，按照羽毛球前場、中場和後場順序排列，不同顏色綵燈按約定分別編號，代表不同場地區域，練習者根據綵燈信號指令，迅速完成移動揮拍擊球。信號燈開關由同伴控制。發送信號：第一排綠色信號燈 1 號、2 號、3 號分別表示前場左、中線和右 3 個位置區域；第二排黃色信號燈 4 號、5 號、6 號分別代表中場左、中心位置和右 3 個位置區域；第三排紅色信號燈 7 號、8 號、9 號則分別代表後場左、中線和右 3 個位置區域。

當練習者看到 3 號綠色信號燈閃亮時，迅速起動用正手上網步法向右側前場區域移動，並進行揮拍擊球動作。

當看到 5 號黃色信號燈閃亮時，進行中場近身接殺球揮拍擊球動作。

當看到 7 號紅色信號燈閃亮時，用後場頭頂後退步法迅速向左後場區域移動，並進行揮拍擊球動作。

羽毛球運動理論與實踐

當熟悉以上練習後，應進一步增加練習難度，除完成快速移動揮拍動作外，還應要求分配一定的注意力，對信號燈代表的數字進行加減乘除運算。例如，連續向練習者發出綠燈 3 號、紅燈 7 號和黃燈 5 號的 3 次移動指令，練習者接到指令後，迅速準確地向正手右前場、頭頂左後場和中場位置移動，同時將 3、7、5 這 3 個數字相加，完成移動揮拍擊球動作後立刻給出其和數。隨著練習熟練度提高，可不斷加大難度，連續給出 5 次、7 次指令為一小組，同時變換加減乘除運算。

2. 意念暗示練習

此項練習是練習者在自身意念支配下，自行做無球移動揮拍動作，目的在於排除雜念，將注意力全部集中於練習的動作上，以利儘快掌握技術動作。從發球開始，大聲說出指令，如「墊步上網接吊搓球——並步後退起跳扣殺——交叉步上網推球——蹬跨步接殺球勾對角——蹬跨步上網挑球」等，同時根據口令快速移動，迅速完成揮拍擊球動作。練習者全神貫注、反覆多次練習，不但不會覺得枯燥，而且腦體並用，練習「真實」、有效。

3. 直觀分析練習

利用攝影機輔助教具，拍攝場上技、戰術動作，在課前或課後利用部分時間，觀看並分析錄影中的技術動作，指出不足，告訴學生如何改正，提出有針對性的建議，這樣效果更好。

（七）增強球感的練習

透過各種類似擊球動作，做各種傳接羽毛球練習，熟識球性，增強與球體之間的距離感，這是一項有效的場外擊球輔助性練習。

1. 抓球練習

練習者在判斷來球方向的同時，眼睛注視來球，迅速將空中的羽毛球牢牢抓住。

2. 拋球練習

用食指和拇指捏住球托使之向前，羽毛向後，將球托底部架在中指第一指節處，以類似握筆的方法持住球，掌心完全空出，用上臂帶動前臂再帶動手腕先向後屈伸揮引，再向前抖動手腕，靠手指力量將球向前上方拋出，體會高手擊球發力的動作。

3. 傳接球練習

以發球擊球動作用手掌做傳接球的練習。傳球方將羽毛球托向前，平放於手掌心中，手臂在體側先向後擺動，再用發球擊球動作將球向前傳出。接球方則向來球方向伸出手臂，用手掌接住來球，平穩地拉回體側再向後擺，同時用手指將球迅速調頭使球托朝前，再將球傳出，如此反覆練習。

4. 拋接球練習

用食指和拇指捏住球托，掌心向上，球托向前，並將羽毛球控制在掌心，兩腳

前後開立（右腳在前，左腳在後），用挑球擊球動作全力將球向上拋起，再用手接住，然後手指迅速將球的位置調整成開始狀態，再次拋接球，如此反覆練習。

（八）步法練習

步法練習要注意判斷、起動、移動、回動幾個動作的銜接，要求各個動作快速完成，身體重心在攻防轉換過程中調整好，前後左右場聯貫合理，步幅大。

1. 徒手分解步法練習

徒手分解步法是將前場上網、中場接殺和後場後退步法分開，反覆練習。

後場至前場直線進退步法練習：由場地端線開始，快速全力向前衝跑至網前（圖 6-1），跨步用手觸網後迅速後退至底線完成起跳擊球動作，然後快速再次向前跑。反覆練習。

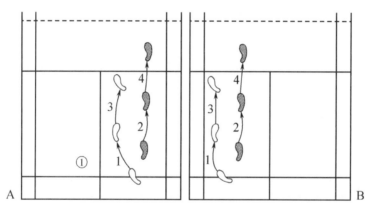

A 正手後場直線進退步法練習　　B 頭頂後場直線進退步法練習

圖 6-1

中場左右兩側移動練習：面向球網，用接殺球步法向右邊線移動並用手觸地，然後迅速退回中心位置，再用反手接殺球步法向左側邊線移動並觸地，反覆練習。

低重心前、後場四角步法練習：練習者由場地中心位置開始，以低重心正手上網步法向右前場快速移動，當手觸摸邊線與前發球線交接點後，迅速退回場地中心位置，同時轉體用反手被動步法向左後場方向快速移動，用手觸摸邊線與雙打後發球交接點後，再迅速退回中心位置。再用反手反向做上述動作，重複進行場地四角跑練習。

2. 擊球分解步法練習

徒手步法分解練習與實戰擊球相結合，體會身體重心、移動時間與擊球動作的協調。以上網步法為例，從中心位置開始移動至右前場擊球，另一人在網前為練習者拋球，練習者有意識地在「上」的同時起動，出左腳——交叉步向來球移動——「打」完成擊球——「退」右腳蹬地向中心回位。反覆進行移動中的擊球練習，熟悉鞏固擊球步法。

3. 擊球連接步法練習

降低練習難度，固定擊球點，以交叉步、並步等步法，配合多球進行聯貫步法練習，提高場上步法移動的速度。

前場步法連接中場接殺：練習者向前場移動做徒手揮拍步法後，教師迅速從網前向中場邊線撲殺球，練習者從前場向中場快速移動接殺球（圖6-2），再上網做徒手揮拍。

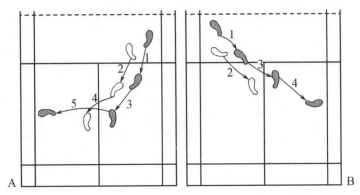

A 正手上網連接反手接殺步法　　B 反手上網連接正手接殺步法

圖 6-2

後場步法連接上網擊球：練習者向後場做徒手揮拍後退步法後，教師給一網前球，練習者迅速上網擊球（圖6-3），再後退做徒手揮拍步法，再上網擊球。反覆練習。

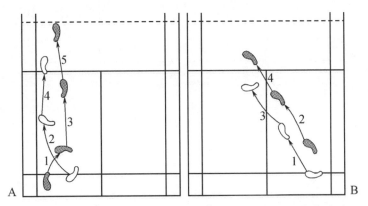

A 反手後場連接反手上網步法　　B 正手後場連接反手上網步法

圖 6-3

前場步法連接後場擊球：練習者向前場移動做徒手揮拍上網步法後，教師迅速發一後場球，迫使練習者從前場快速向後場移動擊球（圖6-4），再向前上網做徒手揮拍步法，再後退擊球。反覆練習。

後場步法連接中場接殺：練習者向後場移動做徒手揮拍步法後，教師迅速從網前發中場邊線撲殺球，練習者從後場向中場快速移動接殺球（圖6-5），再後退做

149

徒手揮拍。

　　後場反手步法接中場殺球：練習者向後場移動做反手徒手揮拍步法後，教師迅速從網前向中場正手邊線撲殺球，練習者從後場向中場快速移動用正手接殺球（圖6-6），再後退做徒手揮拍。如此反覆練習。

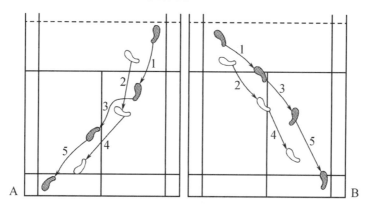

A 正手前場連接後場反手步法　　B 反手前場連接後場正手步法

圖 6-4

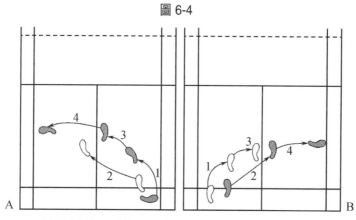

A 正手後場連接反手接殺步法　　B 頭頂後場連接正手接殺步法

圖 6-5

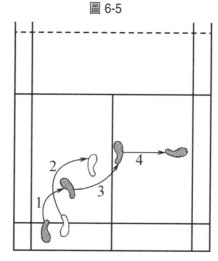

圖 6-6 反手後場步法連接正手接殺球步法

羽毛球運動理論與實踐

4. 全場綜合步法練習

結合比賽實戰情況，將前場、中場和後場步法組合在一起，進行反覆練習。

提高步法反應速度練習：以手勢信號、聲音信號和光亮信號引導，進行起動步法或全場步法練習。例如，教師以手勢指揮，學生看見手勢立即向相同方向（也可事先約定向相反的方向）移動。教師可指示全場 6 個點，也可重複指示某一點，以加強身體轉動、往返跑動的能力；或是以放鬆步準備，聽到教師發出移動口令後立刻起步移動。

踩點步法練習：根據步法技術要求，用油漆或粉筆在地上畫出明顯的左右腳印，練習時照著腳印移動腳步，以提高步幅的準確度。

（九）多球練習

進行多球練習可集中持續使用舊球，節約訓練成本。這種練習，可減少撿球時間，在單位時間內提高練習次數，增加練習強度；也可在多球練習中重複同一擊球動作，以加強對擊球動作要領的掌握，鞏固正確擊球姿勢。

多球練習運用較普遍，形式多樣，在後面介紹的各項技術練習中均可採用多球練習方法。

二、握拍技術練習的內容與方法

根據正確握拍技術要領進行如下握拍練習。

（一）正、反基本握拍練習

持拍手自由轉動拍柄，再依照要領握住拍柄，然後檢查握拍位置是否正確。透過反覆練習，逐漸達到不用眼看，僅憑手感就能做得正確。

（二）持拍撿球練習

用正拍撿球時，持拍手掌心虛握拍柄，以拍框左側貼著羽毛球右側觸地，使拍面呈斜形，前臂迅速外旋，同時用手指捻動拍柄，用拍面將地上的羽毛球輕輕「刮起」，使之停在拍面上。

用反拍面撿球時則相反。

（三）接控球練習

持拍手掌心虛握拍柄，將球拋高，用正或反拍面將球接住並使之滯留控制在拍面上，拉回體前。

接球時，球拍要有隨球下降的緩衝動作，以便讓球停留在拍面上，避免彈起。從中體會拍、手、球和眼四位一體的協調和融合，增強球感。

（四）抬球練習

參照本節「一」之「（四）抬球練習」方法進行抬球練習，體會握拍和發力動作。

（五）正反拍轉換接球練習

陪練者站前場 T 字的位置上，從網上將球擊向練習者腰部位置附近的正、反拍區域。練習者站立於中後場，放鬆握拍，根據來球方向，迅速調整握拍方式，用正或反拍面將來球在齊網高度平行回擊過去。注意體會手指控制下正、反拍面的轉換。

（六）鬆緊握拍發力練習

運用第三章第一節「二、」之「（一）」的「2.」中所描述的槓桿發力方法，由鬆至緊反覆練習鬆緊握拍發力。

發力動作練習是羽毛球基本技術訓練中最細膩、最精巧，也是最為關鍵的一項內容，透過它可掌握擊球力量並控制擊球落點，訓練中應緊緊抓住這一環節。

三、發球、接發球技、戰術練習的內容與方法

發球技術動作相互間遷移性極強，各種發球技術之間既有共同點也有不同之處。正手發高遠球技術是正手一切發球的基礎，掌握好正手發高遠球技術，便能融會貫通其他發球技術。掌握正手發高遠球技術後，再學習發小球、平高球和平射球技術，再學習反手發球技術。

（一）發球、接發球技術教學訓練步驟

① 觀看完整發球、接發球技術示範，透過講解、示範等直觀教學方法，詳細瞭解、掌握發球、接發球技術動作要領，牢固樹立動作概念。

② 根據動作要領進行揮拍模仿練習，固定正確發球的動作姿勢。

③ 進行各種輔助練習，幫助體會技術要領。

④ 持球上場進行簡單發球、接發球練習，起初不要對發球的速度、落點和線路變化要求太高，只要求擊中球，體會技術要領即可；隨著技術逐步掌握，再進一步提高對發球品質、命中率的要求。

⑤ 嚴格遵守發球規則，養成合法發球習慣。初學時如不作嚴格要求，養成不良的習慣後，參加正規比賽時在嚴格發球規則的規定下很難發出高品質的合法發球。

⑥ 進行實戰發球、接發球練習。掌握了正確接發球動作要領後，增設對手，在有對手壓力情形下進行實戰發球練習，提高發球技術水準。

（二）發球、接發球教學訓練內容與方法

1. 揮拍練習

起初可放慢技術動作，模仿發球和接發球動作要領，體會其中規律：縮小發球動作，體會發後場球時手腕由伸至展腕閃動發力的順序；體會發小球時手腕由外展至內收以斜拍面「切」擊球托的感覺；模擬正常發球、接發球技術動作，進行完整發球、接發球動作揮拍練習。

2. 抬球輔助練習

正手放鬆握拍，以類似挑球動作，手腕由伸至展，運用屈指發力方法，全力向上方抬擊球，抬擊得越高、發力越充分越好。這個練習主要幫助體會正手發後場高遠球的擊球發力方法，並提高擊球的發力能力，是一項幫助掌握發球技術的有效輔助練習方法。

3. 多球發球、接發球練習

多球固定發球、接發球練習：發球者從裝有很多羽毛球的球筐裏取球，分別向規定的 1、2、3、4 號位發球，接發球者做好充分準備，向固定來球位置移動接發球。要求發球方瞄準某一落點連續發球，接發球者則體會正確動作要領，在保證命中率的基礎上提高接發球品質。如 30 個×6 組進行正手發後場高遠球和接高遠球練習，或 10～15 分鐘的持續發小球和接小球練習。再如某一選手的弱項是接發頭頂平射球，則發球者可站在中場持續地發頭頂區域平射球，接球者連續地接平射球，一定次數後再換其他位置進行練習。

多球不定點發球、接發球練習：此種練習方法比前一種難度更大，方法相同，但是發球路線不固定，這就增加了接球者的難度，要求更積極地準備，從判斷來球、選擇站位、接發球方法到接發球技術的運用等方面開動腦筋，摸索並體會其內在規律，爭取在接發球上掌握主動。

設定發球、接球區域的練習：練習發球、接球時，如無品質要求，隨意地進行發球和接發球，形成低品質的重複練習，效果不佳。應該在正確理解和掌握發球、接球技術要領的基礎上，對發球、接球品質提出更高要求，如：

要求發小球擦網而過，過網高度控制在 10 公分以內。在球網上方設置固定參照物，控制發小球的過網高度：用長木條豎直固定在球網兩側，用一根細繩以高出球網頂端 20 公分的高度，固定在木條頂端。練習者瞄準球網與細繩之間空隙，使發出的球從細繩和球網之間穿過。

對發球、接發球也可相應規定落點範圍，如發 1 號位小球時落點靠近中線、發 2 號位小球時落點靠近邊線與前發球線的交點、發後場高遠球時落點在端線與邊線或端線與中線交點附近、發平射球時與球網平行直射對方端線等。方法是在場地上畫出發球、接發球落點範圍，練習者瞄準規定範圍反覆多次進行發球、接球練習，設法將球發到或接近規定的落點範圍內。

4. 發球、接發球對抗練習

發球和接發球是一項互動技術。接發球選手能力越強、水準越高，越能促進發球選手提高發球技能。在對抗情況下，發球者必須提高發球品質才能爭取主動。如對方能從容地對發球做出準確判斷，並迅速移動搶高點成功接發球，提高命中率，則表明其發球品質不高，未能對接球方構成任何威脅，此時應該設法改進發球方法。如接球方不適應發球，出現判斷失誤，或是接發球打點位置不合理，回球不能構成威脅，則表明發球品質高，選手掌控了發球的主動性。

增加接發球對立面的發球練習：以右區發網前小球為例，先發接發球方的邊線球 10 次，後發靠近中線球 10 次，再發中路球 10 次，然後再發不固定方向球10次。左右接發球區交換練習，40 次為一組。這樣接發球者有目的、有意識搶點接球，對發球者產生心理壓力，能更好地適應比賽。

發球、接發球前三拍記分比賽練習：在接近實戰比賽情景下，配合戰術需要，進行多種發球、接發球練習。兩名實力均等的選手，為提高某一選手接發球水準，規定一局比賽中由一人做全部發球，接發球方由於在一局比賽中始終處於被動接發球地位，可獲得 5 分的讓球。這個練習在記分比賽壓力刺激作用下，練習者興奮性提高，發球、接發球較投入，效果較好。

強化接發球練習：第一，針對選手在接發前場小球時不積極主動搶點搓、推或是撲球，而是出手低，由下往上起高球以致出現被動挨打狀況，接發球練習中硬性規定接發球線路，不求比賽勝負，強迫要求接發球以搶點搓、推或是撲，統計成功率和運用率。如果接發球時未按規定要求做，該搶高點撲的球不搶，該推的不推，該搓的不敢搓，處理球方式過於穩妥，那麼儘管未失誤，卻未給對方造成威脅，也算失分。這樣，有助於迅速提高接發球搶攻能力，而且可改變選手不良的接發球習慣。第二，為適應不同選手的發球風格，增強接發球的能力，可採用多人以不同的特點發球，進行接發球練習。方法是幾名不同發球特點和風格的選手，以記分比賽的方式，輪流上場與同一名選手進行比賽，讓接發球者適應多種多樣的發球。接發球者還可以根據自己的技術和打法特點，設計幾套接發球路線配套戰術，有計畫、有重點地進行練習，增強接發球技術練習的目的性。

無論採用什麼方式的發球、接發球練習，都對發球者要求靈活變化落點、出手隱蔽突然、命中率高、落點準確；對接發球者要求接前場球出手快、搶點高，接後場球動作隱蔽、出手突然等。

四、擊球技、戰術練習的內容與方法

（一）固定擊球技術單線球路練習方法

前場、中場和後場各種單一擊球線路技術練習：練習者站立於場地某一固定點，按規定的擊球技術和線路進行練習，體會擊球動作要領。

一對一直線擊高遠球、吊（劈）球、殺球和平抽平擋球，左、右場區各點交替進行。從固定點沿邊線對擊高遠球、吊（劈）球、殺球和平抽平擋球。

一對一斜線擊高遠球、吊（劈）球、殺球和平抽平擋球，左、右場區各點交替進行。從固定點沿對角斜線對擊高遠球、吊（劈）球、殺球和平抽平擋球。

一對一搓球、勾對角、推球等直、斜線前場擊球技術練習。具體方法同上。

練習過程中要注意尋找最佳擊球點，練習開始時注意體會擊球要領，擊球力量可以適當小一些，熟練掌握擊球動作後可加大擊球力量。

一對一殺球上網練習：固定一方殺直線後上對角網前搓小球，一方接殺球勾對角後上網挑球的練習；或是固定一方殺直線後上直線網前推球，一方接殺放直線後回擊後場高球；或是一方殺球後，不固定上網或重複擊後場球，一方接殺球不固定放網前或挑後場球，以增加判斷難度，根據擊球情況掌握回位節奏，選取合適的位置。

（二）固定擊球技術複線球路練習方法

在固定擊球技術單線練習基礎上，規定擊球技術，不固定擊球線路（直線、斜線球路隨意）的一種練習方法。加大練習者的判斷難度，增加步法移動的不確定因素，使練習更進一步接近比賽。

一點打兩點練習：練習的一方固定一點，不固定直、斜線擊高遠球、吊（劈）球、殺球、平抽平擋、挑球和推球；另一方則加強判斷，將對方擊來的高遠球、吊（劈）球、殺球、平抽平擋、挑球和推球回擊到固定的點。左、右場區各點交替進行（圖 6-7）。

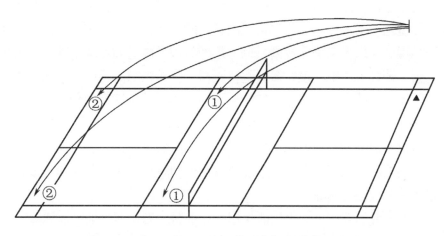

① 吊球一點吊兩點練習　② 高（平高）球一點打兩點練習

圖 6-7

兩點打一點練習：陪練方固定場區一個點，依次向主練者擊一次直線球、一次對角線球（即兩個點）；主練者將直線、對角線球回擊至陪練方固定的一個點上。

高遠球、吊球、殺球或劈球都可以進行這個練習。練習時在左、右場區交替進行，注意手腳協調配合，移動中尋找最佳擊球點。待以上練習進一步熟悉後，可加大難度，陪練者不固定擊直線、對角線球，練習者在判斷中完成不固定的兩點打一點移動擊球練習（圖6-8）。

兩點打兩點練習：練習雙方均以直線、對角線不固定的兩點擊高遠球、吊（劈）球、殺球、平抽平擋球、挑球和推球進行練習。這項練習隨意性加強，難度加大，更接近實戰。

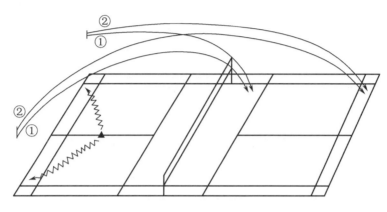

① 吊球兩點吊一點練習　② 高（平高）球兩點打一點練習

圖 6-8

（三）不固定擊球技術複線球路練習方法

一點打六點練習：後場、中場和前場技術分組練習，體會動作的一致性。練習者從中心位置起動，向來球方向移動，完成擊球後向中心位置回動，再開始重複以上動作，反覆地練習。擊球線路也可以由單一的一次直線、一次對角線變為任意擊直線或對角線球。以後場擊球技術為例，陪練者用多球送高遠球至練習者後場區某一固定位置，練習者由中心位置後退進行直線、對角線擊高遠球、吊球和殺球等六種線路擊球練習，體會後場擊球動作的一致性、突變性、穩定性和準確性。此項練習若採用多球進行練習，可以減少撿球時間，加大練習密度，有利於鞏固擊球動作。

多球邊線接殺練習：在中場放一高凳，發球者站在高凳上，用力將球扣殺到左、右中場邊線附近，練習者由中心位置準備，判斷起動後向左或向右移動，用各種接殺球技術進行接殺球練習。

平抽平擋練習：方法是規定只能採用平球進行全力快速平抽平擋球練習。要求迎球快打、近打和平打。可以做直線定點平抽平擋練習，也可做不固定的平抽平擋練習。

（四）增強對立面練習方法

二一式兩點打四點練習：主練方一人從後場不固定的兩個點進行高、吊擊球練

習，陪練方二人在左右半場接高球和吊球。也可以主練一人前場兩個點和後場兩個點接高、吊球，陪練方二人分別站在後場兩個點擊高球和吊球。

二一式全場進攻和防守練習：這是單打訓練中較常用的綜合球路練習方法。主練方一人，陪練方二人（採用前後站位或是左右分邊站位）。主練者全場進攻時，可根據需要選擇高、吊和殺進攻上網搓、推和勾控制網前進行全場進攻。陪練方二人左右半場分邊站位，由於縮小移動範圍，增強了防守力量，加大了主練方的進攻難度。主練方防守時，陪練方一人站前場，一人站後場，以不固定線路全力進攻。主練方根據來球情況和場上所處位置選擇適當擊球方式，全力防守對方快速凌厲的進攻。

二一式吊殺進攻和防守練習：練習方法基本同二一式全場高吊殺進攻和防守練習，只是將高吊殺 3 項進攻和防守練習改為吊殺兩項進攻和防守技術練習。防守練習中可採用固定和不固定線路：固定線路規定接吊球或是殺球只能回擊前場小球，進攻方每次吊球、殺球進攻後，都必須向前場跑動上網接小球；如果防守方採用不固定線路回擊，接殺球可以挑或平抽後場配合接殺放或是勾前場小球進行回擊，進攻方每次進攻後不直接向前場跑動接球，而需停至中心判斷，確定來球方向後，再向前或是向後移動接球，這加大了練習難度，也使練習更具實戰性。

二一式一點打兩點高、吊練習：主練方一人從後場固定點擊高球和吊球，注意後場高吊動作的一致性。陪練方一人站前場回擊吊球，一人站後場回擊高球，提高練習密度。

二一式兩點打兩點吊、殺練習：主練方一人從後場不同的兩點擊吊球和殺球，注意不同擊球位置適時選擇不同的擊球技術。陪練方一人站前場回擊吊球，一人站中場回擊殺球，移動範圍縮小，速度提高。

三一式進攻防守練習：主練方一人，陪練方三人，多用於單、雙打的防守練習中。單打主練方全場防守時，陪練方後場二人進攻，前場一人控制網前。擊球速度加快，主練方難度加大。雙打主練方半場防守，陪練方後場兩人大力進攻，前場一人積極封網，加大攻擊的密度和力度，是一種有效的雙打防守練習方法。

四二式防守練習：主練方兩人，陪練方四人，用於雙打防守練習。主練方兩人模擬比賽環境進行全場防守，陪練方後場兩人大力強攻，前場兩人嚴密封網，形成後攻前封勢頭，極大地加強了擊球力度，是雙打防守練習中加強對立面的一種有效練習方法。

四一式防守練習：用於雙打防守訓練，練習方法基本同四二式，只是主練方一人半場防守，陪練方由四人組成，兩人在前場封網，兩人在後場進攻，加大進攻密度和力度。

男陪女式練習：女選手主練，男選手陪練。依靠男選手大力的擊球、快速的移動和控制來強化女選手的訓練，增強對立面，加大訓練強度和密度，帶動女選手的速度，是發展女選手全面能力的一種有效訓練方法。

五、記分比賽的練習方法

(1) **控制後場擊球落點的技術訓練**。可採用常規比賽記分規則,特別規定後場擊球落點只要未能超過雙打後場發球線就算輸一分,以迫使選手加倍注意,使其儘可能將球擊得深遠一些。

(2) **克服選手形成反手擊後場球的不良習慣**。規定必須用頭頂擊球代替用反手擊後場球,否則就算輸一分,以敦促選手用頭頂擊球方式擊左後場區域的來球,使其養成良好的擊球習慣,提高場上擊球的速度和威脅性。

(3) **改進後場突擊點殺技術和前場撲球技術**。在記分練習比賽中規定,只要是運用突擊點殺或是前場撲球技術勝一分者,就算勝一局;或是為提高發球品質,減少發球失誤,規定三分一局比賽,發球失誤一次就判為輸一局。

(4) **半場記分練習**(即半場綜合球路):規定中線、端線和雙打邊線的半場區域內,用任意技術進行記分比賽。目的是降低難度,減小跑動範圍,提高練習興趣,強調控制球能力,減少失誤。

(5) **每球得分制練習**:這種將基本技術練習與比賽結合起來的練習方法,可使基本技術練習既緊張投入,又具有針對性,不但能提高選手的訓練興趣,也有助於提高其戰術意識。

六、綜合球路的練習方法

(一)吊球、殺球半固定線路

1 拍右場區發後場高遠球,2 拍後場正手對角線吊球(圖 6-9,圖中 1、3、5 等單數實線表示選手 A 的發球和擊球路線,2、4、6 等雙數虛線表示選手 B 的回球路線,以下圖 6-10—圖 6-12 均同),3 拍網前正手挑中後場直線球,4 拍中後場頭頂直線殺球,5 拍中場正手接殺球勾前場對角線小球,6 拍前場正手挑對角線後場高球,7 拍後場正手直線吊球,8 拍前場反手挑對角線中後場高球,9 拍中後場頭頂直線殺球,10 拍中場正手接殺球挑對角線高球,11 拍中後場正手直線殺球,12 拍中場反手接殺勾對角線球,13 拍前場反手挑直線球(第二回合開始),以此反覆練習。本節介紹的線路圖均以右手持拍為例。

(二)殺球上網固定線路

1 拍右場區發後場高遠球(圖 6-10),2 拍後場正手回擊直線高遠球或平高球,3 拍後場頭頂擊對角線殺球,4 拍中場反手接殺球放直線網前,5 拍正手勾對角線小球,6 拍前場正手搓小球,7 拍前場反手勾對角線小球,8 拍前場反手推後場對角線球,9 拍(重複第 3 拍線路)後場頭頂擊對角線殺球(第二回合開始),以此反覆練習。

羽毛球運動理論與實踐

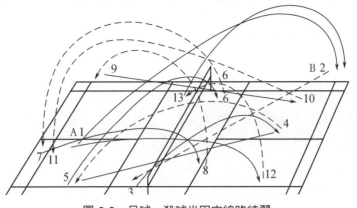

圖 6-9　吊球、殺球半固定線路練習

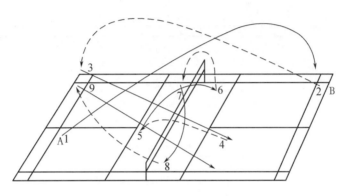

圖 6-10　殺球上網固定線路

（三）殺球上網搓小球固定線路

　　1 拍右場區發後場高遠球（圖 6-11），2 拍後場正手回擊直線高遠球或平高球，3 拍後場頭頂擊對角線殺球，4 拍中場反手接殺球放直線網前，5 拍前場正手搓網前小球，6 拍前場反手挑直線後場高球，7 拍後場正手對角線殺球，8 拍中場正手接殺放網前小球，9 拍前場反手搓網前小球，10 拍前場正手挑直線後場高球，11 拍（重複第 3 拍）後場頭頂擊對角線殺球（第二回合開始），以此反覆練習。

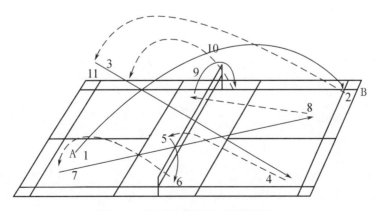

圖 6-11　殺球上網搓小球固定線路

（四）殺球上網推球固定線路

1 拍右場區發後場高遠球（圖 6-12），2 拍後場正手回擊直線高遠球或平高球，3 拍後場頭頂擊對角線殺球，4 拍中場反手接殺球放直線網前，5 拍前場正手推後場直線球，6 拍後場頭頂回擊對角線高球，7 拍（重複第 3 拍）後場頭頂擊對角線殺球（第二回合開始），以此反覆練習。

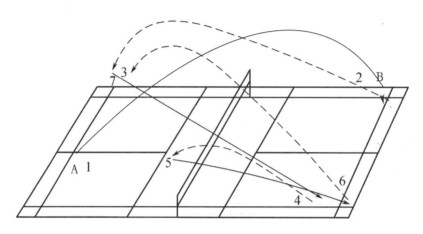

圖 6-12　殺球上網推球固定線路

（五）高（平高）球、吊球半固定線路

1 拍左場區發高遠球（圖 6-13），2 拍後場頭頂擊高遠球或平高球，3 拍後場正手直線吊球，4 拍網前反手放直線小球，5 拍網前正手重複回放網前小球，6拍網前反手挑對角線高球，7 拍後場頭頂小斜線高遠球或平高球，8 拍後場正手斜線吊球，9 拍網前反手放直線小球，10 拍網前正手挑對角線高球，11 拍（重複第 3 拍）後場正手直線吊球（第二回合開始），以此反覆練習。

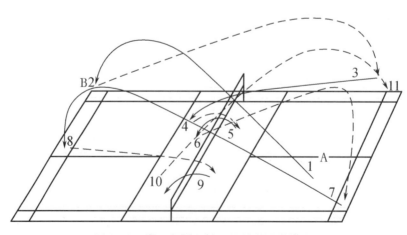

圖 6-13　高（平高）球、吊球半固定線路

羽毛球運動理論與實踐

（六）高、吊、殺半固定線路

1 拍左場區發後場高遠球（圖 6-14），2 拍後場頭頂回擊直線高遠球或平高球，3 拍後場正手重複擊直線高遠球或平高球，4 拍後場頭頂對角線殺球，5 拍中場反手接殺球挑直線後場高球，6 拍後場正手回擊直線高遠球或平高球，7 拍後場頭頂重複擊直線高遠球或平高球，8 拍後場正手對角線吊球，9 拍前場正手挑直線高球，10 拍（重複第 2 拍）頭頂回擊直線高遠球或平高球（第二個回合開始），以此反覆練習。

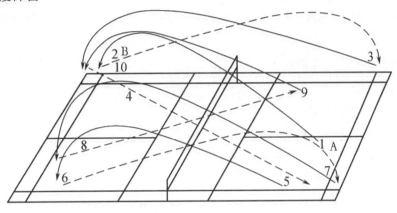

圖 6-14　高、吊、殺半固定線路

第三節 🏸 實戰擊球技術診斷

一、握拍和接球前準備技術診斷

（一）握拍技術診斷

1. 握拍手形錯誤

正手位置發球或是擊球時（包括頭頂擊球），持拍手的虎口對在第一或第四條斜棱上，或是拍柄寬面上，影響擊球發力效果和擊球拍面的角度。正確的位置是虎口對準第二條斜棱。

2. 拳頭狀握拍錯誤

整個持拍手手掌如同握拳一樣地將拍柄緊緊攢住，手指與拍柄呈垂直狀，握拍轉換不靈活。正確方法應是持拍手與拍柄呈斜形，拇指、食指放鬆貼在拍柄寬面的兩側，控制擊球方向，其餘三指以一般鬆緊度持住球拍，不使球拍滑落即可。

3. 食指位置錯誤

擊球時食指按在拍柄寬面的上部，僅用其餘四指攢住球拍，此種握拍手型無論

正手或是反手擊球時都會無力。食指在擊球過程中，特別是擊正手球時，發揮的作用非常重要，必須使其放鬆，屈指貼在球拍柄寬面上。

4. 全手掌握拍錯誤

此種握拍後場球沒有發力空間，擊球無力；前場球動作不細膩，控制球拍不靈活。擊球前握拍手指必須放鬆，後場位置擊球一緊一鬆，運用桿槓原理屈指發力。在前場位置擊球時各手指的第一指節要貼靠在球拍柄上，使掌心完全空出，依靠手指捻動球拍發力。

5. 反手接殺球勾對角握拍錯誤

反手接殺勾對角小球時，持拍手的虎口對在第一條斜棱上，影響擊球時的拍面角度，對角線球出球角度大。

應將虎口對在第三條斜棱上，掌心完全空出，這樣才能得到最佳勾對角線球的擊球拍面角度。

6. 反手擊球握拍錯誤

擊反手球時未調整為反手握拍，拇指未前頂，食指沒有明顯下靠動作，影響反手發力擊球。合理的反手握拍方式是在正手握拍基礎上，拇指上移前頂，食指下靠，配合其餘三指迅速調整為反手握拍發力擊球。如果擊反手球時還保持擊正手球的握拍方式，則擊球無力。

（二）接球前的準備姿勢和站位診斷

1. 準備接球前持拍手臂下垂錯誤

持拍手臂下垂將球拍拖在體側，影響肩部以上位置來球的回擊速度。

2. 拍頭下垂錯誤

雖然持拍手準備抬起了，但未展腕，拍頭仍是下垂，這樣的持拍姿勢仍然不利於迅速而有效地還擊對方的快速高手位置的進攻殺球。

3. 持拍手位置錯誤

準備接球前，持拍手持拍偏向右上側，不利於還擊對方突然殺向身體左下方的來球；或是準備擊球前，持拍手過於放在左上側，這種情況不利於還擊對方突然擊向右下方的球。

準備擊球前，持拍手的位置應在體前中部，這樣能照顧到身體左右上下各個點的來球。持拍手準備時任一位置偏離都會影響還擊對應側來球的速度。

4. 準備姿勢全腳掌觸地錯誤

準備接球前，腳跟未提起，整個腳掌著地，這樣不利於快速起動。因為起動時，身體重心要從腳跟著地狀態開始前移，過渡到前腳掌才能蹬地起動，這一過程浪費時間，失去快速起動和移動的機會。因此，只要場上羽毛球沒有「落地」，雙腳後跟就應提起，將重心放在兩腳前腳掌之間，保持隨時都能夠快速判斷和做出起動反應的狀態。

5. 準備姿勢腳步站法錯誤

接球前準備姿勢左腳前、右腳後的站位，不利於向右前方正手前場區域和左後方頭頂後場區域的起動與移動。合理的站位姿勢應當是將右腳置於左腳前半步，這樣便於起動時能夠用上右腳的蹬力，加快移動的速度。

6. 準備姿勢重心過高錯誤

準備接球前，以腿部直立的狀態準備，會影響起動的速度。合理姿勢是接球前雙膝稍稍彎曲，身體重心在兩腳前腳掌之間，隨時準備判斷來球方向，這樣的姿勢有利於快速起動和移動。

二、發球、接發球技術診斷

（一）發球技術診斷

1. 延誤發球錯誤

一旦發球員和接發球員做好準備，任何一方都不得延誤發球。發球時，發球員球拍的拍頭後擺開始，任何遲滯都是延誤發球。發球開始後，發球員必須連續向前揮拍直至將球發出。

2. 發球腳步移動錯誤

從發球開始，至發球結束前，發球員和接發球員的兩腳，都必須有一部分與地面接觸，不得移動。另外，發球員和接發球員應站在斜對角的發球區內，腳不得觸及發球區和接發球區的界線。

3. 發球錯區

單打發球的有效區域是：場地中線將長方形的場地一分為二，場地中線右邊連接的端線、單打右邊線和前發球線構成的區域稱為單打右發球區。場地中線左邊連接的端線、單打左邊線和前發球線構成的區域稱為左發球區。選手在右發球區發球時，必須將球發在與對方場地對應的右發球區內才有效，如果發球者從右發區開始發球，卻將球發至對方場區的左發球區內，為發球錯區。

4. 發球站位錯誤

單打發球時，如果發球者的分數是單數，卻站在右發球區往對方右接發球區發球，則為發球站位錯誤。正確方法是：當發球者的分數為單數時，他必須站在左發球區往對方左接發球區內發球；當發球者的分數是雙數時，發球者必須站右發球區往對方右接發球區內發球。

（二）正手發球技術診斷

1. 正手發球擊球點錯誤

正手發後場高遠球時，擊球點靠近左腳位置，身體擋住發力的空間位置。正確的擊球點應在左腳的右前上方，這個位置利於發力。

2. 手臂提拉屈腕發力擊球錯誤

正手發後場高遠球發球不到位，不夠後，只到了中場或中後場位置。原因是擊球點在右肩下方，以肘為軸，前臂提拉屈腕發力擊球，發球力量不足。正確的發球應以手臂協調用力，擊球時「展腕」發力，並注意擊球拍面有適當的仰角。

3. 發小球「砍擊」發力錯誤

發小球過網時離網太高，被對方接發撲球直接進攻，由於對手擊球點高，回球速度又快，不易判斷，因而對我方非常不利。原因是發小球時未掌握好擊球時間和力量，而且以手腕「砍擊」發力擊球。正確方法應放鬆握拍，手腕帶動手指控制力量，以斜拍面摩擦擊球。

4. 發球後回收位置錯誤

正手發高遠球擊球後，持拍的右手隨慣性向身體右上方揮動，動作不協調，控制不好容易使球拍隨慣性擊中自己頭部。正確動作是發球後向左前上方揮動，為完成動作留有一定空間。

5. 發球時沒有轉體

發球過程中身體重心沒有隨身體的轉動而從右腳逐步移至左腳，或是身體在擊球過程中根本就沒有轉動，動作缺乏協調性，影響擊球的發力。合理的發球擊球動作為身體隨發球擊球引拍開始轉動，發球後轉體成正面向球網。

6. 盲目發球

不可盲目發球，例如對方接發球站位偏後，其注意力必在後場，網前出現空檔，這時就應發網前小球。如果此種情況下還發後場球，則正好方便對方接發球。如對方接發球站位靠前，其接發球注意力在前場，後場出現空檔，此時應該發後場球，如再發前場小球，則方便了對方接發球。

（三）接發球技術診斷

1. 接發球腳步準備姿勢錯誤

準備接發球時，雙腳的後跟同時著地，呈八字腳直立，身體重心在兩腿之間，不利於發揮突然起動和移動的速度。因為腳跟著地，身體重心自然偏後，當向前或是向後起動時，身體重心必須先移至前腳或是後腳上才能蹬地起動，這樣就會影響起動和移動的速度。

羽毛球運動的快速特點，要求在準備接發球時，膝關節稍有一定的彎曲，左腳全腳掌（包括後跟）著地，右腳後跟提起，右腳尖點地，這種準備姿勢，便於迅速向前場或是向後場蹬地起動和移動。

2. 接發球持拍手置拍錯誤

準備接發球時，持拍手握拍垂直置於體側，影響接上手高球和平射球的揮臂速度；持拍手置拍過於偏右或偏左側，也會影響接發球的出手動作速度，例如持拍手置拍過於偏向左側，雖有利於接反手位置來球，但會影響正手接發球的速度。

接發球時，持拍手應放鬆握拍，自然屈肘舉至體前，將球拍置於身體中部位置，拍頭略靠左，以便於接發各個方向的來球。

3. 接發球注意力分散

準備接發球時，如果全身肌肉鬆弛，注意力不集中，也會影響接發球品質。接發球時，應將持拍手置於身體前方中部，兩眼平視，集中注意力於判斷對方發球的方向上。

4. 接發球擺臂慢

雙打接發平射球，特別是接右發球區靠中線位置的平射球時，手臂舉拍揮臂速度慢，失去了最佳擊球時機。

接發平射球時，持拍手與拍柄接觸位置可以往上移一些，以便加快揮臂速度。另外，接發球準備時，通常情況下應取左腳在前、右腳在後的站位姿勢，以便向前後場移動接發球。

如果右腳在前，則往往不利於向前場移動。

5. 接發衝身小球動作大

接發衝身小球時，由於接球倉促，揮臂動作大，往往會控球失誤。遇到這種來球，首先應在心理上積極準備，不要慌亂，判斷來球方向後，將持拍手直接伸向來球，引拍動作要小，乾淨俐落地完成接發球。

6. 雙打接第三拍準備錯誤

雙打中當一人發球時，如果另一人站在後場雙腳直立，手臂垂於體側，則不利於接對方第三拍來球。此時應提起雙腳跟，稍屈膝，積極地準備接來球。

7. 接發球站位錯誤

接發球選擇站位應根據自己的打法和技術特點來決定，以單打為例，接發球站位應防止幾種情況：

第一，站位過前，這樣不利於接發後場區域的球；

第二，站位過後，這樣不利於接發前場區域的球；

第三，在右接發球區接發球時站位位置偏右，這樣不利於接發中線位置的平射球；

第四，在左接發球區接發球時站位偏右，這樣不利於接發相反區域的球。

三、前場擊球技術診斷

（一）前場腳步動作技術診斷

1. 左腳跨步上網錯誤

前場上網擊球步法最後一步出左腳，動作不協調，身體重心不穩。羽毛球的擊球步法與網球擊球步法不同，前場球擊球時，正確方法應是最後一步由右腳（右手持拍者）向來球方向邁出，與手臂配合，同時完成揮拍和跨步擊球動作。

2. 擊球點位置有偏差

前場擊球的擊球點角度和位置不好，原因是跨步方向與來球方向不一致。以正手擊前場球為例，如果跨步方向偏向來球方向左邊或是右邊，都會影響擊球點位置和擊球角度。正確的方法是前跨步腳的腳尖觸地時的方向應與來球方向一致。

3. 前場弓箭步觸地動作錯誤

前場擊球向前跨弓箭步的腳後跟觸地時，腳尖沒有一定的外展，重心前傾，從而影響回位速度。

正確姿勢是向前跨弓箭步時腳的後跟先觸地，同時腳尖稍有外展，以控制和緩解身體前衝的力量，擊球後就勢迅速向反方向後退回位。

4. 弓箭步姿勢錯誤

前場擊球跨弓箭步時小腿前擺不夠，並以前腳掌先觸地，膝關節位置超過了前腳掌，造成弓箭步時膝關節負擔過重，不但身體重心前傾過度，而且長久下去容易因膝蓋負擔過重而導致受傷。正確姿勢應是跨步時前腿的小腿迅速前擺，以跨步的腳跟先著地，髖部充分舒展，並用左腳拇指根部內側「刮」拉地面，緩解身體因衝力而過度前傾。

5. 低重心擊球

前場擊球時身體重心滯後，擊球點低，失去主動戰機。前場擊球時要加快腳步移動速度，迎著來球搶高點擊球，這樣才能爭取主動。

6. 擊球重心過高

前場擊球時未跨弓箭步，而是以站立姿勢撅著臀部擊球，不但身體重心不穩，影響擊球的穩定性，還縮短了移動距離。前場擊球採用向前跨弓箭步的方法較為合理，跨步時髖部要充分展開，身體與來球方向呈一條側斜線，左右手前後平舉拉開，用左腳拇趾內側「刮」地緩解身體前衝力量，以保持身體重心，增大步幅，縮短身體與來球之間的距離。

（二）前場擊球技術診斷

1. 甩上臂擊球的錯誤

前場正手挑球或是推後場球時，以肩為軸、手心對著自己、甩上臂屈腕擊球動作的錯誤，是由於引拍動作大、出球無力和速度慢造成的，既無威脅，又利於對方判斷，手腕還易受傷。

前場正手挑球和推球的正確發力動作是縮小引拍弧度，前臂稍外旋帶動手腕充分伸展，先以手心向前的狀態揮動，再依靠手腕內旋由伸至展發力，最後靠手指收緊球拍將球擊出。擊球完成後，手掌心向斜下方。

2. 前場反手屈腕甩上臂擊球的錯誤

前場反手挑球或是推後場球時，以肩為軸、手背向前、甩上臂伸腕擊球的錯誤，會使擊球無力，出球不夠後，不夠遠，且速度慢。擊反手前場挑球或推球的正

羽毛球運動理論與實踐

確發力動作是前臂稍內旋引拍，手背向上，展腕準備，擊球時前臂外旋帶動手腕，最後以手指收緊球拍柄，手收腕發力將球擊出。

3. 封網動作大的錯誤

前場封網引拍姿勢動作過大，揮臂速度慢，失去最佳擊球打點時機。前場封網時一般來球距離短，速度快，要求擊球手臂從引拍開始預擺動作和擊球動作都要小而快。正確姿勢是持拍手高舉準備，判斷來球後，手臂直接伸向來球，靠前臂帶動手腕手指完成引拍和擊球動作。

4. 觸網和過網擊球錯誤

規則規定，前場網上擊球時，球拍不能觸網或是過網，否則屬觸網或過網擊球違例。合法的擊球是球拍擊出球的瞬間應制動，勿使之觸網或過網。

以正手前場上網撲球為例，如果來球太貼近球網，為避免發力控制不住球拍而觸網或是過網，可採用沿球網軸線由右向左揮動球拍滑抹擊球方式發力擊球，否則，由於距離有限，擊球後不易制動手臂。

5. 前場勾球擊球角度不佳

前場勾對角球擊球角度不好，球過網太高且品質差。究其原因是步法不到位，造成擊球角度不夠大，切擊球托底部，控制不好擊球力量和落點。擊前場勾對角球首先要步法到位，爭取足夠的擊球角度，擊球瞬間握拍手掌心空出，靠手指控制，以球拍面擊球托的右下側，以利於控制球的落點。

6. 正手握拍擊反手球錯誤

用正手握拍方法擊前場反手位置推或挑後場球，影響發力動作，以致出球無力，球速慢。實戰中應針對對方的來球方向隨時調整好握拍，運用正手握拍擊正手位置的來球，運用反手握拍擊反手位置的來球。

7. 抬腿起動的錯誤

前場起動時，雙腳踝關節未用力向來球方向蹬地起動以獲得加速度的力量，而是向來球方向抬大腿邁步起動，移動速度慢。

正確的方法是，起動時應充分發揮踝關節和小腿的力量，蹬地時要有一定的爆發力，獲得起動加速度，同時快速變換步頻，這樣移動速度才快。

8. 步法無小步調整的錯誤

前場來球距離身體較遠時，上網步法起動後左腳往後撤，右腳直接邁出一步，勉強地擊球，造成了步法不到位的錯誤。此種情形下，起動後左腳應調整腳步邁出第一小步，右腳再邁出第二步弓箭蹬跨步，這樣才能輕鬆到位擊球。

9. 擊球時上下肢動作不一致

擊球時手腳配合不一致，影響了擊球效果。原因是在擊球瞬間手腳完成動作先後不一，或是先出腳再揮臂擊球，或是腳在揮臂擊球動作完成後才觸地。

正確方法應是上下肢協調配合，右腳在手臂完成擊球動作的瞬間，完成跨步觸地動作，擊球時手腳配合一致。

10. 挑球弧線過高或過平

前場挑後場球只高不往遠走，成半場「菜球」，方便了對方進攻，或是雖有遠度，但球的弧度太平，以致被對手攔擊。以上兩種出球方式都不合理。挑球或推球的弧線是由擊球時的拍面來控制掌握的，擊球拍面與地面仰角過大，球往高走，不往遠走；擊球拍面與地面仰角過小，球往遠走，但是出球弧線太平。

正確方法應根據場上實際情況，控制掌握出球的弧線。

11. 擊球動作不一致

前場搓球、推球、勾對角球和挑球等幾項擊球時引拍動作「一致性」不強，方便了對方判斷，影響了自己的出球威力。究其原因是由於挑球和推球擊球力量較大，擊球前引拍動作大，因而易顯現過分用力的動作姿勢；而搓球或是勾對角線球，擊球力量小而動作細膩，擊球前引拍就過分地小心謹慎，致使搓球和勾對角線球的引拍動作與挑球和推球不一致。

合理方式是無論運用何種前場擊球技術，擊球前的引拍動作都是一樣的，只是在擊球瞬間靠變換拍面角度和控制擊球力量來獲得不同的擊球效果。

四、中場擊球技術診斷

（一）接殺球技術診斷

1. 接殺擊球點偏後的錯誤

正手接殺球引拍動作大，出手動作慢，造成在身體後側擊球，失去最佳擊球點，或是漏接對方的快速殺球。這種殺球力量大而且速度快，如果步法起動移動慢，跟不上來球速度，必會使擊球點在身體側後方，失去最佳擊球時間和角度。

接殺球時應注意引拍預擺動作及發力動作都不能大，步法移動必須跟上來球節奏；擊球時，持拍手放鬆握拍直接伸向來球，爭取在身體側前方擊球，防止擊球時間遲緩，出球品質不佳。

2. 接近身殺球擊球點後的錯誤

中場接近身殺球時起動的雙腳向來球相反的方向做了後跳步後退，致使身體重心向後移，打點遲緩，造成接殺球消極被動。

中場接殺球速度快，首先要有「迎著」球擊的積極意識，接球前要稍降低身體重心，判斷來球後上下肢協調配合，迎球出手動作快，積極爭取以接殺球調動對方的意識，在體前完成擊球，保證回球品質。

3. 接殺球時未轉體

以中場正手接殺球步法為例，右腳弓箭步時腳尖未外展，未轉動，上下肢配合不協調，以致身體重心不穩。

判斷來球後，雙腳應迅速蹬地起動，髖部右轉，同時右腳向來球方向跨步，同前場擊球步法一樣，右腳以腳跟先著地，腳尖略外展，以腳尖和身體面向來球方向

的姿勢擊球，穩定身體重心。

4. 反手接殺引拍動作大

中場反手接殺球放網引拍動作大，打點位置滯後。合理接殺球放網動作應是持拍手放鬆握拍，稍引拍就直接伸向來球方向，擊球發力要根據來球的輕重，來球凶猛力量大，回擊球時幾乎不用發力，只要控制好合適的拍面角度，藉助來球的力量即可將球反彈過網。

5. 正手位置用反手姿勢接殺的錯誤

用反拍面接中場正手位置的殺球，擊球角度不好，回球落點受限制，且無威力。持拍手握拍鬆緊度要適宜，握拍轉換要靈活，根據來球方向隨時調整握拍，正手位置用正拍面正手姿勢擊球，反手位置用反拍面反手姿勢擊球。

6. 反手位置用正手姿勢擊球的錯誤

中場反手位置的殺球，卻用正拍面正手姿勢擊球，動作不協調，揮臂速度慢，擊球角度不好，回球威力不大。

中場這個位置的殺球，正確的回擊方法應用反拍面反手姿勢擊球，這樣可以獲得較好的擊球角度，並可任意選擇多變的回球落點。

7. 用反拍面回擊右肩附近位置球的錯誤

來球位置在右肩附近，正手持拍者用反拍面反手姿勢回擊是很不合理的。右肩附近的殺球，這個位置是近身接殺球的一個薄弱點，如果揮臂速度慢，轉換球拍慢，很難爭取擊球空間，回球較被動。

正確回擊這個位置殺球的方法，是判斷來球後持拍手腕迅速抬起後伸，用正拍面正手姿勢回擊。

8. 接殺球的準備姿勢錯誤

接殺球準備姿勢身體重心太高，舉拍太高。殺球的來球速度快，且擊球點低，高位準備姿勢不便於中場快速平行移動。被動接殺球的正確準備姿勢應採用平步站位，降低身體重心，持拍手放置體前。

9. 接殺的拍面仰角不適中

中場正反手接殺球放網或是接殺勾對角線小球過網太高。接殺球過網的弧度是由擊球時的拍面來控制的，擊球拍面與地面仰角過大，球過網則高；擊球拍面與地面仰角過小，球可能不過。

解決這一問題合理方法是根據來球弧線高低來調整擊球拍面，對方殺球弧度深而垂，接殺球拍面仰角要大些；對方的殺球弧度飄而浮，接殺球拍面仰角弧線相對要小些。

10. 接殺球收拍準備不充分

中場接殺擊球後未迅速收拍再做準備，而是放鬆拖置一側，影響了快速銜接下一拍球的連續性。

正確方法是接殺球後應將球拍迅速收回體前，積極做好下一拍的準備。

（二）中場抽殺球技術診斷

1. 抽殺球後舉拍慢

中場騰空抽殺球後未迅速舉拍保持連續抽殺下一拍球的姿勢，失去了主動連續進攻的機會。

通常抽殺球擊球速度快，對方回擊球的速度更快，如抽殺球進攻未得分，則必須有連續進攻的意識，擊球後要迅速舉拍，保持連續抽殺的積極準備姿勢。

2. 上下肢配合不一致

同前場擊球一樣，中場擊球也存在擊球時手法與步法配合不一致、擊球瞬間手腳動作先後不一的情況，如或是先出腳，再揮臂擊球；或是揮臂擊球動作完成後，腳才觸地。合理動作姿勢應是上下肢協調配合，當手臂完成擊球動作的瞬間，右腳同時完成跨步觸地動作。

五、後場擊球技術診斷

（一）腳步動作技術診斷

1. 起動蹬轉無力

判斷起動時踝關節未用上力，腳步的蹬地動作未透過前腳掌及踝關節的力量來獲得，而是依靠大腿抬步起動，也未轉髖進行配合，以致起動無加速度，無突然性。

2. 回位時停頓

後場起跳擊球時在空中無收腹動作，重心後倒，致使擊球後身體不能隨擊球慣性前移重心立即回位，而是在原地有短暫的停滯，多墊了一小步才回位，影響了下一拍球的速度。

正確動作應該是後場起跳擊球後，身體重心迅速由左腳後跟過渡到前腳掌上，即刻回位。

3. 高手位擊球時的錯誤

後退步法移動到位後，原地站立擊後場的高手位球，致使出球威脅不大。為了爭取更高的擊球點，使擊球更有威力，後場高手位擊球應盡可能地起跳在最高點擊球。另外，擊後場球理想的擊球點應在右肩和頭頂上方、持拍手幾乎伸直的最高點。

4. 擊球時準備動作不隱蔽

後場擊球準備時，仰面迎著球，未做側身動作，致使擊球動作不隱蔽，對方較易判斷出球的方向。

正確方法是後場各項擊球技術在擊球前均須保持一致的側身隱蔽準備姿勢，使對方在我方出球前，無法判斷出球線路。

（二）後場擊球技術診斷

1. 後場擊球點位置不對

這種錯誤往往造成殺球、吊球和劈球時下網或是過網時離網太高。原因：

第一，後場擊球打點太前，形成「搆球」打之勢，擊球時手腕「下壓」動作過大，拍面與球托接觸的角度與地面的夾角小於 45º，導致殺球、吊球和劈球等向下飛行弧線球擊球不易過網；

第二，後場擊球打點太後，手臂擊球角度不好，擊球拍面與地面夾角大於 90º，無法運用壓腕動作，導致殺球、吊球和劈球過網時離網太高，擊球漂浮無力。擊球點的位置必須恰當，才能取得理想的擊球效果。

2. 吊球擊球拍面角度不適中

吊球和劈球擊球落點太遠，或是球過網太高。原因：

第一，吊和劈球時拍面「包切」角度太小，擊球落點太遠；擊球時拍面的「包切」動作太小，幾乎呈正拍面擊球，無法有效地控制擊球力量，吊球過網落點距離球網太遠，擊球效果不好。正確方法是在擊直線吊球和劈球時，拍面擊球角度要大一些，擊球瞬間以一定的斜拍面，向前下方摩擦切擊球托右後側位置。

第二，吊、劈球時拍面上仰過度，擊球過網太高；以過度上仰的拍面擊球，角度不好，球過網太高。正確方法是以一定的傾斜拍面，手腕向前下方壓擊球托右後側部位，或擊球托左側部位（滑拍吊）。

3. 後場殺球無力

殺球擊球無力，球速不快，威脅不大。原因：

第一，由於腳步移動比對方的來球速度慢，爭取不到好的擊球位置，擊球打點在頭頂後面，擊球角度不好，難以發力。

第二，高遠球和殺球斜拍面擊球錯誤，擊球時手腕無內旋動作，以斜拍面擊球，抵消了擊球力量。注意：正手握拍時，如果擊球的瞬間手腕未內旋轉腕，擊球時未以正拍面對著球托，而是以斜拍面擊球，那麼揮臂獲得的力量將被摩擦抵消。後場大力擊球時，擊球瞬間持拍手腕要向內旋轉 90º 才能以正拍面擊中球。

第三，擊球力量不充分，上臂用力順序掌握得不好。後場擊球力量大，要求揮臂擊球的用力順序是以肩——肘——腕關節為支點，帶動上臂、前臂發力，再將力量延續傳遞到手指上，最後通過手指握緊球拍屈指發力，將球擊出。要掌握好系列動作的用力順序，調動好各部分肌肉力量，才能產生最大的力量。特別是大力殺球，除了以上連鎖發力技巧外，還必須將下肢、腰腹部位的力量都調動起來，下肢向上用力起跳——轉體伸展腰腹呈「弓形」——隨腰部重心的移動帶動肩關節大幅度揮動——肘臂向後最大限度伸展——迅速內旋轉腕——傳遞力量到手指握緊球拍，以正拍面將所有力量集中擊打在球托上。

第四，殺球擊球「下壓腕」動作不夠，殺球瞬間手腕快速閃動「下壓」動作不

夠，球拍面與球托接觸的角度與地面的夾角接近於 90º，殺球飛行弧線浮而不垂。正確的做法是要求殺球飛行弧線向下，擊球拍面角度與地面的夾角應小於 90º。

4. 以反手擊球代替繞頭頂擊球

左後場區（左手持拍者為右後場區）來球時，有些人習慣於用後場反手姿勢擊球代替後場頭頂姿勢擊球，原因是他們認為反手擊球移動步法比頭頂擊球容易。

事實是反手擊後場球比頭頂擊後場球難度大，攻擊力也弱，因為反手擊球姿勢是背向球網，擊球後還要轉體才能面向球網回位，從而加大了處理下一拍球的難度。因此，回擊左後場區的來球，要爭取用頭頂擊球，在迫不得已的情況下才用反手擊球。

5. 後場平高球弧線過平

這種球易被對方半場起跳攔擊。掌握恰當的出球弧線是回擊平高球技術的關鍵，如出球弧線太高，則速度慢，達不到突擊進攻的目的；如出球弧線太低，則易被對手在半場起跳攔擊，反而使自己陷入被動。為此，實戰中應根據不同的對手選用不同弧線的平高球，才能達到有效攻擊對方的目的。

6. 擊球動作一致性不強

這類錯誤具體表現為後場高球、平高球、吊球和殺球等技術準備和引拍動作「一致性」不強。切不可因為吊球力量小，從擊球準備姿勢和引拍開始就小心謹慎，擔心控制不好擊球力量而故意放慢引拍揮臂動作的速度；也不能因為殺球力量大，從擊球準備姿勢開始就顯現出過分用力，從擊球前的準備、引拍動作上就出現不同。要使後場各種擊球有威脅，攻擊力強，除掌握正確的擊球技術要領外，一個重要的因素就是後場各項擊球技術動作擊球前的準備、引拍的動作必須一致，讓對手無法判斷你出球的意圖。

六、雙打技術診斷

（一）雙打分工及換位技術診斷

1. 後場選手搶球

當前後進攻站位時，對方擊來一個右前區半場球，兩人同時去接，都跑到前右半場，使得左後場出現很大的漏洞，任對方攻擊。此種情況下，應由前場隊員處理這個位置的來球。

2. 中路搶球或漏球

當對方進攻兩人的結合部位即中路球時，兩人都認為同伴會接而導致漏接。這種球最好是由處於正拍面的選手回擊。

3. 前場進攻轉防守換位錯誤

前場選手從網前右場區挑球後，退回左場區域防守，造成回位混亂和浪費時間。正確方法是前場選手從右場區挑球後，應就勢退回右半場區，後場選手迅速上

步至左場區域，準備防守。

4. 後場防守轉進攻換位錯誤

後場選手從右後場區域回擊高球後，上步回位至左場區防守。正確方法是後場選手從右後場區域擊高球後，應上步回位至同側右半場中部，前場選手迅速退步至左場區域，準備防守。

5. 前場選手搶擊中場球

在前後進攻隊形站位中，前場選手搶擊過頭的左場區中半場球，兩人配合不默契。前場選手搶擊這種半場球，由於來球已過頭頂，既增加了擊球的難度，又造成了前場出現空檔。前後進攻隊形站位時，過前發球線的半場來球應由後場選手負責處理，前場選手應稍向右移動，以保護空檔區域。

6. 發球後站位錯誤

雙打發球者發後場球後未退位，而是站在原地，呈前後進攻站位隊形，這不利於接第三拍球；或是在右發球區發後場球後，發球者向左場區退位，跑位出現錯誤。正確方法是發球者發後場球後，要迅速後退至同側半場中部位置，形成平行分邊站位，準備防守。

7. 發前場球後站位錯誤

雙打發球者發前場小球後即向後退，呈平行分邊站位，不利於第三拍封網。正確方法是發前場小球後，應取前後站位隊形，準備搶封網前球。

（二）雙打擊球技術診斷

1. 發球站位重心不穩

其表現是雙打反手發球準備姿勢採用了左腳在前、右腳在後站位的姿勢，或是正手發球時採用了右腳在前、左腳在後站位的姿勢，以致動作缺乏協調性，重心不穩，影響了發球的品質。比較合理的反手發球準備姿勢是右腳在前，左腳在後；正手發球準備姿勢是左腳在前，右腳在後。

2. 雙打發小球過網弧線高

這種錯誤會導致對方接發球直接進攻。雙打發小球過網弧線高，對手擊球點高，可以任意擊平推後場球或是撲球，給後場隊員接第三拍造成很大困難。雙打發球品質高低是能否取得主動的關鍵，發小球時可將握拍位置上移至拍柄與拍桿結合部位，縮短球拍長度，以便控制擊球力量，使球擦網而過，不給對方進攻的機會。

3. 雙打接發球站位錯誤

這種錯誤有幾種表現：第一種是接發球站位過後，影響接發前場區域球的搶點速度。第二種是在左接發球區接發球時，站位偏左或偏右。第三種是在右接發球區接發球時，站位偏右。雙打接發球站位合理，才能有利於提高接發球品質。

4. 前場選手躲球

前場選手未根據出球線路選擇合適的位置，而是站在前場中部位置等球，結果

是總也封不到球。只要積極有意識、有目的地預計判斷、取位，盡力將前場的來球封住，才能為後場選手創造進攻機會。

實戰中會有這種情況，即雙打前場的選手站在前場不敢出手，特別是如果回球品質不好，距離球網過高，就左右躲閃，怕來球太快，打在自己身上，有的甚至乾脆蹲在前場，全部來球讓給後場選手處理，這樣就失去了許多有利進攻機會。

須知，雙打的顯著特點之一是爭取在網前快打、近打和高點打，這是決定勝負的關鍵。因此，雙打中前場選手必須將球拍高舉至頭頂上方，積極移動尋找來球，養成良好的擊球習慣，設法攔擊封住前場球。

5. 前場封網動作過大，打點位置過前

對於飛行弧度平快的來球，如果揮臂擊球動作大，擊球時手肘前伸，前臂擺速跟不上球速，會導致擊球下網，或者封不住來球。由於這種平快球來球速度極快，因此，擊球點通常在頭頂上方，擊球時應將手肘後擺，自然帶動手腕向斜下方甩壓，揮臂動作小而快，並以制動動作結束。

6. 後跳步接殺球錯誤

擊球前站位準備姿勢位置偏後，擊球時以後跳步還擊，防守擊球點過低，還擊球被動。中場擊球理想的站位準備應該大致在場地一半長度的二分之一處後退一小步的位置，並有積極防守意識，做好充分準備，向前「迎球」防守，爭取提高防守擊球點，力爭變被動為主動。

7. 攔截球引拍動作偏大

雙打後場攔截球通常是在位置不太好的情況下運用，由於來球速度較快，弧度較平，擊球發力要求很小，如果擊球前引拍動作較大，則出手太遲，打點位置不好，且便於對方判斷。因此，運用這一技術時應注意引拍動作小，將持拍手臂直接伸向來球方向置於球托後攔截。

8. 後場選手用反拍處理左後場區域高手位置進攻球，失去進攻威力

雙打後場選手運用反手進攻，擊球威力不如正手，對對方不構成威脅。後場選手只有在迫不得已的情況下，才用反手擊球。判斷起動後，用蹬轉步法，繞頭頂以正拍面擊球，其進攻威力比用反手要大得多。應加強培養這一良好習慣。

> 思考與練習：

1. 輔助練習都包括哪些方法？
2. 技、戰術教學訓練的注意事項有哪些？
3. 握拍技術教學訓練內容與方法有哪些？
4. 進行發球、接發球技術教學和訓練的步驟有哪些？
5. 前場、中場和後場步法中，腳步動作一般有哪些易犯錯誤？應如何糾正？

羽毛球運動理論與實踐

羽毛球選手的身體素質包括基礎身體素質和專項身體素質兩個方面。基礎身體素質是專項身體素質的基礎，專項身體素質是提高運動成績的基礎。

基礎身體素質指完成運動時所需的各種素質，通常包括力量、速度、耐力、靈敏和柔韌等方面。

專項身體素質指依據羽毛球運動的方式及動作結構特點所需要的專門的力量、速度、耐力、靈敏和柔韌等素質，其中力量是基礎，速度為核心。

第一節　羽毛球運動發展趨勢對身體素質的影響與要求

羽毛球運動的發展現狀，集中體現了當今人類體能與技能的一系列變化，反映了當今科學技術的發展和社會進步的成果。

一、身體條件與體質的發展變化對身體素質的影響與要求

隨著生活水準的不斷提高，人們的身體條件和基礎體質普遍比過去明顯增強。我們從羽毛球選手身高數據中能看出這一變化：

女子選手的平均身高由 20世紀的 165 公分提高至 172 公分，男子選手的平均身高也由過去的 175 公分提高至185 公分。

基礎身體條件和體質的變化使選手在身高、速度、力量、耐力等方面均有長足的進步，訓練水準提高，承受訓練強度的能力發展了，因此，提升了現代羽毛球運動的對抗強度。

高水準的訓練促使選手身體素質提高，身體素質的提高又促使運動能力增強，刺激選手間的競爭，選手需要不斷打破現有平衡，向身體的更高極限挑戰，才能從眾多選手中脫穎而出，獲得更好的專項運動成績。

二、運動器械與場地設施的發展變化對身體素質的影響與要求

　　科學技術的進步和新型材料的應用，使羽毛球拍這一羽毛球運動的核心器具，在過去 50 年中發生了「革命性」變化。竹筐竹竿拍被木框鐵桿拍取代，鋁合金拍誕生不久即被碳素纖維拍所替代，鈦碳合成纖維球拍又以其重量輕、強度大、耐性高等特點成為當今羽毛球選手的首選。在球拍材質不斷革新的同時，拍弦也發生了根本性變化：羊腸、牛筋甚至尼龍弦的強度和拉力均無法與金屬拍框相匹配，新型合成纖維球拍弦集弦細、張力強、彈性好和抗磨損於一身，有「一髮撥千鈞」之功。科學實驗表明，在人體技術力量的作用下，球拍可將羽毛球擊出 300 多公里的最高時速，居拍類運動項目之首。選手要想在比賽中獲勝，必須使身體素質水準適應和跟上現代器材的發展，才能保持運動的「和諧」。

　　20 世紀七八十年代的羽毛球比賽，由於體育場館少，大眾羽毛球比賽多在室外的水泥地上進行，只有專業水準的全國比賽，才有條件在室內體育館的木地板上進行。由於地面硬而滑，加之運動球鞋底薄，沒有防滑措施，選手在場上快速奔跑移動中經常無法「剎住車」，使移動速度下降，嚴重影響選手技術水準的發揮，對體能素質的要求也不突出。當今，科學技術和經濟發展帶動運動器材和場地設施也迅速改善，高檔羽毛球場館裏，木質地板已被塑膠地面取代（即在木地板上面再鋪墊上一層特殊 PVC 材料製成的塑膠），這種場地面料的革新，不但增加了場地的柔軟和彈性度，而且由於摩擦力度加大，使得場地滑的狀況得以改善。加之運動鞋由單純橡膠材質薄底改為牛津材質的強力底，彈力增強，選手們在先進運動設施和器材的幫助下，不但動作發揮流暢自如，而且速度加快，彈跳力增強，競爭回合增多，對抗加強，從而競技水準提高。

　　反過來這一系列的發展與變化，對選手體能素質也相應提出了更高的要求。因為，塑膠地面需要以作用更大的力來克服摩擦力，同樣需要選手作用更大的力來獲得反彈力。因此，對身體素質的要求不斷提高，以保證身體承受更大的運動負荷。

三、科學技術手段與科學化訓練的發展變化對身體素質的影響與要求

　　科學技術的進步，為競技訓練提供了堅實的保障。訓練科學化程度的提高和訓練手段的更新，促使選手們在訓練中不斷挖掘運動潛力，以滿足競技運動水準不斷提高的需要。以攝影機為例，過去訓練中很少出現，只在科研所裏運用於科學研究，沒有普及和運用到訓練和教學中。因此，過去的訓練多以經驗指導訓練為主，很少參照科學數據。如今，科研工作者廣泛介入訓練實踐，在體育運動中借助先進電子設備，幫助選手分析複雜的技、戰術，從而提高運動技能的現象已很普遍。與此同時，廣大教練員和運動員的科學知識水準大有提高，特別是教練員擁有大專以上學歷的比率較以往大幅度提高。

素質的提高，使運動者整體綜合素質較以往有很大的提高。加之科研手段的介入，設備和儀器不斷發展，訓練方法也不斷獲得更新和發展，對運動競技訓練的發展與提高起到了很大的促進作用。在科學技術手段的監控下，訓練方法更加符合人體結構特點，訓練負荷更加講究科學性，訓練效率高，效果好，選手的潛能被不斷挖掘，競技水準不斷提高，運動壽命也得以延長。

四、技、戰術的發展變化對身體素質的影響與要求

科學技術的發展，促使羽毛球選手運動技能迅速發展。過去一些不可能運用的技、戰術，現在普遍出現在賽場上，表現為選手控球能力加強，擊球力量越來越大，擊球速度越來越快，擊球落點越來越刁鑽，擊球變化也越來越多；技、戰術水準提高，選手間差距縮小，技、戰術和心理對抗程度增大，競爭加劇，對選手身體素質能力也提出越來越高的要求。優秀選手不但要具備嫻熟、全面的技術，靈活、快速、多變的戰術，而且更要有良好的身體素質作保證，才能在緊張、激烈的比賽中，保證高超技、戰術水準的發揮。

綜上所述，羽毛球運動中身體素質對運動員比賽成績的影響力越來越大。競賽雙方除了個人技術、戰術和心理素質能力的較量外，在很大程度上還是身體素質能力的較量。身體素質作為決定選手成敗的四大因素之一，直接影響著技術與戰術的運用、心理的承受，從而決定比賽的最後勝負。因此，掌握羽毛球運動的規律並不斷提高技術和戰術水準，必須努力將發展身體素質能力同發展技、戰術和心理素質能力放在同樣重要的位置上，這樣才能適應新時期高水準技術發展的需要。

第二節 🏸 身體素質在羽毛球運動中的作用與意義

一、身體素質是選手承擔激烈訓練與比賽的基礎

羽毛球運動的快速、靈活、對抗激烈、變化多端等特點，決定了選手良好的身體素質是承擔大負荷訓練和激烈比賽的基礎。運動項目特點不同，對選手身體素質能力要求也不同。羽毛球運動速度快，競爭激烈，選手控制場地面積大，訓練和比賽的負荷也很大。單打場地長 13.4 公尺，寬 5.18 公尺，由後場至前場的直線距離就達 6 公尺多，由左邊線至右邊線的距離為 5 公尺多，一名選手實際控制的區域為30 多平方公尺。據統計，在一場歷時兩個小時的高水準羽毛球比賽中，選手必須在攻與守、控制與反控制對抗中，忽左忽右、忽前忽後地完成各種急停、起動、移動、跨跳、揮臂擊球等快速動作千餘次。選手在運動中速度的快慢、力量的大小、

耐力和靈敏等素質的好壞，都直接影響著運動成績的優劣。雙方選手長時間內快速、多變、大負荷地對抗，對身體素質能力要求極高。

因此，體力一直是影響羽毛球選手臨場技、戰術水準發揮的重要因素。比賽開始，由於體能狀況良好，通常能保持一定的速度，正常發揮技、戰術水準。隨著比賽激烈程度的不斷加劇，選手體力消耗加大，尤其是到比賽爭奪最激烈的時刻，通常因體力不支會表現出技術動作變形、主動失誤增多、速度明顯減慢、受制於對方等現象，從而導致比賽失利。體力問題一直是羽毛球比賽中普遍存在的問題，體能素質訓練是一切訓練的基礎。

二、身體素質是提高運動技、戰術水準的基礎

身體素質是提高、發揮和保持競技能力的先決條件。羽毛球技、戰術水準的高低與身體素質的強弱有著密切關係，選手身體素質好，有利於掌握複雜、先進的技、戰術。相反，如果身體素質差，那麼即使具備一定的技、戰術能力，其發展也會受制於體能素質而不能充分施展嫻熟的技、戰術。

實踐經驗表明，技、戰術水準與專項身體素質水準是成正比的，技、戰術水準高的選手，通常也具備相應高的專項身體素質能力。專項身體素質能力越好，越能促進技、戰術的提高。相反，如果上下肢不協調、靈活性差、肌肉力量弱、缺乏爆發力、判斷反應慢，就很難掌握先進、高超的技、戰術。

三、身體素質對防範運動損傷與延長運動壽命的積極作用和意義

羽毛球運動項目的特點，決定了選手機體在訓練和比賽中要承擔極大的運動負荷。通常身體在負荷後出現疲勞，其薄弱部位就容易受到損傷，從而影響運動壽命。加強身體素質訓練，提高身體素質水準，增強抗疲勞能力，就能減少和防範運動損傷的發生。

身體素質的提高是靠機體形態改變和機能提高來實現的，選手在訓練過程中承受負荷越大，身體素質訓練水準越高，身體結構改變就越深刻，身體突破極限程度也越大。選手身體素質越強，運動機能水準也就越高，保持專項技、戰術運動能力的時間也就越長。加強抗疲勞程度，能有效避免和減少運動性損傷的發生。

四、身體素質訓練過程是培養選手頑強意志力的重要途徑

身體素質訓練是向極限挑戰的過程，也是一個異常艱苦的過程。一方面訓練負荷大，需要有極強的毅力來戰勝自我，克服身體的惰性，經受運動極限衝擊；另一方面身體訓練往往比較單調、枯燥無味，與其他訓練相比，選手往往會有「畏懼」

心理。因此，身體素質訓練是鍛鍊和增強選手意志力的一種重要手段，透過艱苦訓練，能夠增強和提高各項運動素質，同時還能培養選手在訓練和比賽場上不怕苦、不怕累、勇猛頑強、百折不撓、迎難而上的意志品質。

五、良好的身體素質是選手樹立勝利信心的重要保證

由於訓練方法、手段不斷改進和完善，選手身體素質水準全面提高，技、戰術越來越完善，對抗速度也越來越快，促使現代羽毛球運動競技水準向著越來越高的方向發展。高水準選手的技、戰術全面，幾乎沒有明顯的弱點，比賽中僅靠一兩拍就輕易擊破對手防線的情形已經不存在，每一分球的爭奪都非常艱苦。

如果選手沒有良好的身體素質作保障，體力跟不上競技的需要，在場上經不住多拍的調動與抗爭考驗，就會因體力不支而失去與對手周旋和對抗的信心，產生急躁情緒，主動失誤增多，出現不攻自破的局面。如果訓練有素，有充足的體能保障，就有耐心、有決心、有能力與對手周旋到底。

第三節 🏸 身體素質訓練的基本原則

一、科學性原則

科學訓練對培養選手至關重要。訓練方法科學，運動競技能力就能迅速提高，成才率就高；訓練缺乏科學性，運動競技能力便會提高緩慢，成才率就低。科學地安排身體素質訓練，至少要處理好兩個方面的關係：

1. 是身體訓練與身體素質發展敏感期的關係

掌握和遵循身體素質發展敏感期規律，是身體素質訓練取得良好效果的重要保證。力量、速度、耐力、靈敏和協調等身體素質都有其發展的敏感時期，訓練內容要圍繞各種素質發展的最佳時期，有目的、有重點地安排。例如少年兒童的身體素質訓練，重點是發展柔韌性、協調性、靈敏和速度素質，應避免大力量和高強度的耐力素質訓練。青年時期的身體素質訓練，可重點發展力量和耐力。

根據身體訓練和身體素質發展敏感期的基本規律，科學地選擇訓練方法、訓練手段，有針對性地為不同選手安排不同時期和不同訓練層次的身體素質訓練，使訓練更具科學性、邏輯性、針對性和實用性，有利於收到良好的訓練效果。

2. 是身體訓練與負荷的關係

科學合理地安排運動負荷，是提高運動水準的重要因素。運動負荷指人體在訓練和比賽中所承受的生理負荷量，它由運動強度、時間和數量等關聯因素組成，並

受動作品質的影響。運動中動作品質好，負荷就大；動作品質差，運動負荷就小。負荷大的訓練，機體反應強烈，「刺激痕跡」深刻，超量恢復也就更明顯，人體機能水準提高就顯著。

根據人體機能提高呈波浪形上升的運動規律，身體素質訓練中的運動負荷量要循序漸進地加大，經過一段時間鞏固，待身體適應了此種負荷量後再逐步加大。具體負荷量的安排應大、中、小合理交替進行。衡量負荷量的適宜標準是身體在一定的疲勞情況下，仍然處於適度的興奮狀態，從而不斷提高和擴大工作能力。

在一般訓練期，身體素質訓練採用數量多、密度小的形式進行；在比賽期，則採用練習時間短、數量少、密度大的形式。

二、長期性原則

羽毛球選手身體素質的訓練和培養是一個長期的系統過程，貫穿訓練的始終。可以這樣說，只要有訓練，就一定有身體素質的訓練。優異的運動成績，是選手多年從事不間斷的、長期的系統訓練，隨著身體素質的提高和技術動作的完善而獲得的。如果違背這一原則，就不可能獲得高競技水準。因此，從基礎全面身體素質訓練開始，就應有長期的、全面的、系統的、不間斷的、循序漸進的訓練思想。

在這一訓練思想指導下，在練習初始階段，選手身體素質基礎較弱，機體承受能力較差，身體素質訓練必須由淺入深、由易到難、由簡到繁地進行，訓練負荷量也應由小到大、由輕到重地合理安排；高級訓練階段，經過多年的嚴格訓練，選手的機體已產生適應性的變化，能承受專門化訓練時，則可大力加強專項身體素質能力的培養訓練；進入尖端訓練階段，隨著選手訓練年限的增長，應注意加強保護性的身體素質訓練內容。

三、因人而異原則

因人而異原則指在身體素質訓練中依據每位選手的具體情況來確定訓練任務，選擇訓練內容。合理運用因人而異原則，對提高教學訓練品質有著重要意義。

無論是在一個班、一個隊，還是一個群體裏，每位選手都具有不同的特點，如年齡、個性、特長、訓練水準、原始身體條件和成長環境不同等，教學訓練的任務、要求、內容、負荷量和訓練方法手段的選擇，應注意針對選手的不同特點，遵循因人而異的教學訓練原則，加以區別對待。隨著訓練年限的增加、訓練客觀因素的變化，教學訓練的任務、要求、內容、負荷量和訓練方法手段等也要注意相應地調整和改變。要求訓練指導者瞭解、分析並研究選手的個體差異，制定訓練計畫時既要考慮到整體的統一要求，又要考慮到個人的不同特點和不同要求，做到因材施教，區別對待。這樣擬定的訓練任務和指標、安排的訓練內容和方法才會更加切合

實際，也才能收到更好的教學訓練效果。

四、全面性與專門性相結合原則

全面性身體素質訓練是指運用各種身體練習的方法和手段，使選手身體各器官的機能得到普遍提高、身體形態得到全面改善、身體素質能力得到全面發展，為日後提高羽毛球專項運動技能打下堅實基礎。專項身體素質訓練指身體素質訓練採用與羽毛球運動特點及技術動作相同的動作方式，輔以專門的輔助練習，發展羽毛球運動所需的專項身體素質能力。

訓練中，科學地安排一般和專項身體素質訓練時要視選手的實際狀況、年齡的大小以及訓練水準的高低而定。人體各器官、各系統的活動是相互聯繫、相互協調配合的，當各器官、系統機能都相應得到提高時，有機體的工作能力和承受負荷能力才能得到全面提高。然而，當技術水準提高到一定的程度時，通常其他素質又會出現相應的不足，或是機體內各器官再次出現不協調，從而使技術水準出現暫時的停滯現象。這時，專項身體素質訓練應在全面身體素質訓練的基礎上將二者緊密結合，透過加強專項身體素質的訓練，再次加大負荷刺激，打破機體舊的平衡狀況，建立新的平衡體系，促使運動技術水準達到新的高度。

選手的訓練時限和訓練水準不同，全面與專項身體素質訓練的內容和比例也應有所不同。在訓練的初級階段，還沒有接受正規嚴格訓練，身體素質能力較薄弱，應重視全面身體素質的發展，為將來的提高打好基礎。如果在這一階段的教學訓練過分地強調專項身體素質能力的訓練與提高，則會使選手局部肌肉負荷過重，出現疲勞，導致損傷。原則上講，訓練水準較低、年齡較小的選手，全面身體素質訓練應多一些，以發展全面身體素質為主，發展專項身體素質為輔，重點是全面打好身體素質基礎；對於訓練程度高、年齡相對較大的選手，專項身體素質訓練的比例應相對大一些，同時全面身體訓練也不可停止或忽略。

第四節 ✦ 力量素質訓練的內容與方法

力量是選手在運動中身體肌肉發力的能力，它是一切運動素質的基礎，是羽毛球選手的一項重要素質。發展力量素質對人體的形態結構、能量代謝、神經系統調節能力的改善都有積極影響。力量素質的提高有助於其他各項素質的發展，它可以更好地幫助身體克服地心引力，從而更快地完成移動和擊球動作。

力量素質的發展與神經系統和肌肉的生長、發育有密切關係。肌肉橫斷面積的大小，與肌肉收縮時產生的肌力大小有直接關係。肌肉橫斷面積越大，收縮時產生的力量也就越大。少年時期，由於神經系統、骨骼、肌肉發育還不成熟，表現出年

齡越小力量素質越差的特點。因此，根據訓練者不同的年齡階段、不同的身體特點及訓練水準，力量訓練的方法和要求也應有所不同。

一般情況下，少年兒童及訓練初始階段選手的力量訓練重點以全面性的基礎力量素質訓練為主，以便為全面身體素質的提高創造條件。隨著身體發育和運動水準的提高，力量素質訓練重點可突出專項性，加強羽毛球運動專門性力量的訓練。

力量素質訓練可以分為上肢力量、下肢力量和軀幹力量三大部分，下面簡介各部分基礎力量和專項力量素質訓練內容與方法。

一、基礎力量素質訓練的內容與方法

（一）上肢基礎力量訓練

1. 上肢 6 項啞鈴操練習

用啞鈴進行上肢力量訓練，是初學者發展力量素質的一種有效方法。根據不同的年齡，使用不同重量的啞鈴，選擇不同的練習負荷。重量大，負荷次數少，完成動作速度稍慢；重量小，負荷練習次數可以增加，完成動作速度相對加快。啞鈴的重量通常有 3、5、7、10 公斤不等，負荷次數可以安排 10×3 組、15×3 組、20×3 組和 30×3 組不等。

(1) 啞鈴頭上推舉。

(2) 啞鈴胸前推舉。

(3) 啞鈴體側平舉。

(4) 啞鈴體前平舉。

(5) 啞鈴擴胸。

(6) 啞鈴體側提收。

上肢啞鈴操可採用兩種負荷方法完成訓練：一種負荷是採用重量較大的啞鈴，以上 6 項練習內容各做一組，連續完成全部 6 項內容為一大組，每大組間間歇 2～3 分鐘，共練習 3～6 大組；另一種負荷是選用重量較小的啞鈴，6 項練習內容各做 3 小組，每小組間休息一定時間，逐步完成 6 項內容。以上方法僅供參考，實際訓練中可酌情而定。

2. 上肢靜力性練習

運用重量小的啞鈴，做靜止力量練習，目的是發展各大肌肉群的絕對力量。

(1) 啞鈴體側靜力平舉。

(2) 啞鈴體前靜力平舉。

(3) 手腕靜力對抗。

(4) 肩臂靜力支撐。

靜力性練習時間可視個人具體情況採用 30 秒、1 分鐘或數分鐘不同時間。

3. 上肢 15 ～ 20 公斤槓鈴練習

利用槓鈴發展上下肢動作協調能力和爆發力量。

(1) 提鈴抓舉。

(2) 前臂體前屈伸。

(3) 前後分腿跳挺舉。

4. 臥推舉練習、仰臥撐練習、俯臥撐練習等

5. 槓上練習

(1) 單槓引體向上。

(2) 雙槓直臂靜力支撐。

(3) 雙槓屈臂撐。

（二）下肢基礎力量訓練

1. 跳躍練習

初學者發展下肢力量，一般採用各種姿勢的跳躍練習方法。如果要增加負荷，則可採用沙衣或沙袋。

(1) **蹲走**：全蹲，用前腳掌向前或向後行走。儘量保持一定的速度，手臂前後擺動，協調用力。發展大腿的肌肉力量。負荷量可因人而異，自行掌握。

(2) **全蹲向上跳**：站立，向下全蹲，再全力向上跳起，落地後再次下蹲，再次跳起，持續練習 20 次左右為一組，短暫休息後再練習 3～5 組。發展大小腿和踝關節的爆發力。

(3) **收腹跳**：站立，向上跳起，在空中屈膝收腹，使大腿儘量貼近胸口，雙腳落地後再跳起。20 次左右為一組，做 3～5 組。發展腿部力量，鍛鍊身體在空中的平衡能力。

(4) **縱跳摸高**：設一定高度的目標（以練習者全力跳起能觸到為宜），站立，全力持續地跳起觸摸目標物。發展腿部的爆發力。儘可能地高跳，並保持一定的頻率。每組 20～30 次，做 3～5 組。發展起跳扣殺的能力。

(5) **單腿蹬跳高凳或台階**：借助一定高度的凳子或台階，站立，先以一腳踩住凳子或台階做蹬起動作，再換另一腳做。練習次數因人而異。發展腿部和踝關節力量。

(6) **雙腳跳越障礙物**：設置有一定難度的障礙物（如羽毛球筒），並使之固定、放穩。按要求做跳越練習。發展腿部力量和鍛鍊身體協調及靈敏性。

2. 下肢槓鈴負重練習

利用槓鈴發展下肢肌肉的絕對力量和爆發力。負一定重量的槓鈴，圍繞一些專項動作進行練習，發展下肢肌肉力量和爆發力。下肢的負重因人而異，一般為10～15 公斤，不宜太重。練習時要保持一定的速度和頻率。每組 20 次左右，持續 3～5組。

(1) **半蹲起跳**：負重槓鈴半蹲，足跟提起，利用踝關節力量持續向上蹬跳。發展腳弓的爆發力。

(2) **全蹲起**：此練習比半蹲起跳的動作幅度大。負重槓鈴全蹲，以大、小腿和踝關節的力量持續向上蹬跳，並儘量保持直立姿勢。

(3) **提踵**：負重槓鈴站立，以踝關節和小腿力量持續向上提踵。主要由小腿和踝關節發力。

(4) **靜力半蹲**：負重半蹲，上體正直，屈膝並控制在接近 90º，持續一定時間。發展大腿肌肉，提高膝關節的承受能力。

(5) **弓箭步跨步**：負重槓鈴站立，上體正直，向規定的方向做弓箭步跨步動作。可以左右腿分開練習，也可以左右腿交叉跨步練習。發展羽毛球運動需要的腿部專項力量。

(6) **雙腳或單腳前後左右蹬跳**：負重槓鈴站立，雙腳或是單腳向前後左右做1公尺蹬跳練習。屈膝蹬地時，由前腳掌發力，並保持一定的動作頻率。

3. 力量練習遊戲

運用遊戲的形式進行力量練習，以增加趣味性。

(1) 推「**車子**」：俯臥撐地，兩腿當做車子的扶把由同伴抬起，練習者以兩手支撐身體向前爬行。

(2) **爬走**：俯臥，除手腳著地外，身體的其餘部分不許觸地，向前快速爬行。

(3) **大象走**：模仿大象四肢著地的動作，先以同側手腳同時邁第一步，再換異側手腳同時邁第二步，以此方法進行練習。

練習時要抬頭、挺胸、直腰。

4. 發展局部肌肉練習

設計一些針對性較強的動作，以發展局部小肌肉群的力量。

(1) **發展股二頭肌力量**：直立或俯臥，雙手扶持一固定物，腳踝負重。單膝後屈成 90º，反覆練習一定次數，再換另一條腿做，持續練習。俯臥練習時，也可雙腳踝負重做。

(2) **發展股四頭肌力量**：坐在凳子上，腳背負重，雙腿或單腿由彎曲到抬舉伸直，反覆持續練習一定次數。

(3) **發展大腿的內、外側和腰部肌肉的力量**：直立，兩手叉腰，腳背綁上沙袋，大腿帶動小腿做前後向或是側向快速擺腿練習。

（三）軀幹基礎力量訓練

1. 槓鈴負重練習

背肌練習：仰臥或俯臥在兩條凳子上，身體中部懸空，把一定重量（2.5～5公斤不等）的物體放在身體的懸空部位，並保持此姿勢，靜力支撐數分鐘，發展軀幹、腰腹、背肌的力量。

2. 箱上或墊上練習

(1) **俯臥起**：俯臥在肋木前的橫跳箱或墊子上，腳後跟鉤住肋木，頸背部放沙袋等重物做屈體後仰練習，發展背部肌肉力量。

(2) **仰臥起坐**：設備同（1），仰臥在橫跳箱或墊子上，腳踝鉤住肋木，手持重物或是徒手做仰臥起坐練習。

(3) **側臥起**：設備同（1），側臥在橫跳箱或墊子上，腳踝鉤住肋木，手持重物或是徒手做側臥起練習。

二、專項力量素質訓練的內容與方法

選手在具有一定絕對力量的基礎上，要根據羽毛球運動特點對力量素質的要求，進行專項力量素質訓練，並應以發展速度力量和耐力力量素質為主，以保證在長時間的比賽中能夠完成各種技術動作。在進行專項力量素質訓練時，可採用減重量加次數的練習方法，著重進行一些負荷強度小、速度快、重複次數多的速度力量和耐力力量訓練，由基礎性大力量訓練轉為逐步加強專項所需的小負荷的爆發速度力量和耐久性力量訓練。

專項力量素質的訓練應以動力性練習為主。訓練中注意掌握好練習密度和重量的關係。一般情況下，負荷重量大，單位時間內練習次數少，速度頻率慢，休息時間間隔短；負荷重量小，單位時間內練習次數多，速度頻率快，練習強度大，休息時間間隔長。例如，練習重點是以發展爆發速度力量為主，總次數不可太多，強調單位時間內動作速度要快，一旦出現單位時間內速度下降，應立刻停止或是轉換其他內容的練習。再如，練習重點是以發展耐力力量為主，則要求選手盡力保持一定的動作速度，堅持一定的重複數量。

另外，在進行專項力量素質練習時，還應該適當穿插一些跑跳、靈敏性、柔韌性和協調性的訓練，以保證獲得最佳的專項力量素質訓練效果。

（一）上肢專項力量訓練

1. 6 項啞鈴操練習

(1) 啞鈴前臂頭後舉。

(2) 啞鈴兩臂上下 8 字繞肩。

(3) 啞鈴前臂屈伸。

(4) 啞鈴手腕屈伸。

(5) 啞鈴體前手腕繞 8 字。

(6) 啞鈴體前前臂揮動 8 字。

以上每個動作練 1 小組，6 個動作依次完成為 1 大組，每次練習 4～6 大組或視個人實際情況而定。

2. 拉橡皮筋練習

將粗橡皮筋的一頭拴牢在固定物上，另一頭用持拍手以握拍方式握住，以與羽毛球各種擊球技術相似的動作進行拉橡皮筋練習。

(1) 肩上前臂屈伸（類似高遠球擊球動作）。

(2) 體側肩上前臂前後擺動（類似封網擊球動作）。

(3) 體前前臂屈伸（類似挑球動作）。

(4) 體前上臂展屈（類似殺球下壓動作）。

(5) 手腕屈伸（類似擊球發力動作）。

(6) 正、反手前臂快速揮擺（類似中場抽擊球動作）。

(7) 反手揮臂（類似反手擊高遠球和殺球）。

3. 沙瓶或網球拍揮拍練習

用裝滿沙子的飲料瓶或是網球拍，交替做以下與擊球動作相似的練習，發展上肢擊球力量。

注意：握持方式應與實戰擊球握拍方式相同。

(1) **手腕屈伸**：持拍手持握沙瓶或網球拍，直臂舉至肩上方，前臂和手肘均不移動，僅以手腕快速做前後屈伸練習。

注意：練習時，如果肘部彎曲或移動，則效果不佳。

(2) **前臂屈伸**：持拍手持握沙瓶或網球拍，屈臂舉至肩上方，上臂固定不動，以肘為軸心，做前臂、手腕前後快速屈伸練習。

注意：當手臂伸至肩上方最高點時，手腕要配合做內旋的擊球動作。

(3) **後場擊高球或殺球動作揮拍**：持拍手持握沙瓶或網球拍做高球或殺球擊球動作的揮拍練習。此項練習可做原地擊球揮拍動作練習，也可以結合後場轉體起跳擊球做揮拍動作的練習。要求有一定數量並保持一定的揮拍速度。

(4) **體側正、反手抽球動作揮拍**：持拍手持握沙瓶或網球拍，在體側做正、反手抽球擊球揮拍動作練習。

(5) **前臂前後快速揮擺**：持拍手持握沙瓶或是網球拍，置於體側肩以上部位，以肩為軸心，快速做前臂前後擺的練習。

(6) **手腕環繞**：持拍手持握沙瓶或網球拍，於體前固定位置，分別以腕或以肘為軸心，用手指或手腕交替做環繞揮動練習。

(7) **反手高手擊球動作揮拍**：持拍手持握沙瓶或網球拍，置於體側右肩上方，做反手高手擊球動作揮拍練習。

4. 實心球投擲練習

面對牆壁或兩人相距 8～10 公尺對面站立，持拍手持小實心球，以與羽毛球後場擊球相似的動作投出，以發展手指、手腕的爆發力量。

注意：投擲時，發力的順序是上肢通過上臂帶動前臂，最後運用手腕、手指的力量將球投出，爆發力越強、距離越遠、力量越大的投球效果越好。

（二）下肢專項力量訓練

1. 沙衣或沙袋負重下肢跳躍練習

穿沙衣或沙袋，增加一定的負荷，以所需的動作進行專項力量練習。

(1) **全蹲向上起跳**：兩腳開立同肩寬，向上跳起，落地時全蹲，再立即以全力向上跳起為一次，持續進行多次為一組。下蹲和跳起時腰背都要挺直，在雙手的協助下，靠雙腿的力量起跳並支撐全蹲。發展大腿、小腿及踝關節的力量。

(2) **雙腿收腹跳**：兩腳開立同肩寬，在擺臂帶動下向上高高跳起，在空中屈膝以大腿部位貼近胸部，下落時腿伸直，再跳起再以大腿觸胸，反覆進行。必須儘量高跳，腿貼近胸部時不能彎腰。

(3) **單、雙腳向前後左右跳躍**：兩腳開立同肩寬，右腳比左腳前半步（右手握拍者），以此點為中心位置，做單腳或雙腳持續向左前、右前、左後、右後跳出又跳回的練習，跳躍的路線似「米」字形。蹬跳距離應儘量遠些。

(4) **單、雙腳全力向上縱跳**：半蹲，用單腳或雙腳持續地全力向上跳起，落地時以前腳掌著地，避免腳跟觸地。

(5) **弓箭步前後交叉腿跳**：兩腳開立同肩寬，在擺臂的帶動下跳起，做雙腿前後交叉弓箭步跳練習。要利用小腿向前踢以保證弓箭步大步幅，身體重心要保持穩定。

(6) **弓箭步左右兩側併腿轉髖跳**：兩腳開立同肩寬，向上跳起，同時以髖帶動身體向左、右轉體，落地時成弓箭步。持續反覆練習。弓箭步落地時，應隨轉髖方向而指向左側或是右側。

(7) **單、雙腳蹬台階跳躍**：選擇一定高度的台階，以單腳或雙腳向上蹬跳。依靠腿部力量完成練習，上體直立，兩臂適當地給予助力。

(8) **左右體前交叉跳躍轉髖**：兩腳開立同肩寬，跳起後高抬右腿，以轉髖帶動向左轉體，右腳落地再跳起，並高抬左腿，以轉髖帶動向右轉體，如此完成一組動作。反覆持續地進行，腿要抬得高，髖要轉到位，擺動兩臂以保持身體平衡。如有條件，在沙坑裏進行效果更好。

2. 跳繩練習

(1) **單、雙腳跳繩**：依據個人實際情況，練習時間可以是 15 分鐘、20 分鐘、30 分鐘或 1 個小時不等。

練習中可適當增加負荷，如利用沙衣或沙袋負重做跳繩練習，以發展踝關節的力量。

(2) **雙搖雙腳跳**：較長時間的雙搖雙腳跳練習，可以發展上肢和下肢的速度力量和耐力。

練習負荷可採用 80 次、100 次或 120 次不等×6 組，或連續完成總數 600～800 次。

3. 槓鈴負重練習

按照規定的動作，負荷一定重量的槓鈴進行下肢力量練習。

⑴ **前腳掌蹬跳**：兩腳開立同肩寬，兩腳前腳掌觸地，充分利用前腳掌的力量蹬跳，並保持一定頻率。要用爆發力。

⑵ **左右腳蹬高**：練習方法同上述「1」之「（7）」，利用沙衣或沙袋負重做單腳蹬台階跳躍練習。

⑶ **交叉弓箭步跳躍**：練習方法同上述「1」之「（5）」，利用沙衣或沙袋負重做弓箭步前後交叉腿跳躍練習。

⑷ **原地左右蹬跨弓箭步**：兩腳開立同肩寬，以髖帶動向左或向右轉動，向左轉時，左腳後跟部位和右腳尖觸地；向右轉時，右腳後跟部位和左腳尖觸地。

（三）軀幹專項力量訓練

1. 實心球練習

⑴ **軀幹前後屈仰**：兩人一組，相互間隔 1.5 公尺左右，背對背站立。持實心球以前屈後仰動作完成一人傳一人接的傳遞練習。

⑵ **左右轉體**：兩人一組，相互間隔 1 公尺左右，背對背站立。兩人持實心球做相反方向，即一人向左、一人向右的轉體傳接球練習。要求轉體時雙腳不動，僅以上體快速左右轉動完成，速度越快越好。

⑶ **拋擲實心球**：兩人一組，相距 10 公尺左右，對面站立。做雙手或單手肩上拋擲球練習。

要求運用類似鞭打的動作將球拋出，拋擲距離越遠越好。接住實心球時立即拋回，如未接住則拾起來立即拋回。

2. 發展腰部肌肉練習

負荷沙袋做踢腿練習，以發展腰肌力量。

⑴ **左右腿正踢側立**：一手扶同側的支撐物，一腿全力向上踢起。左右腳交替進行，雙腿均應繃直。踢腿時要用快速爆發力，另一支撐腿要配合踢腿提踵。

⑵ **左右腿側踢**：直立，手扶面前的支撐物，一腿全力向側踢起，左右腿交替進行。向側上踢的同時，髖部要配合做側轉，另一支撐腿配合側踢腿做提踵動作。兩腿都要伸直。

⑶ **左右腿後踢**：直立，手扶面前的支撐物，一腿全力向後上方踢起，左右腿交替進行。向後踢的同時，上體做後仰動作。兩腿都要繃直。

⑷ **腰部前俯後仰**：側對肋木，兩腿與肩同寬靠肋木站立，非持拍手扶住肋木，做前俯後仰練習。

後仰時，持拍手儘量去摸足跟。

前俯時，持拍手由後仰動作配合擊球動作向前上方用力揮動，帶動腰部以類似後場擊球做大弧度的收腹動作，加強腰背部位的韌性。

第五節 ◭ 速度素質訓練的內容與方法

速度素質指選手在運動中所表現出來的快速運動能力，通常表現為反應速度、動作速度和位移速度等不同形式。速度素質的好壞取決於中樞神經系統節律轉換調節能力和肌肉力量的強弱。羽毛球選手速度素質發展的敏感期較早，兒少時期是發展速度素質的重要時期。此時的速度素質訓練主要以基礎速度素質為主，結合專項特點，注重發展快速反應能力、快速起動變向移動以及快速完成各種擊球技術動作等能力。在訓練課中，速度素質訓練應安排在課的開始階段，這時身體尚未產生疲勞現象，速度訓練會取得良好的效果。如果把速度訓練安排在課的最後進行，由於經受了訓練負荷後身體產生了一定程度的疲勞，速度下降，形成慢的速度定型會影響速度訓練的效果。

速度素質訓練可分為反應速度、動作速度和位移速度等，下面分別簡介其基礎速度和專項速度素質訓練的內容與方法。

一、基礎速度素質訓練的內容與方法

（一）反應速度訓練

⑴ **聽口令轉身起跑**：背向起跑線，採用蹲踞式、坐式或站式等起跑姿勢，當聽到口令後立即轉身起動向前衝刺跑。

⑵ **看手勢起跑**：以手勢代替起跑口令，看到手勢後立即起動向前衝刺跑。

⑶ **視、聽信號變速衝刺跑**：慢跑中看到或聽到信號後立即向規定的方向衝刺跑，再次得到信號後恢復慢跑，第三次得到信號後又開始衝刺跑，反覆進行練習。

（二）動作速度訓練

1. 快速跑跳台階練習

⑴ **1 級台階快速小密步上下往返跑**：選擇有一定長度的台階，以最快的小密步頻率，從台階底層一步一級地跑到頂層，然後迅速轉身，再以同樣的頻率和方法跑回底層，如此往返，反覆進行。發展腿部力量和動作速度。要以前腳掌和踝關節發力，抬腿的高度以剛剛越過台階高度為宜，以免影響動作的速度。

⑵ **2～3 級台階交叉蹬跨步跑**：選擇有一定長度的台階，以最大的步幅，由下往上衝跑，每步跨越 2～3 個台階。前腿充分抬高，後腿充分後蹬，要有一定的彈性和節奏。發展腿部力量。

⑶ **1 級台階單腳快速跳**：選擇有一定長度的台階，以單足快速地由台階底層一步一級地跳到頂層，然後跑回底層，再換另一隻腳跳，如此反覆進行。動作頻率要快。

(4) **1 級台階雙腳快速跳**：練習方法同（3），用雙腳跳到頂部。

2. 下坡衝跑練習

選擇平坦、有一定傾斜度的坡，進行短距離下坡衝跑練習，強迫加快步頻交換速度。

3. 快速超越障礙物練習

以規定的動作方式，快速迂迴繞過 60 公尺距離中放置的障礙物，或以快速跨越動作越過有一定高度的障礙物。

（三）移動速度訓練

1. 不同距離的直線衝跑練習

(1) **10 公尺衝刺跑**：訓練從靜止到迅速加速的能力。

(2) **30 公尺加速跑**：訓練起動後速度持續加快的能力。

(3) **60 公尺途中跑**：訓練將達到的最快速度保持一定距離的能力。

(4) **100 公尺衝刺跑**：訓練途中跑獲得的速度不僅不下降，而且還要盡可能地有所加快的能力。

(5) **200 公尺、400 公尺中距離跑**：此項練習是提高速度耐力的有效手段。

2. 往返衝跑練習

(1) **來回跑**：採用 5 公尺、8 公尺、10 公尺或是 15 公尺不等的距離進行數次來回衝跑的練習。

要求接近終點時不降低速度，保持最快的速度立即轉身折返跑。注意：為了保持速度不減低，衝跑的距離不宜過長，往返次數也不宜過多。

(2) **10 公尺前後衝跑**：從起點快速跑至終點，再由終點快速後退跑至起點，如此反覆練習。

(3) **10 公尺左右側向並步跑**：以右腳在前、左腳在後並步側向跑至終點，再以左腳在前、右腳在後並步側向跑回起點。練習時可用兩種姿勢跑，一種是以直立姿勢跑，另一種是以半蹲姿勢跑，都要求以最快速度完成。

3. 接力跑練習

(1) **接力跑**：把學生分成若干組，各組人數相等。聽到口令後各組的第一人開始向終點衝跑，跑至終點迅速繞過標誌物往回跑。跑回起跑線時迅速拍擊下一位同伴，同伴以同樣的方式開始衝跑，以此方法持續練習，以最先跑完一輪的小組為勝。

(2) 把參加訓練的學生分成兩組，每組 6 人，在地上畫兩條平行線，兩線之間相距 2 公尺。各組學生間都有一定的距離，沿畫線站成縱隊。聽到起跑令後，站在最後的學生拿球以蛇形方式依次繞過同隊隊友跑到隊前，再立即把球拋給本組的最後一名，接到球的學生做同樣的蛇形跑，依次進行。以率先完成傳球並在跑的過程中未觸及本組隊友的小組為優勝。

二、專項速度素質訓練的內容與方法

速度素質是羽毛球專項身體素質訓練的核心。從某種意義上說，羽毛球競賽就是以不同形式的速度競賽決定勝負。技、戰術風格中第一條規定的「快」字，就是透過不同形式的速度來體現的。因此，專項速度素質訓練，主要圍繞提高羽毛球運動所需要的反應速度、起動加速度、變向移動速度、揮臂速度和前後場配合的聯貫速度等方面進行。

下面介紹專項速度素質訓練的內容和方法。

（一）專項視聽反應速度訓練

(1) **場地步法**：聽或看信號、手勢進行快速全場移動步法練習，以及前場、中場和後場各種分解和聯貫步法練習。

(2) **並步、墊步步法**：看手勢，向前後左右進行並步、墊步步法練習，以提高反應速度。

(3) **擊球揮拍動作**：聽到 1、2、3、4 的口令後，按照預先規定的姿勢做擊球揮拍動作練習。

(4) **起動步法**：聽或看信號做起動步法練習，提高判斷反應速度。

（二）專項動作速度訓練

1. 多球練習

(1) **快速封網**：練習者在前發球線附近準備，陪練者在場地另一側快速持續發平射球，練習者在快速移動中反覆做網前封網。

(2) **多球雙打快速接近身殺球**：練習者在場地中部，陪練者在場地另一側前場，快速向練習者近身位置擊球，練習者用正、反手姿勢快速進行防守反擊練習。

(3) **多球雙打快速平抽快擋**：練習者在中場位置以防守反攻站位準備，陪練者在場地另一側從中場快速持續向練習者扣球，然後雙方連續平抽快擋，球失誤後，迅速發下一個球，不間斷地反覆練習。

(4) **多球前場快速接吊、殺球**：練習者在中場位置以防守站位準備，陪練者在同側場地前場位置用殺球和吊球線路向練習者拋球，練習者連續做被動接吊殺球練習。

(5) **多球撲球**：練習者在網前位置準備，陪練者在場地另一側用多球快速向練習者拋近網小球，練習者做正、反手姿勢快速撲球或推球練習。

(6) **快速擊全場球**：練習者在單打場地中心準備，陪練者在場地另一側運用多球向練習者發各種位置的球（適當縮小移動距離），練習者跟上發球速度，連續快速地回擊。

2. 快速跳繩練習

(1) **單足快速變速跳**：採用 1 分鐘快、1 分鐘慢的小密步頻、高抬腿、前後大小交叉步等專項步法，做快速變速跳繩練習。

(2) **1 分鐘快速雙搖跳**：1 分鐘內以最快速度完成雙足雙搖跳，要求突出速度，以次數多者為佳。

3. 擊牆壁球練習

(1) **以封網動作快速擊球**：面對平整牆壁 1 公尺左右站立，在頭前上方以封網動作用前臂和手腕發力向牆壁連續快速擊球。

(2) **接殺球擊球**：面對牆壁站立，用接殺挑球或平抽球動作快速向牆壁連續擊打體前腰部上下位置的球。

4. 快速揮臂練習

(1) **肩上手腕前屈後伸快速持續揮拍**：持拍手臂貼耳置於肩上，上臂和前臂伸直不動，僅靠手指控制握拍，手腕以前屈後伸動作做快速持續揮拍的練習。

(2) **前臂屈伸快速揮拍**：持拍手臂貼耳置於肩上，上臂不動，以肘為軸，僅以前臂用後倒前伸擊球的動作做快速持續揮拍練習。

(3) **前臂體側前後擺動揮拍**：持拍手置於與肩齊平的高度，手肘微屈而前後擺動，用類似抽打陀螺的動作做快速擺臂練習。

(4) **快速抽球動作揮拍**：按信號或節拍做各種正、反手快速持續抽球揮拍動作練習。

(5) **快速連續殺球動作揮拍**：上下肢協調配合，用完整殺球動作快速持續做揮拍練習。

(6) **手腕快速繞 8 字揮拍**：持拍手在體前，以肘為軸固定不動，手指放鬆握拍，僅用手腕沿 8 字形線路快速持續做揮拍練習。

5. 下肢快速步頻練習

(1) 原地快、慢變速高頻率小密步踏步。

(2) 原地快、慢變速高抬腿。

(3) 原地快、慢變速向前、向後屈腿踢。

(4) 原地快、慢變速轉髖。

(5) 原地快、慢變速體前左右交叉跳。

(6) 原地快、慢變速向前小墊步接向後蹬轉。

以上練習內容按照慢——快——最快，再由最快——快——慢的動作速度節奏進行練習，時間可以控制在 20 秒慢轉為 30 秒或是 1 分鐘快，再接 30 秒最快的速度交替進行練習。

6. 跨越障礙物練習

將障礙物擺放成各種形狀，練習者以各種跑跳姿勢快速穿越或跳越這些障礙物。

（三）專項移動速度訓練

(1) **直線進退跑、左右兩側跑、低重心四角跑**：方法參見步法練習部分。20～30 次為一組，做 4～8 組。組間可放鬆休息或視自身情況而定。

(2) **殺球上網步法**：快速連續完成後場左右移動跳躍步殺球擊球動作，然後再迅速接做上網步法。20～30 次為一組，做 4～8 組。組間可放鬆休息或視自身情況而定。

(3) **場地四角步法**：沿半個球場的長方形邊線快速衝跑，在轉角處變換方向要快。標出場地前發球線與單打左右邊線相交的兩點及雙打後發球線與單打左右邊線相交的兩點，練習者從場地中心位置開始，以向前、向後交叉跨步步法快速向這 4 個點移動，當前跨步成弓箭步時，迅速用手觸標出的點，然後立即返回，再快速向另一側做。移動的步幅要大，要到位，觸摸標出點後回動要快。以自身的極限速度完成。25～30 次為一組，做 6～8 組。組間可放鬆休息或視自身情況而定。

第六節　耐力素質訓練的內容與方法

羽毛球選手的耐力素質是指選手長時間持續進行運動的能力，也稱抗疲勞及疲勞後快速復原的能力，或堅持激烈活動的能力。根據長時間持續強度和能量供應的特點，羽毛球運動要求選手在一定時間內保持快速運動，耐力素質以無氧供能速度耐力為主，基礎耐力素質是運動的基本素質。

根據專項運動特點，耐力素質訓練中，在提高基礎耐力素質的同時，應注意發展專項速度耐力，保證在比賽中持續快速工作的能力。現將基礎耐力和專項耐力素質訓練的內容與方法簡介如下。

一、基礎耐力素質訓練的內容與方法

（一）中等距離或長距離跑步訓練

(1) **400 公尺、800 公尺快速跑步**：保持一定的速度，發展速度耐力。
(2) **1000～5000 公尺不等長距離跑步**：基礎耐久能力訓練。
(3) **長距離變速跑**：在相當距離內，如 2000 公尺、3000 公尺或 5000 公尺以上，採用快慢交替的方式進行變速跑。
(4) **越野長跑**：在郊外，規定一定的時間和距離進行長跑。

（二）上下肢和軀幹力量耐力訓練

參考力量素質練習中上、下肢和軀幹力量的練習內容，根據具體情況，以小重

量、多次數的方法進行練習，發展力量耐力。

二、專項耐力素質訓練的內容與方法

羽毛球運動中所需要的專項耐力不同於體能類長跑運動項目所需的那種長時間的持續耐力，而是一種快速運動狀態下間隔時間長短不一的速度耐力。對抗中多次的反覆快速起動、位移、擊球動作，持續的快速運動貫穿整場比賽，速度耐力素質在羽毛球運動中起著極其重要的作用。因此，專項耐力素質的訓練，應以發展強度高、間歇短的速度耐力為主。練習示例如下。

1. 衝刺跑加移動步法：

200 公尺、300 公尺或是 400 公尺全力衝跑後，立刻進行45 秒或 1 分鐘全場移動步法練習，完成兩項內容為一組，中途無間歇，組與組之間可間歇 3 分鐘左右。依據選手的具體情況，可採用 2 組、3 組、5 組不等的練習負荷。

2. 長時間綜合跑跳：

內容可參見專項靈敏素質練習，但要延長練習時間，加大負荷量。

3. 長時間的單、雙腳跳繩：

採用專項速度素質訓練中的跳繩內容，但要延長練習時間，加大負荷量。

4. 多球速度耐力：

運用多球，進行全場各種位置的連續擊球練習。以下多球練習的次數可視個人情況靈活掌握，但每次練習均應在快速動作前提下有一定的基礎數量，以達到速度耐力訓練的目的。練習時，組與組之間應有間歇放鬆，休息後再練習。

⑴ 多球後場定點連續擊高吊殺：陪練者用多球持續向練習者的後場發高球，練習者連續不停地進行高、吊和殺球練習，在熟練技術的同時，增強手臂的擊球耐力。

⑵ 多球連續被動接吊殺：陪練者用多球定點地或不定點地向練習者的前場左右兩點和中場左右兩點拋球，練習者做全力迎接拋來的類似吊球或殺球練習。陪練者拋球時應適當增加練習者的接球難度，以讓練習者「接被動球」為主。

⑶ 多球連續全場殺球上網：陪練者持續地用多球向練習者場區一前一後固定的路線發球，練習者進行殺球後快速上網搓球練習。陪練者應控制好發球的速度，以鍛鍊和發展練習者場上移動的速度耐力。

⑷ 多球雙打後場左右連續殺球：陪練者用多球持續地向練習者後場左右區發高球，練習者連續不停地快速左右移動起跳殺球。這項練習是為了提高雙打後場選手連續進攻的能力，因此，陪練者需要控制好發球的速度和範圍，以保證練習者快速、持續地移動殺球。

⑸ 多球全場封殺球：陪練者用多球以右後場——右中場——右前場——左前場——左中場——左後場的順序向練習者發球，練習者從右後場起跳後，迅速向前

跟進至右中場持續殺球，再向前壓到右前場封網，再連續向左前場移動封網，再後退一步至左中場起跳殺球，再後退至左後場做起跳頭頂殺球。至此，完成一輪封殺練習。可持續完成幾輪，以提高雙打的速度耐力。

(6) **多球全場跑動**：陪練者用多球不斷地不固定地向練習者場區前後左右幾個點發球，迫使練習者持續不斷地做全場奔跑救球，以發展專項移動的速度耐力。

5. 單打持續全場攻防：

用 5～6 個球，一人專門負責撿球，失誤出現時，不間斷地立即再次發球，使練習者沒有間歇，在規定時間內保持較高速度反覆移動擊球。

(1) **二一式 20 或 30 分鐘不間斷持續全場進攻**：這是單打進攻的加強式練習，目的是在熟悉各項技術的同時，提高練習者場上的速度耐力。方法是練習者在場地一側全力快速地組織球路向對方發起進攻，陪練者兩人採用分邊站位立於場地一側，各負其責地守住自己一側的來球。

通常情況下，當練習者以平高球進攻時，陪練一方再回後場高球。如果練習者採用吊球或是殺球進攻，陪練者即可回擋網前小球。練習時，雙方可持續進行多拍，以減少撿球時間，提高練習的強度。

(2) **三一式 30 分鐘不間斷持續全場接四角球和接吊殺球**：這是單打防守的加強式練習。方法是陪練者的一方為 3 人，1 人站網前，2 人分站後場兩點，以加強進攻的威力。練習者站在場地的另一側，全力快速地防守對方的來球。

通常情況下，陪練者以平高球進攻後場，練習者一般回高球；陪練者吊球或是殺球下壓進攻，練習者可任意回球。同二一式一樣，練習時，雙方可持續進行多拍，儘量減少撿球時間，提高練習的強度。

(3) **三一式、四一式單打全場或是雙打半場、全場防守**：這是一種雙打防守的加強式練習。練習時由 3 人或 4 人陪練，目的是加強攻擊力，加大對抗的難度，全面提高練習者的防守能力。方法是陪練者分別站位於場地一側的前場和後場的幾個位置，以後壓前封的形式全力進攻。練習者可以是 1 人或是 2 人，如為 1 人，則守住半塊場地的來球；如為 2 人，則分邊站位，各負責防守半場的來球。

第七節   靈敏素質訓練的內容與方法

靈敏是一種綜合素質，是運動技能和各種素質在運動中的綜合體現。羽毛球運動擊球速度快，對身體靈敏性要求很高，特別是下肢步法。選手在近 40 平方公尺的場地上要進行各種急起、急停、曲線、直線、前後左右移動、上下位置的轉向與跳躍等快速揮臂擊球，靈敏性對技、戰術運用和提高有至關重要的作用。

靈敏素質訓練包括上肢、下肢和軀幹部位，下面介紹基礎和專項靈敏素質訓練的內容和方法。

一、基礎靈敏素質訓練的內容與方法

（一）拋接羽毛球訓練

① 將球向上拋起，即刻下蹲，雙手觸地，再迅速站起用右手將球接住。練習中可以遊戲方式進行，如做連續接 10 次球的比賽。以協調配合好、完成速度快者為優勝。

② 持球，右腿直腿抬起，同時用右手將球從抬起的右膝下向左上方拋起，再用左手接住，以此方法反覆進行練習。

③ 兩臂側平舉，右手將球經頭頂向左側方向輕輕拋出，左手接住球後，以同樣方法經頭頂向右側拋起，右手接住，如此反覆練習。

④ 兩臂向前平舉，用右手將球從左臂下面向上拋起，再用右手接住，連續做數次後，再換左手做同樣的動作，如此反覆練習。

⑤ 用右手將球向上拋起，同時原地起跳向左轉體 360°，然後接住球。再換左手做同樣的動作，但要向右轉體 360°，如此反覆進行練習。

⑥ 單腳站立，同側手將球從身後經肩上方拋向身前，再用拋球手接住，接球後才能把提起的腳放下。再換另一隻腳站立，用另一隻手做同樣的拋球接球練習，如此反覆進行。

⑦ 兩腳左右開立，上體前屈，一手持球經胯下將球從背後拋向身前，然後身體快速站直將球接住，反覆練習。

⑧ 在地上畫一直徑 3 公尺的圓圈，沿圓圈順時針方向邊跑邊持拍顛擊羽毛球，再換方向逆時針做顛球跑。跑的時候全身上下要協調配合，規定雙腳要踏在線上，同時用球拍控制好球，不讓它落地。

⑨ 在地上畫 1 公尺左右的直線，兩端各放一球，練習者手持一球站在線的中間向上拋起後，迅速彎腰分別拾起地上左右兩端的球，再接住落下的球，如此反覆練習。

（二）靈敏遊戲訓練

(1) **持球過桿**：在長 20 公尺的直線上插 10 根桿，練習者持拍向上抬球，同時沿曲線繞桿做角力跑練習。

(2) **踢球過人**：甲乙二人相距 6 公尺對面站立，丙站在甲乙中間，甲乙二人力爭將羽毛球踢過丙並由對方接住，丙則盡力截擊踢過來的羽毛球。

(3) **圈內截球**：數人圍成一圈，根據練習者的人數多少，決定圈內進 1 人或 2 人。圈外的人在圓圈空間範圍內將羽毛球來回傳遞，圈內練習者則設法截擊，觸到球為截擊成功，被截住球的傳球者則被換進圈內，繼續練習。

(4) **小沙包擊人**：在一個長約 8 公尺、寬約 4 公尺的場地內設防守者，進攻者站在場地縱向的兩端，以小沙包擊防守者。如守者的身體任何部位被沙包擊中，則

被罰下，直到守方全部選手被罰下場為止。然後交換攻守，繼續練習。

（三）變向能力訓練

(1) **過人**：在地上畫一條橫線，練習者兩人對面站在線的兩側，一攻一守。攻者設法越過橫線而不被守者觸及身體，守者則伸開雙臂攔阻攻者，設法不讓他越過橫線。練習移動中的變向能力。

(2) **搶球**：練習者分為兩個小組，一組傳接羽毛球，另一組則設法截奪，截奪成功則交換角色，看哪方控球時間長。要求：控球者不能長時間持球，必須不停地傳接球。

二、專項靈敏素質訓練的內容與方法

專項靈敏素質是運動技能和各種素質在運動中的綜合表現，是一種身體與球和諧統一的特殊素質。羽毛球擊球最大飛行時速達 300 多公里，球體在空中飛行速度快，方向變化多，對身體的靈敏性提出了很高的要求，特別體現瞬間的方向距離感和突變能力強。

下面介紹一些提高羽毛球專項靈敏素質的常用練習方法。

（一）上肢靈敏性訓練

1. 手腕前臂靈敏性訓練

(1) **快速、變向用手接各種前半場小球**：練習者站於中心位置，陪練者向其前場兩點和左右兩角拋球。練習者以低重心配合跨步做雙手接球，然後立即拋給陪練者，同時迅速退回中心位置，準備接第二次來球。如此反覆練習。

(2) **快速左右前後一步騰空接球**：練習者站在中心位置，陪練者向其左右兩側的高空拋球，練習者判斷來球後側身躍起，用類似足球守門員的動作在空中接球，再拋給陪練者，同時迅速回位中心位置，準備接第二次來球。如此反覆練習。

(3) **快速用手接前後左右上下位置的來球**：練習者站在中心位置，陪練者向其前後左右上下 6 個點拋球，練習者向來球方向移動，並用雙手接球再立即拋回給練習者，再迅速退回中心位置準備接第二次來球。如此反覆練習。

2. 手指靈敏性訓練

(1) **捻動拍柄**：手持拍柄，用手指捻動拍柄做左右上下轉換拍柄位置的練習。

(2) **拋接球拍**：將手持的球拍向前後左右和上方拋起，再用手迅速接住，如此反覆練習。

(3) **持拍繞環**：兩手各持一拍，在各自的同側前方位置順或逆時針方向做手腕大繞環練習；或是兩手做不同方向的大練環；或是兩臂交叉，即在異側做大繞環練習。也可用相同方法以肘為軸做前臂繞環練習。

（二）綜合靈敏性跳繩訓練

跳繩是發展羽毛球專項素質能力的一種行之有效的手段，它不僅可以加強大腿、小腿、踝關節和手腕、前臂的力量，而且對發展上下肢協調配合的靈敏素質有很大幫助。

另外，跳繩練習比較簡單，效果好，也不受場地限制，只要有一根尼龍繩即可進行練習，是各國羽毛球選手首選的專項身體素質訓練方法之一。

(1) **前後小交叉步、大跨步交叉跳繩**：練習時要以前腳掌著地，完成交叉和跨步動作。

(2) **高抬腿跳繩**：以原地高抬腿動作完成跳繩練習。

(3) **雙腳前後左右跳繩**：選擇一個中心點，雙腳以「米」字形做跳躍練習。

(4) **起動步法跳繩**：依據步法移動方向，運用起動步法的第一步進行跳繩練習。

(5) **左右腳花樣跳繩**：兩腳分別依據不同的花式變換進行跳繩練習，以提高兩腳的靈活性。

(6) **向右、向左轉髖跳繩**：先屈膝跳躍並向右轉髖 90º，然後恢復原位，再屈膝跳躍向左轉髖 90º。快速交替進行練習。

採用以上練習時，可視具體情況，選擇 20、30 分鐘或 1 小時的持續時間，反覆交替進行。

（三）下肢綜合跑訓練

(1) **小步跑**：以前腳掌觸地，向前做快頻率的小步跑。腿要蹬直，以發展小腿和踝關節力量。

(2) **高抬腿跑**：一腿蹬直，另一腿的大腿上抬至水平，兩腿交換動作，快速進行。

(3) **後蹬跑**：跑進時，蹬地腿向後下方發力蹬直，擺動腿同時向前上方屈膝擺起，以弓箭步跨步騰起落地。
兩腿交替快速進行。

(4) **後踢腿跑**：跑動過程中，一腿充分後踢，另一腿蹬直。兩腿交換動作，快速進行。

(5) **墊步跑**：右腿在前左腿在後，屈膝向右前方墊步跑；再換左腿在前右腿在後，屈膝向左前方墊步跑。接下來改為左腿在前、右腿在後，屈膝向右後方墊步跑；再換左腿在後、右腿在前，屈膝向左後方墊步跑。如此快速交替進行練習。跑動中身體保持穩定。

(6) **左右側身並步跑**：雙腿屈膝，以並步姿勢向左側做並步跑，再向右側做。

(7) **前後交叉步側向移動跑**：以前後交叉步向左側或右側做移動跑練習。

(8) **雙腳向後跳**：雙腳向前下方蹬地做向後跳躍練習。

(9) **體前交叉轉髖**：跑動中，左腿屈腿上抬至水平後，以髖部帶動向右轉體，落地後再換右腿屈腿上抬至水平，以髖部帶動向左轉體，落地後再換左腿做。如此快速交替進行。

綜合跑練習可選 30 公尺的距離，用以上動作來回重複兩次，連續完成全部內容為一組，具體負荷組數視個人情況而定。

（四）髖部靈活性訓練

(1) **快速轉體**：以左腳為軸，右腳向前、向後做蹬步轉體練習。

(2) **前後交叉起跳轉體**：即連續的後場起跳擊球動作練習。

(3) **原地轉髖跳**：髖部向左、向右連續轉動，向右轉時右腿向外旋，左腿向內旋，兩腳尖方向保持一致向右，身體向前，上體保持平衡，僅下肢轉動。髖部向左轉時，左腿向外旋，右腿向內旋，兩腳尖方向保持一致向左。

(4) **高抬腿交叉轉髖**：高抬腿姿勢，當腿抬至體前最高點後迅速向左或向右轉體。左右腿交替持續做。

(5) **收腹跳**：雙腳全力向上縱跳的同時，雙腿向胸前屈收，完成屈腿收腹動作，連續跳躍一定次數，反覆進行。

(6) **小密步墊步前後蹬轉**：右腳向前移動半步，左腳緊跟其後迅速墊一小步靠向右腳，此時以左腳為軸心，右腳向後蹬地轉體，左腳隨即後退小半步，右腳再次向前移動半步（開始重複第二次），如此反覆進行。

(7) **半蹲向前後左右轉體墊步移動**：練習時，在短距離內視信號快速變換方向。

第八節 ✎ 柔韌素質訓練的內容與方法

柔韌素質指人體活動時各關節肌肉和韌帶的彈性和伸展度。柔韌素質與速度素質密切相關，關節肌肉柔韌性能好，上下肢和軀幹動作協調能力強，完成運動技術動作合理，運動速度快。

熱身活動後進行柔韌素質訓練，既能防止拉傷韌帶，又能循序漸進地使身體各部位韌帶的韌性得到發展。

柔韌素質訓練也可與力量素質訓練配合進行。運動負荷後，肌肉疲勞、僵硬而缺乏彈性，此時系統地進行一些柔韌素質訓練，將肌肉韌帶最大限度地拉長，能改善肌肉狀況，有利於身體各部位肌肉、關節和韌帶的恢復與發展。

柔韌素質訓練包括上肢、下肢和軀幹等部位，下面簡單介紹基礎和專項柔韌素質訓練的內容與方法。

一、基礎柔韌素質訓練的內容與方法

（一）拉長身體各部位韌帶訓練

(1) **屈體**：兩腳左右開立，與肩同寬，兩臂以稍比肩寬的距離斜上舉，上體盡量前屈，雙手先在左膝後面擊掌，再換在右膝後擊掌，依次反覆進行。

(2) **伸展**：兩腳左右開立，與肩同寬，兩臂在胸前平屈（掌心向下），隨上體向左轉而向兩側展開，向後振臂拉長韌帶，還原後再隨上體向右側做同樣的動作，反覆進行。

(3) **振臂**：直立，上體挺直，兩臂前平舉，盡力側開向後振，恢復準備姿勢後重複後振，反覆進行。

(4) **觸摸腳尖**：兩腳左右開立，比肩稍寬，兩臂自然下垂。上體前屈，以左手指尖觸摸右腳尖，再以右手指尖觸摸左腳尖，反覆進行。

(5) **體側屈伸**：兩腳左右開立，與肩同寬，左手叉腰，右臂向上伸直，上體向左側屈，做側屈伸練習。再以右手叉腰，左臂向上伸直，向右側做右側屈伸練習。側屈時，叉腰的手可加推力。動作要柔和。

(6) **轉腰**：兩腳左右開立，與肩同寬，兩手扶後腦，上體反覆向左右兩側做轉體動作，先向右轉，再向左轉，如此反覆進行。轉體時兩腳勿動。

(7) **跳躍**：兩腳左右開立，與肩同寬，兩臂側平舉，跳躍兩次，然後兩腳併攏，兩手在頭頂上拍兩下，再跳躍兩次，以一定頻率反覆進行。拍手時兩臂要伸直。

(8) **弓箭步**：向前跨弓箭步，最大限度地拉壓腿部肌肉和韌帶，左右腿交換進行。

（二）拉（壓）韌帶訓練

手扶肋木，將身體練習部位搭靠在肋木上，借助肋木，進行以下各部分肌肉韌帶的柔韌性練習。

(1) **正面壓腿**：面向肋木站立，一腿支撐，另一腿抬起，腳跟置於肋木上，然後以胸部盡力壓靠抬起腿的膝部。然後兩腿交換。兩膝均不得彎曲，髖關節必須與被壓腿垂直，必須用胸部向拉伸腿壓靠。

(2) **側面壓腿**：側向站立，一腿支撐，另一腿側向抬起置於肋木上，兩臂上下分開，協助上體以同側肩部壓靠抬起的腿，然後兩腿交換。兩腿膝均不得彎曲，髖關節必須與抬起的腿呈水平，必須用同側的肩部壓靠被壓的腿。

(3) **後壓腿**：背向肋木站立，一腿支撐，另一腿向後抬起置於肋木上，兩臂上舉協助上體後仰，儘量以頭部貼靠被壓的腿，然後兩腿交換。兩膝均不得彎曲，髖關節儘量與被壓的腿呈水平，要緩慢地拉壓，以防受傷。

(4) **劈叉**：借助肋木，交替進行豎劈叉（正向）和橫劈叉（側向）練習，豎叉時左右腿可交替前後。

(5) **拉壓肩**：面向肋木開立，雙手或單手扶肋木，塌腰，上體前屈，舒展地拉壓肩部，充分拉開肩關節，也可以進行側向拉肩或背向拉肩。

(6) **下腰**：背向肋木，兩腿自然開立，兩臂上舉，帶動上體後仰，抓住肋木做拉伸軀幹部位的練習。

二、專項柔韌素質訓練的內容與方法

關節活動幅度大，肌肉和韌帶的伸展度好，有助於高品質地完成各種位置的擊球動作。柔韌素質的好與壞，關係到上下肢和軀幹協調性的好壞，直接影響到運動中完成各種技術動作的品質。

常用的專項柔韌素質練習方法有以下幾種。

（一）發展上肢各關節韌帶伸展性訓練

(1) **繞肩**：兩臂上舉，以直臂或屈臂姿勢向前繞臂，再向後繞臂，如此快速進行。

(2) **轉動繞環手腕**：手腕以屈伸、外展、內收等動作，做順時針、逆時針轉動繞環的練習。

(3) **持拍做肩部大繞環**：方法參見上肢專項靈敏素質訓練，注意加大肩關節繞環幅度。

（二）發展下肢各關節韌帶伸展性訓練

(1) **後仰前屈**：手扶固定物，兩腳開立，與肩同寬，持拍的手臂徒手上舉，先向後仰，儘量用手觸摸同側的跟腱；再以擊球姿勢收腹向前屈體，用手觸摸同側的腳尖。反覆做。

此練習，也可改為兩人背向站立，相距 1 公尺左右，持實心球做上體前屈、後仰傳接練習。

(2) **拉跟腱**：兩腳前後自然開立，後腳的腳尖指向正前方。前腿屈，後腿蹬直，並使後腳腳跟儘量地貼近地面，最大限度地拉伸跟腱，再換另一腿做。

(3) **踢腿**：參照上述的壓腿練習方法，手扶支撐物全力快速地做正向、側向和後向的踢腿練習。

(4) **弓箭步跨步**：兩腿交替做向前或向側前方踢小腿邁出大跨步的弓箭步。跨步時應以腳後跟先觸地，腳尖微外展，屈膝大於 $90°$，髖部儘量與跨步的大腿呈水平。

（三）發展腰部伸展性訓練

(1) **繞環**：兩腳與肩同寬開立，向左前、右前、左後、右後、左側、右側做練

習。

(2) **轉腰**：兩人背向站立，相距 1 公尺左右，持實心球做左右轉體傳接球練習。也可運用頭頂被動擊球動做作腰部快速後伸前屈練習。

長期的羽毛球運動實踐證明，經常而系統地進行上述各種身體素質訓練，一方面可以有效地提高專項身體素質，從而全面提高技、戰術水準；另一方面還可以增強機體素質，提高抗疲勞能力。

成長中的少年兒童，進行正確恰當的身體素質訓練，能使內臟器官和身體形態得到協調發展，有利於身體的正常生長發育。而對於成年人來說，身體素質提高和運動能力增強，既能降低運動中各種損傷的發生概率，又能改善人體的機能水準，獲得良好的體質，提高學習和工作的效率。

思考與練習：

1. 結合羽毛球運動發展趨勢談談羽毛球運動對身體素質的要求。
2. 羽毛球運動身體素質訓練的基本原則有哪些？
3. 提高羽毛球練習者力量素質的方法有哪些？
4. 提高羽毛球練習者速度素質的方法有哪些？
5. 提高羽毛球練習者靈敏素質的方法有哪些？

第八章

第一節 ✎ 教學訓練的心理學基礎

羽毛球運動參與者的心理與其教學訓練之間的關係是一種雙向影響的關係，即參與者的心理發展水準和羽毛球運動教學訓練的心理促進功能緊密關聯，相互依賴、相互作用，構成了教學訓練的重要心理學基礎。

首先，參與者的心理發展水準制約著羽毛球運動教學訓練目標、內容、方法、手段及運動負荷等的選擇與安排，教學訓練必須符合參與者的年齡、性別、個性心理特徵和專項心理能力，不得脫離他們的心理水準任意選取。

另外，練習者參與教學訓練的心理動力強弱、注意力是否集中、能否調控情緒、意志品質是否頑強等心理因素，直接影響著他們對運動教學訓練與競賽活動參與的投入程度、堅持性及效果。

由於羽毛球運動專項的特點所致，其教學訓練對於參與者的心理發展有著特殊的影響作用，對練習者的運動感知、動作技能、反應速度、思維敏捷性、注意集中、情緒豐富與調控、意志品質、個性與社會適應等心理與行為的發展有著獨特的鍛鍊價值。

羽毛球運動的教學訓練在全面把握和遵循參與者心理特點的基礎上，充分發揮自身特有的功能，有目的、有計畫地組織實施，就能夠使得練習者的身體、心理、技術和戰術水準沿著預定的方向、按照設想的速度、朝著特定的水準發展，有效地實現教學訓練目標。

一、制約教學訓練的心理因素

（一）心理動力

練習者參與羽毛球教學訓練的自覺性、主動性和積極性是影響教學訓練效果的主要因素之一，他們的動機、態度、興趣和習慣等是心理動力的重要組成成分。羽毛球世界冠軍孫俊（2003 年）指出，沒有運動員訓練的自覺性、積極性，就談不上訓練的品質，更談不上優異成績的取得。當今任何一位有成就的運動員，都毫不

例外地有著明確的訓練目的，他們所取得的成績都與自覺積極、創造性地進行訓練分不開。

練習者在羽毛球技術教學訓練中反覆完成某一動作，比較枯燥，同時還要承受一定的，甚至是強度很大的運動負荷，克服長時間練習造成的身心疲憊和各種各樣的困難，適應越來越激烈的競爭及其帶來的心理壓力。

這些都要求他們能夠正確認識到參與羽毛球教學訓練的目的和價值，端正教學訓練態度，培養和保持對羽毛球運動的興趣，養成良好的練習習慣，激發起自身內部的心理動力，充分調動心理和身體能量，挖掘身心潛能，自覺、主動、積極地投入到教學訓練之中，保證教學訓練的品質和效果。

（二）運動——認知能力

運動——認知能力指的是在以肌肉收縮為主要特徵的運動活動過程中個體的認識活動的表現水準，其中包括運動感知、運動表象、動作記憶、戰術思維、專項運動意識和運動注意等能力。

練習者當前所擁有的一般和羽毛球專項運動——認知能力是制約教學訓練的又一主要心理因素。

羽毛球運動的技術種類繁多，僅網前就有搓、推、勾、挑、撲、封網等技術，作為練習者要全面掌握，熟練運用。如果練習者的運動感知能力低，體會不到手指、手腕、前臂肌肉用力的感覺，建立不起應有的動作表象和記憶，儲存不了動作完成訊息，戰術思維遲鈍，羽毛球專項運動意識差，理解不了教師、教練員的指導，就無法按要求去練習、比賽，教學訓練的效果也會受到影響。相反，如果練習者的運動——認知能力較高，技術動作掌握得準確，教學訓練的任務就能夠較順利地完成。

面對不同水準運動——認知能力的練習者，教師和教練員的教學訓練安排要符合他們的能力，根據他們的水準制定和選擇練習內容與方法，提出的要求要因「能力」而異，使各種水準的練習者透過教學訓練都能有所收穫。

（三）年齡、性別和個性心理特徵

人的心理隨年齡的增長發生變化，表現出不同年齡階段的心理特徵。由於生理和社會因素的影響，男女之間存在著心理和行為上的差異。

在相同年齡和性別的個體之間，由於遺傳和成長環境的影響，還會在需要、興趣、態度、習慣以及能力、氣質、性格等方面表現出不同的個性心理特徵，使練習者在獨立性或順從性上，在理智性、情緒性與意志性上，在內向和外向上，在心理和行為反應的速度、強度、靈活性上，在對具體人物、事物和活動對象的態度、價值認識、抱負水準、行為趨向上表現出各自典型、穩定而獨特的特徵。

這些差異或特徵直接或間接地影響著羽毛球教學訓練的效果。

（四）心理狀態

心理狀態是指個體在特定時間和環境中心理活動的綜合表現，包括動機、認知、情緒、意志與注意等方面的活動特徵。具體到運動場上，就是練習者隨著教學訓練過程和環境的變化產生的心理變化。

「心態決定一切」，這句話雖然比較絕對，但也說明了心理狀態的影響作用。無論個體的身體素質、技術水準、戰術水準和心理、行為品質如何，練習者在羽毛球場地上、在教學訓練或比賽過程中，當時、當場的心理活動是影響他們運動行為表現的直接原因。積極、穩定的心理狀態是正常甚至超常運動表現的心理保證，而消極、起伏的心理狀態將導致運動表現的失常。

練習者能否認識到心理狀態的重要性、歸納出良好心理狀態的特徵、發現自我良好心理狀態的表現與體驗，以及擁有調控心理狀態的意識和技能，是他們能否經常表現出良好心理狀態、保證以最佳心態參與羽毛球教學訓練和比賽的重要認知保障。在日常教學訓練中，教師和教練員要注意觀察和瞭解、善於調節和控制練習者的心理狀態，在教技術、練身體的同時，提高練習者調控心理狀態的意識，學習調控方法，逐漸地使他們獲得自我心理調控的技能和能力，盡力促使他們能夠在各種環境下表現出積極而穩定的心理狀態。

二、羽毛球教學訓練對心理發展的促進作用

羽毛球運動是一項隔網擊球的對抗性球類運動項目，技術複雜，戰術多樣，球速快、變化多，雙方鬥智、鬥勇、相互制約，比賽時間長、消耗體能大。

長期進行羽毛球運動教學訓練，不僅能使參與者的身體形態、生理機能和身體素質得到全面發展，而且能使他們的心理品質得到完善。

（一）提高神經系統活動的敏捷性和靈活性

羽毛球教學訓練的目的之一就是使練習者學習、掌握豐富多樣的羽毛球技術動作，並能在比賽對抗中熟練、靈活地運用。

長期進行快速多變、隨機應變的羽毛球技、戰術練習，參與者必須學會在極短的時間內對對方的意圖進行揣摩，對瞬息萬變的球路進行預測，對對方擊來的球進行判斷並迅速作出最佳決策和相應的回球反應。這種快速的、變化無常的預測、判斷、決策過程的重複訓練，對提高神經系統的敏捷性和靈活性非常有益，對縮短練習者的動作反應時，提高動作的協調性、靈敏性也有促進作用。

（二）發展羽毛球專項運動知覺

羽毛球技術不僅複雜，而且要求準確完成。對羽毛球運行和落點的控制主要依

靠擊球時手指、手腕操縱球拍與球接觸時的精細用力，球拍接觸球的位置、接觸球的點、球拍與球保持的角度，揮擺前臂、甩腕壓指的速度、方向等均由練習者手指、手腕的肌肉用力調控。長期進行羽毛球教學訓練，參與者對手指、手腕肌肉用力差異性的感覺與支配將得到準確、精細的發展。

羽毛球練習者持拍擊打羽毛球，球拍是其肢體的延伸。經常從事羽毛球運動，練習者對羽毛球拍的品質、重量、長度、大小，拍弦繃緊程度、彈性、力度，握柄粗細、光滑程度等會產生細微的分化感知。

羽毛球的羽毛是由動物羽毛製成的，重量輕、飛行快。對其形狀、重量、彈性和穩定性，以及運行速度、高度、弧線、落點等運行軌跡的感知，是在長期從事羽毛球教學訓練過程中發展起來的。室內溫度、潮濕度以及風速、風向等對羽毛球的飛行有較大影響，經常從事羽毛球運動者對風的感知特別敏銳。另外，場地感、球網感、光線感等也是經常從事羽毛球運動者得到良好發展的專門化感知覺。

（三）愉悅心情、調節情緒，形成良性的主導心境

作為大眾健身的羽毛球活動，不僅簡便易行、老少皆宜，而且變化多樣，室內外均可開展，有較強的遊戲性，因此深受不同人群的喜愛。作為競技運動的羽毛球教學訓練，競爭激烈、變化多端、對抗性強、勝負難料，有很強的情緒體驗性。在輕重、快慢、遠近、高低、狠巧、飄轉不同變化的羽毛球擊打活動中，參與者內心充滿了喜悅，擊殺了一個好球或防接起對手一個絕殺，都能使練習者精神振奮，產生自信、自我滿足感和成功感。

羽毛球運動具有愉悅情緒功能是比較突出的，每一次參與羽毛球活動獲得的快樂心情得到經常性的積累，有利於樂觀的主導心境的形成和消極情緒的降低。

魏杭慶（2001）的研究表明，經過 1 年訓練，57 名浙江省殘運會羽毛球選手和殘疾人羽毛球愛好者的抑鬱症狀檢出率由 48.6% 降至 23.3%。抑鬱量表（CES-D）中的煩惱、食慾減退、自卑感、空虛感、憂愁、注意障礙、情緒低沉、乏力、絕望感、睡眠障礙、無愉快感、言語減少、孤獨感 13 項症狀，從 80% 降至 55.9%。可能有抑鬱症狀者、肯定有抑鬱症狀者、有嚴重抑鬱症狀者分別從 61.4%、53.1%、38.2% 降低到 42%、36.1%、23.3%，差異顯著（$P < 0.01$）。這個結果證實，羽毛球運動對減輕人的消極情緒有積極的作用。

（四）磨鍊意志

羽毛球運動是一項對參與者體能要求較高的項目。進入羽毛球場地，從事羽毛球教學訓練或比賽，就要不停地起動、奔跑、跨步、轉體、跳躍、揮拍擊球。羽毛球場地不大，但單打、雙打都對個體提出了持續、高強度活動的要求。球一發出，就不能停頓。一球一球、一局一局，大強度的、連續的速度耐力運動，使參與者體內代謝產物堆積，身體疲勞，肌肉痠疼，心肺活動劇烈，有時每分鐘心率達 180 次

以上。練習者必須有堅強的意志品質，能夠忍受疲勞和痠痛，不怕困難，肯於吃苦，意志堅韌、頑強。因此，羽毛球運動是培養個體意志品質的一個有效途徑。

另外，羽毛球運動是隔網對抗的球類項目，比賽的雙方相互限制、相互制約，每一次揮拍擊球都在鬥智、鬥勇、「置對方於死地」，因此，對培養參與者的競爭意識、進取精神、自信、果敢、不服輸的品格，以及在關鍵時刻臨危不懼、泰然處之等品質都有積極效果。

（五）培養團結協作、默契配合的精神

羽毛球運動有單打、雙打項目之分，單打項目能培養練習者獨立作戰的能力，雙打項目可提高練習者之間團結協作、密切配合、相互默契的合作精神。雙打配對練習中，要求同隊兩名隊員始終保持好前後場或左右場站位，發球或接發球後隨球路的變化快速、協調地移動。兩人的意識、思維和行動一定要統一。雙打練習和比賽的擊球速度快、下手狠、距離近，搶先進攻、平抽平打，拉開後場兩底線的調動球和來回球的拍數也較多，球場情況更加複雜，要求練習者在長時間快速對攻中保持高度的注意集中，敏銳觀察、準確判斷、及時反應、靈活處理來球，氣勢、鬥志上還要壓倒對手。

雙打練習中，兩人之間的相互尊重、相互認可、相互接受非常重要。2 對 2 的競爭，每個人控制的場地縮小，節奏、速度加快，難度加大，相互配合、協作與交流的機會增加。是埋怨還是鼓勵，取決於兩人對「一體化」的認可和與同伴「同舟共濟、榮辱與共」的態度。一人出現失誤或疲勞時，另一人的鼓勵和「彌補」行為，可成為巨大的精神力量，激發同伴一起奮戰。因此，羽毛球雙打練習有助於參與者互敬、互助、協作、配合精神的培養。

羽毛球教學訓練的心理促進功能可能還有許多，其鍛鍊價值的實現也因個人需要的滿足而有所不同。需要說明的一點是，以上積極功能的實現，必須是在遵循個體身心發展規律的前提下，依據體育教學、運動訓練學原理和羽毛球運動專項特點，科學地計畫、組織和實施羽毛球的教學訓練，才能夠取得。積極效應的獲取是有條件的，並不是拿起球拍到運動場上一打就自然而然實現的。羽毛球教學訓練安排不當，可能會對練習者的身體、技術、戰術和心理發展造成不良影響，可能誘發出錯誤的教學訓練態度，造成過度的教學訓練應激（stress）、比賽焦慮、人際關係緊張，甚至心理、社會適應障礙等問題，導致練習者對羽毛球教學訓練的興趣和樂趣缺失，迴避、中斷教學訓練。這一點應引起教師和教練員的注意。

第二節 ✎ 羽毛球運動員專項心理特徵分析

作為體育教學訓練，尤其是競技運動項目的羽毛球運動，近年來發展非常迅

速，競爭日趨緊張激烈，要求越來越高、越來越全面。羽毛球運動專項對練習者身心發展有特別的促進功能，長期參與羽毛球教學訓練的個體表現出特有的專項心理特徵。研究和把握羽毛球運動員專項的心理特徵，對進行心理選材和有針對性的教學訓練及運動競賽的心理指導有重要意義。

一、「球感」

「球感好」是長期參與羽毛球教學訓練和高水準羽毛球運動員所表現出的突出心理特徵之一，也是打好羽毛球必備的心理基礎，是從事羽毛球運動最基本、最重要的心理要求。

羽毛球專項運動中的「球感」是個體在長期從事羽毛球專項運動實踐中形成的對羽毛球、球拍，尤其是對持拍手臂肌肉用力擊球時的精細分化的專門化知覺能力。它的特點是對球、拍、肌肉用力的各種物理、生理和時空、運動等特性達到了高度精確的感知與精細分化的發展和支配程度。

陳莉琳（2003 年）提出，羽毛球專項運動中的「球感」主要包括球性感、球拍感和手感三方面的基本內容：

球性感主要指的是運動員對羽毛球的各種特性，如對球的形狀、大小、輕重，在不同溫度、潮濕度等環境下，以及不同角度與不同力量擊球時球的空間運動速度、方向與線路變化等特性的感知能力達到精細化發展的程度。

球拍感主要指的是運動員對羽毛球拍的特性認識，如對球拍的形狀、大小、重量、彈性、靈敏度和人與球拍之間的各種時空特性與運動特性等的感知能力達到精細化發展的程度。

手感主要指的是運動員對完成擊球動作中人的生物運動學的特性，如各種握拍、引拍和擊球瞬間相應的大小關節和肌肉活動的能力達到精細化發展的程度。

羽毛球運動技術的核心是擊球，即練習者透過操縱球拍完成各種各樣的擊球動作。如能準確地感知和判斷來球的運行軌跡及速度、高度、弧線、旋轉、落點，練習者就能迅速移動到理想的擊球位置，與來球和即將完成的擊球動作形成最佳的時空關係，做好擊球的準備姿勢，掌握好擊球時機，協調用力，並控制好擊球瞬間的拍面、擊球點和指、腕、臂肌肉發出的力量，使擊出的球飛行路線及落點準確到位，實現練習者的技、戰術意圖。

構成「球感」的分析器有許多，包括肌肉運動感覺、視覺、聽覺、觸覺、平衡覺等。擊球時，這些感覺分析器的聯合協調活動，將內、外訊息傳至高級中樞進行分析綜合，形成了人、拍、球、場地的運動與時空知覺的特定組合。久而久之，發展為羽毛球運動專項的專門化知覺——「球感」。

任何羽毛球技術都有其動作要領，技術動作要領掌握得好壞、快慢，與練習者的「球感」有直接關係。「球感」不僅影響技術動作的掌握，而且還能影響擊出球

的品質和落點。「球感」好，可使練習者得心應手和隨心所欲地進行各種形式的擊球。「球感」是技術水準獲得高度發展並出現競技狀態的心理標誌。「手上有感覺」能增強練習者靈活自如地運用技術的信心，技術應用得心應手、遊刃有餘，還可以使練習者將注意更多地集中到觀察、揣摩對方，選擇最佳技、戰術打法上。因此，球感是各種水準羽毛球運動參與者必備的心理特徵。

二、直覺性運動思維

高水準羽毛球運動員在運動場上表現出的另一心理特點是他們能夠在很短的時間內做出更快、更有效的反應，即他們的心理和動作敏捷性好。在快速、激烈對抗、瞬息之間千變萬化的競賽中，優秀羽毛球選手之所以能夠在極短的時間內，完成準確感知對手的意圖、精確判斷來球狀態、迅速決策並做出正確回球動作，直覺性運動思維發揮著重要作用。

直覺思維是一種由感知直接跳躍至結論的思維，它沒有邏輯思維的複雜推理過程，直接、快速地再現，領悟出複雜情境中熟知的事物對象，是邏輯思維的「概括化」和「簡縮化」。

漆昌柱等（2004 年）的研究報告指出，優秀羽毛球運動員直覺性運動思維中具有更多的「基於內部訊息」的條件概念，表現出典型的「自上而下」的加工方式，即他們擁有更多的與專業知識和專項運動經驗相聯繫的、結構化的運動知識和解決實踐問題的心理圖式（如刺激——反應的固定聯結）。這些將會增加他們對外部訊息進行感知的理解性，提高感知的效率和預測性，縮小作出決定時的搜索範圍，在複雜的賽場環境中按簡單反應的原則採取行動。

另外，優秀羽毛球選手具有更多的「條件——行動」概念表徵，表現出「產生式」思維的特點，即他們擁有更多的在不同情況下如何完成羽毛球技術、戰術打法的程序性知識和經驗，擁有預先儲備的「條件——行動」產生系統，在面對問題情境時能夠快速再現熟悉線索，提取、匹配相應而具體的操作反應，更高效地解決問題。

由於要完成直覺性運動思維和動作，羽毛球運動對參與者的注意強度和穩定性提出了極高的要求。在瞬息萬變、稍縱即逝的情境中，注意力必須高度集中；在比賽的整個過程中，在身體疲勞的情況下，在裁判員、觀眾、媒體以及各種環境因素干擾中，都要保持注意力高度集中。如果在速度快、變化多的羽毛球競賽中產生注意力分散現象，尤其是在對手擊球的一瞬間，「盯」不住對手的擊球動作，將導致反應遲鈍、動作遲緩，錯過回球的最佳時機。因此，在準備迎接對手擊球的時刻保持注意力高度集中是羽毛球練習者直覺性運動思維的重要條件之一。

優秀羽毛球運動員的直覺性運動思維是在長期訓練和比賽中獲得的，各種最佳反應的表現是從千萬次實踐中總結、提取出來，再經過訓練、比賽固定下來的。只

有經歷大量的正誤操作反應的反覆對比、選擇，對各種線索的整合與熟知，運動員才能夠在對手剛剛完成擊球動作後，迅速做出最合理、最恰當的反應動作。因此，優秀羽毛球運動員的直覺性運動思維也是由長期實踐不斷動腦筋摸索形成的。

三、運動情緒

羽毛球運動是使練習者的情緒體驗產生較為深刻、變化起伏較大的一項活動。參與羽毛球運動必須與對手進行直接較量，勝負關係到自己的或更廣範圍的榮譽，雙方求勝願望強烈，心理緊張性和敏感性高。而羽毛球比賽的比分變化大，領先與落後轉換多，且比賽者的思維、情緒和行為易受裁判員和觀眾及場地環境的影響。複雜的變化和參與者的認識、期望，與劇烈的生理反應交互影響，使參與者可能產生的想法增加，進而生成強烈而多變的情緒體驗，作為最活躍的主觀因素之一影響著練習者競技水準的發揮。

羽毛球比賽採用的是「每球得分制」。因此，在實力相當、比分接近或決定勝負的關鍵時刻，每得 1 分或失去 1 分，以及造成得分與失分的情境與因素，都可能使競爭者出現積極或消極的想法，產生增力或減力情緒，進而造成運動表現的起伏變化。這種變化在羽毛球比賽中表現得非常頻繁，常體現在主動、被動和優勢、劣勢的轉化之中，已成為羽毛球運動的特點之一。

只有那些認知境界高、勝負觀正確、思維雜念少、情緒調節能力強的參賽者才能較好地調控好自己的心態與情緒。

四、運動意志

羽毛球比賽是持續時間較長的項目之一，雙方水準越高，實力越接近，競爭越激烈，體能消耗也就越大。為適應羽毛球運動對體能的要求，教學訓練的負荷越來越大，對練習者的意志品質要求也越來越高。在來回球很多，反覆奔跑、起跳，多次揮拍擊球中，得分或獲勝者往往是那些意志頑強、堅韌不拔、堅持不懈者。

羽毛球運動對參與者技術動作完成的精確性要求高，必須經過反覆訓練，才能獲得穩固的動力定型和準確的專門化運動知覺。因此，練習者要具備能夠忍受長時間單調、枯燥技術練習的意志品質，耐得住寂寞，經得起「打磨」。優秀羽毛球運動員能夠認識到「一分耕耘，一分收穫」的含義，表現出了「精益求精」的訓練態度，主動適應一堂課數百次完成同一技術動作的單調練習，將每一拍練習都看做是成功的積累，因而化枯燥為樂趣，樂此不疲。

不論是羽毛球單打還是雙打的教學、訓練及比賽，參與者都要具備獨立作戰的能力，既要獨自作出決定、處理各種問題，又要獨自承受各種結果及其帶來的影響。長期從事羽毛球教學訓練的個體，表現出了較強的適應外界刺激干擾，承受內

外壓力，忍受精神負荷，在高度緊張情境中保持冷靜、果斷、堅強的品質，敢打敢拚，不畏強手，敢於承擔責任。

陳黎雁（2001 年）認為，羽毛球運動中，主動與被動、領先與落後經常交替出現，水準越接近，變化越頻繁，情緒體驗越深刻。羽毛球賽制為三局兩勝，前面比賽的結果對運動員引起的情緒變化會影響後面的比賽。因此，運動員必須用意志控制住自己的情緒變化。優秀羽毛球運動員在激烈競爭的比賽中，能夠保持良好的心理狀態，面對「白熱化」的局面，表現出高度的自制能力。

五、個性心理特徵

一般而言，各種個性心理特徵的個體均可參加羽毛球教學訓練，而且不同個性心理特徵的羽毛球運動員均可達到高水準的運動表現。個性心理特徵可能與練習者掌握技術的速度快慢有關，與運動員的打法風格有一定關係，並直接影響個體的行為表現習慣。作為教師或教練員，掌握羽毛球運動練習者的個性心理特，有助於因材施教，有針對性地進行指導和管理。

張家驊（1995 年）認為，從精神運動的特性看，要求從事專項運動的羽毛球運動員必須具備很強的、高度靈活和平衡的神經過程；從氣質特徵上看，膽汁質、多血質、黏液質及其中間型都可以適合羽毛球運動的特點，而多血質和以多血質為主的膽汁質或黏液質的中間型為最理想的羽毛球專項運動的氣質類型。

從性格特徵看，高水準羽毛球專項運動員對待現實的態度特徵是：對待專項運動活動具有目的性、事業性、主動性、獨立性和創造性等；對待集體與他人具有集體主義精神、同情心、坦率性、原則性、熱情等；對待自己具有自我批評精神、自尊心、自律性、謙虛、克己等；在行為方式上應為樂群、喜歡與他人合作、聰慧、富有才識、理智性強、獨立、積極，情緒穩定、知己知彼，具有較強的攻擊性，行為現實、得體、合乎常規，富於創造與預測、精明能幹，勇敢果斷、自立自強等。

第三節 ✍ 羽毛球運動員專項心理訓練

心理訓練是有目的、有計畫地對練習者的心理過程和個性心理特徵施加影響的過程，也是採用特殊的方法和手段使練習者學會調節和控制自己的心理狀態，獲得最佳競技能力的過程。

心理訓練是現代運動訓練體系中不可缺少的重要組成部分，它影響、制約著練習者身體、技術、戰術水準的改善和提高，可促進練習者心理過程的完善，個性心理特徵的專項化，高水準心理能量儲備的獲得，訓練和比賽環境的適應，為達到最佳競技狀態和創造優異成績奠定良好的心理基礎。

一、心理訓練的基本原則

（一）自覺、主動、積極參與

心理訓練要求練習者自覺、主動、積極地參與，不可被動地服從，對心理訓練有懷疑或阻抗態度的個體難以取得好的練習效果。只有認識到心理訓練的重要意義，相信心理訓練的功能，產生完善心理品質的願望，主動自查心理問題，積極掌握心理訓練方法，心理訓練的效果才會更好。

自省自悟、自知自制，才能自立自強，將心理訓練持久地堅持下去，使自我心理調控能力得到全面提高。

（二）長期、系統訓練

與身體、技術、戰術訓練相同，心理訓練也應當長期、系統不間斷地進行，貫穿到培養練習者或運動員的各個過程與環節。因為個體的成長是身心和社會適應能力的發展過程，需要在各個方面一點一滴地養成，忽視了哪個方面的培養都會影響人的全面發展和整體提高。

另外，心理技能的獲得與保持，也需要有目的、有計畫、有步驟地組織實施，需要學習和練習，熟練、鞏固和應用，才能在心理和軀體反應之間建立穩定的聯繫，在教學訓練和比賽時發揮作用，臨時抱「佛腳」是不會靈驗的。

（三）與專項相結合

運動心理訓練與一般的心理訓練是不同的，其主要目的是促進練習者更好地掌握技術動作、戰術配合，更充分、穩定地在比賽中正常甚至超常地發揮競技水準。心、技、戰、體本來就是一體，缺一不可，不能人為地分家。實際上，很多專項訓練中蘊涵著心理訓練因素，技術、戰術、身體教學訓練中的要求也有許多心理內容。當然，專項運動心理訓練是以一般心理訓練為基礎的。

心理訓練為專項提高服務的目的必須明確，應選擇、設計、實施那些與羽毛球運動專項特點結合緊密的心理訓練，並不斷挖掘專項訓練中的心理要素。

（四）與認知調節相結合

透過心理訓練可使練習者獲得一些自我調控的技能，但個體在運動場上的表現往往受「一念之差」的影響，即對教學訓練和比賽當中出現的各種事件的認識、想法、念頭等對練習者或運動員當場、當時的情緒、意志及運動行為表現有直接的影響。

造成發揮失常的臨場原因就是那些消極認知，再好的身體素質、再鞏固的技術定型、再合理的戰術打法、再充分的賽前準備都可能被一時的負面想法抵消、衝垮。因此，在加強心理訓練的同時，還要進行認知調節，以及心理咨詢、心理教育、心理動員工作，理清練習者參訓、參賽思路，調整心態，端正動機，樹立積極

想法，做好應付、克服各種消極想法的準備。

二、羽毛球運動員專項心理訓練

（一）「球感」訓練

羽毛球教學訓練中的「球感」培養是以發展練習者對羽毛球、球拍和手指、手腕、前臂肌肉用力的感受性為主要內容的訓練，其目的是降低練習者相關感覺的絕對感覺閾限和差別感覺閾限，提高練習者對擊打羽毛球的肌肉運動覺、視覺、關節肢體變化覺和平衡覺等感覺的絕對感受性與差別感受性。

首先，要透過演示、講解和觀察，使練習者對羽毛球的質地與飛行特點有深入瞭解，全面認識羽毛球的構成和屬性，提高判斷從不同地點、方向、高度、速度來球運行特徵的能力。

其次，透過觀察、觸摸和揮拍擊打羽毛球，加深練習者對羽毛球拍的感知，瞭解球拍的構造特點和拍弦的屬性，體會球拍接觸、擊打羽毛球時的感受與打出球的飛行效果，認識球拍與球體之間的相互關係。

第三，透過採用各種持拍和擊球方式，利用手指、手腕、手臂的各種肌肉用力大小和方向變化，將各種來球擊打至各種高度、距離、速度、弧線、旋轉、方向和落點，反覆練習，提高肌肉用力的差別感受性。

第四，結合各類擊球技術的專項教學訓練，如採用各種方法的顛球、對「圈」擊球、對「線」擊球、對「點」擊球、「一點打多點」「多點打一點」，以及網前搓、勾、挑、推球和中、後場的吊、點、殺球等的有效方法，提高羽毛球「感覺」。

「球感」訓練要本著由易到難、循序漸進、經常不斷的原則進行。不論什麼水準的練習者都要加強「球感」練習，因為「球感」不是一成不變的，停止練習、情緒過度緊張、精神和身體疲勞等都會造成「球感」下降，甚至消退。羽毛球技術水準高低的體現之一就是「球感」。沒有了「球感」，失誤增多，練習者的競技水準就無從談起。

（二）動作反應訓練

羽毛球教學訓練中，動作反應的訓練是以提高練習者感知、判斷和應答動作反應敏捷性、正確性為主要內容的練習。

從羽毛球練習者對各種主客觀的刺激作用的反應過程看，反應過程是由知覺刺激物、動作類型歸類（表象再認）、判斷與確定對方的意圖與戰略戰術思想、選擇相對應的有效應答動作、實現反應動作等因素組成，其中最重要的是準確、迅速的感知、判斷和做出應答反應動作的能力。

影響羽毛球練習者動作反應快慢的主要因素有：對對方動作意圖的判斷能力，

對對方擊打來球的觀察能力，回擊球的決策、速度與正確性，回擊球動作的速度與準確性，敢於迎球而上的勇氣，注意力的集中，適宜的中樞興奮程度，良好的體能狀態等。

從以上分析可以看出，對對方來球和自己回擊球的「判斷──決策──動作反應」匹配的豐富性與適應性、拚搏精神，以及大腦中樞和身體的適宜狀態等，是決定羽毛球動作反應的主要原因。教學訓練時要從以下幾個方面著手提高練習者的動作反應能力。

首先，要讓練習者認識到，羽毛球運動中對方擊殺球、平抽球和各種變化球很多，應有心理準備，不論怎麼變化、不論對手在什麼位置抽殺，都要相信自己能夠接起，要有「打不死」的精神和力爭「起死回生」的「求生」慾望。如果這點兒勇氣都沒有是無法練好動作反應和實戰中的接殺球及「二次」反應動作的。

其次，要在教學訓練中安排多種動作反應練習，如二打一練習、接殺球訓練等，指導並啟發練習者尋找判斷線索，選擇最佳決策，做出正確動作反應。要在教學訓練和比賽中經常反覆多次地練習，對實踐的結果不斷分析、總結、歸納，提煉出反應要點，再在實踐中體會。要透過實踐、認識、再實踐、再認識的過程，提高練習者的羽毛球專項思維和動作敏捷性，直至能夠形成直覺性動作反應。當然，在練習中也要靈活多變，防止被對手的假動作欺騙。

第三，要加強「組合技術」練習，將單一而相關的技術綜合起來，將來球與回擊球的動作對應起來，形成「組塊」，使練習者能掌握和熟練應用，並「儲存」在頭腦中。「動作組塊儲存」的量越多，練習者在複雜情況下作出正確而快速判斷和動作反應的可能性就越大，技、戰術運用的靈活性也就越強。

練習中，要指導練習者保持注意力的集中和適宜的興奮狀態，以提高反應性練習的效果。例如，要指導練習者在對手擊球時的一剎那將注意集中於對方的球拍上，球拍接觸球後再迅速作出對來球的判斷，快速移動腳步；對方球拍未接觸球時不得猜測對方出球的球路；接球前，要不停地移動步法，使身體保持活動狀態，便於隨時起動。

平時，要加強爆發力和各種快速動作變化的靈敏素質練習，為做出反應動作奠定體能基礎。在比賽之前，要分析對手的打法和動作特點，必要時可安排模擬練習。對對手打法越熟悉，判斷才會越準確，動作反應才會越快而準確。

（三）注意集中訓練

羽毛球教學訓練中的注意集中訓練是以提高練習者將心理活動集中指向與完成羽毛球技、戰術動作有關線索的能力為主要目的的練習。

注意力的集中是從事羽毛球運動所需要的最基本的心理技能之一。注意是伴隨練習者完成每一個技術動作的心理活動，練習者打每一拍球和接每一拍球時都要集中注意，只有注意地「發球」、注意地「接發球」、注意地「殺球」、注意地「接

殺球」，處理球的效果才會更好，很難想像心不在焉地打球會有好的效果。

注意集中是練習者投入到教學訓練和比賽中的標誌，也是運動員排除內部雜念與消極情緒的關鍵。練習者將思維集中到完成技術動作的要領上，由於注意空間容量的有限，消極思維在頭腦中就沒有存在的餘地，伴隨消極思維而生的消極情緒也就不可能出現。

根據注意選擇性的原理，羽毛球練習者在運動實踐中將什麼選作注意的對象影響著他們注意的指向性。應當對複雜的運動情境刺激進行有效的篩選，提取與完成羽毛球技、戰術動作最有關的線索，作為運動實踐中心理活動指向的對象進行注意集中訓練。

如發球時，集中注意按以下順序完成發球動作：① 觀察對方位置；② 決定發球方法和落點；③ 深呼吸一次；④ 做好發球準備姿勢；⑤ 將球發出。接發球時：① 選好接發球位置並做好準備姿勢；② 觀察對方發球的准備姿勢；③ 注視對方的拋球和揮拍動作；④ 判斷來球；⑤ 選擇接發球技術接發球。

反覆按制定的注意順序進行默念和實戰練習，形成定型，教學訓練和比賽時無論出現什麼情況都可排除干擾，按既定的心理活動定式做出反應。

提高注意的強度，即持續聚精會神、深入注意的能力，需要練習者保持對教學訓練和比賽的高度熱衷，完全忽略對比分、勝負、名利的追求，表現出對完美過程的強烈渴望與沉浸，自我全身心地融入練習或比賽之中，達到一種迷戀或忘我的境界。一般的注意集中訓練，如看秒針、分針或盯香火等，可以提高練習者的集中注意的持續時間，應適當進行練習。但若要達到高水準的注意集中狀態，還需要對練習者加強教學訓練和競賽動機、心理定向、思維控制、最佳心理狀態等方面的教育和指導。

另外，為保持注意力集中的持續性，練習者應學會該注意時要高度注意，如本人擊球和對方擊球時要高度集中注意力；而該精神鬆弛時要鬆弛精神，如打完一球或一局球時，不要總是高強度地注意集中，使心理能量過度消耗，以致關鍵時刻反而因為精神疲勞而造成中樞神經的抑制。

為適應羽毛球比賽場地小、觀眾近、比較喧鬧，以及光線、風速、風向、場地走向等環境因素的影響，防止練習者注意力被吵鬧聲、各種彩旗及環境因素干擾，賽前練習時可有意製造與比賽環境相似的情境，提前讓練習者適應氣氛。

應激是干擾練習者注意的內部心理原因，過度應激將造成練習者注意狹窄、混亂甚至一片空白。應激調節有助於注意力集中。

疲勞和傷病也是影響練習者注意集中的因素。加強疲勞狀態下的技、戰術練習，提高練習者的意志力可減少疲勞對注意的影響。生病、疼痛引起注意轉移和分散，是一種保護機制。

一般情況下，練習者有傷病時應停止參與教學訓練，要及時治療，待傷病痊癒、身體機能恢復後再進行練習。

（四）運動表象訓練

運動表象是人腦中重現或創造出來的運動動作或運動情境。運動表象訓練是利用練習者的運動表象，來提高和鞏固運動技能、練習戰術打法、模擬比賽情境、調節情緒和增強信心的心理訓練方法。

運動表象的技術訓練功能主要是練習者在頭腦中重現某個技術動作的同時，相應的神經和肌肉也產生微弱的活動。這種內部的演練活動與外顯的實際練習相似，因而也能達到技術動作練習的效果。

其戰術練習功能主要是練習者在頭腦中想像戰術打法的線路或雙打配合移動的情境，進而熟練已有或創造出新的戰術打法。由回憶比賽情境，或透過觀看比賽場景的圖像等手段，在頭腦中反覆想像比賽過程或情境，體驗比賽的緊張性，這就是表象訓練的模擬比賽功能。

情緒緊張時想像安靜、舒適、美好的情境，如想像海浪、沙灘、小溪、清風、鳥鳴等能使情緒寧靜下來。反覆表象成功的動作和體驗，可以提高練習者完成技術的信心。這是表象訓練的情緒調節和增強信心的功能。

進行運動表象訓練應當編寫好動作要領和情境表象的提示語，熟記或做好錄音。

實際表象訓練時要在安靜的環境裏，首先放鬆身體和心理，然後默念提示語，同時在頭腦中產生相應的動作體驗或情景形象。要動員多種感官參與表象，努力做到完整、連續、形象、逼真，提高表象訓練的實際效果。

（五）意志訓練

羽毛球教學訓練中的意志訓練是以端正練習者的參與動機，提高克服各種困難的決心和品質，充分發揮主觀能動作用，堅定、頑強、堅韌不拔地努力實現以運動目的為主要內容的心理訓練。

練習者的運動動機是否端正、目的是否明確、情緒情感是否高漲、對困難估計是否充分、知難而上的習慣是否堅固，以及身體與技、戰術訓練水準是否較高等，是影響練習者意志品質與表現的主要因素。

運動動機和目的是激勵練習者戰勝困難的強大內部心理動力，具有強化和維持運動行為的功能。練習者強烈而明確地感受到參與羽毛球教學訓練的需要和願望，樹立起積極、長遠、現實而具有挑戰性的羽毛球專項運動目標，深刻認識到自我運動參與的動因內涵及其意義，確信自己運動信念的正確性，在克服教學訓練中的障礙時決心就大，行為就堅決。

「知之深」才能動力大。教師和教練員要經常對羽毛球教學訓練參與者進行運動動機與目的教育，提高他們的認識和運動抱負水準，堅定信念，為克服困難打好認知基礎。

情緒情感對意志表現有積極的「增色」作用，賦予運動行為以豐富的感情色彩。增力的情緒情感可給練習者以巨大的力量感，動員更多的生理能量參與運動活動，發揮超出平常的身體能力，完成平時無法完成的動作。

　　因此，提高練習者對羽毛球運動參與的熱愛與追求程度，增強教學訓練和競賽參與良好表現的義務感、責任感、使命感，採用有效方法調動練習中的情緒情感，發揮情緒情感的積極動力作用，「變精神為物質」，對提高他們戰勝困難具有精神上的促進作用。

　　羽毛球教學訓練中困難重重，必須有心理準備和心理定式。總想著一帆風順、輕輕鬆鬆，遇到挫折就會打「退堂鼓」。練習者應對所面臨的困難有充分估計，隨時做好迎接困難與挑戰的準備。

　　遇到困難是知難而上還是知難而退，與練習者日常養成的意志行為習慣有關。習慣是個體「刺激──反應」自動化的一個標誌，養成了不良習慣，遇到刺激就會自動出現相應的不良行為；而養成了良好習慣，遇到刺激就會自動出現良好行為。「習慣成自然」，形成了遇到困難咬牙堅持下來的習慣，練習者會很容易做出良好的意志行為表現。

　　抓好平時的每一個行為不放鬆，就可養成良好行為習慣；習慣的一貫表現，將融進個體的性格之中；性格的固化，就會成為品質。品質在練習者的教學訓練和競賽中起著至關重要的作用。

　　意志訓練的具體方法之一是安排「反向」練習，即在練習者意願相反的方向上安排練習。

　　如疲勞想休息時繼續練習，氣候惡劣想在室內練習時堅持安排室外練習，不願意在逆光場地上練習就安排在該場地練習，害怕高強度的練習就安排多球練習、多人打一人訓練、「最後一組」訓練、極限訓練等，有意識地給練習者出難題，不遂他們的心願，不讓他們感到舒服。

　　另外，適應性的訓練比賽，如比分落後、領先、相持或關鍵球的訓練比賽，裁判員漏判、錯判甚至反判的訓練比賽，根據比賽對手、程序、環境、生活、氣候條件和體能要求等安排的訓練比賽，都能對練習者的精神和意志進行磨鍊。

（六）應激控制訓練

　　應激是指個體所感知的環境要求與自認為的自我能力之間存在不平衡時產生的身心反應。應激的產生包括外部環境刺激（應激源）、個體的認知和身心喚醒反應三個要素。

　　教學訓練和比賽場內外環境，對手、裁判員、教練員、觀眾、新聞媒體及其活動，比分、成績等，都可能影響練習者，成為應激源。個體對這些外部環境因素的評價、態度、看法等是外部刺激到身心喚醒之間的認知過程。喚醒是個體表現出來的身心活動水準（表 8-1）。

表 8-1　應激時身心喚醒水準的一般變化

生理變化	心理變化	行為變化
心率加快	憂慮	說話匆忙
血壓升高	不安	咬手指頭
汗腺分泌增加	優柔寡斷	腳敲地
呼吸加快	自我感到忙亂	肌肉痙攣
腦電活動加強	注意力不集中	踱來踱去
瞳孔擴大	注意力轉移能力下降	眨眼
皮膚血流減少	自我控制力下降	打呵欠
肌緊張增加	感到與以往不同	發抖
吸氧量增加	注意力狹窄	聲音嘶啞
血糖升高		
尿頻		
腎上腺素分泌增加		

應激有兩種產生形式，以是否產生消極思維活動或出現喚醒變化來劃分：

① 環境刺激→喚醒→消極思維→應激

② 環境刺激→消極思維→喚醒→應激

過度應激會對練習者產生很大的消極影響，必須加以控制。控制應激可針對其產生的三個因素，從三個方面著手實施：環境控制、身體應激控制、認知應激控制。

實施環境控制時，一方面要減少教學訓練或比賽的不確定事件，如讓練習者充分瞭解練習的內容、方法、運動負荷，比賽的時間、地點、規程、對手情況等，使他們對練習和比賽有精神準備，心裏有底；另一方面要降低外界對競賽結果的重要性的評價，如儘量說服參賽者的親屬、朋友、領導和媒體等將所謂重要的比賽看做與平常一樣的一場比賽，不要過分渲染，不要強調結果帶來的影響，以免轉移參賽者的注意，干擾對比賽的準備。還有，可採取迴避的方法，如進行封閉訓練，暫時避開外界的影響，集中精力準備比賽。當然，最主要的是提高練習者或參賽者對外界環境干擾的適應能力，增強「抵抗力」。

實施身體應激控制的方法有許多，主要是讓練習者學會放鬆技能並與教學訓練或比賽緊密結合、自如應用。呼吸放鬆法、自生法、漸進放鬆法、生物回饋放鬆法、表象放鬆法、自我暗示放鬆法等都是一些有效的放鬆方法，能在應激時降低身體喚醒水準。

身體放鬆訓練旨在大腦和軀體之間建立雙向聯繫，也就是在意念與植物神經系統反應活動之間建立固定聯繫。因此，必須長期堅持練習，才可能將心率控制在理想的次數上，將血壓控制在需要的高度上，更重要的是將思維控制在「靜」的念頭上。短期練習無法取得應有的效果。

認知應激控制是基於「思維決定情緒」的原理進行實施的，也就是有害的思維方法、消極評價是應激產生的主要根源，應加以轉變。消極思維往往是以自我談話、自我暗示的方式出現的。

對消極自我談話的識別、阻斷消極思維、用積極而富有理性的思維替換消極思維是控制、轉化某一消極思維的基本程序，其目的是要提高練習者對自我談話的辨別、分析和控制水準，及時擺脫消極觀念，制定建設性自我暗示的具體內容，並能夠針對相應的情境和消極思維加以應用。自我意識差、任消極信念充滿頭腦而不加以阻止、缺乏理性思維能力、不針對問題情境與雜念做出認知應付準備，是造成練習者或參賽者思維失控的主要原因。

認知應激控制也不是一件容易做到的事情，因為個體頭腦中早已形成了很多習慣化的思維和信念，而且非常牢固。若想轉變，往往需要激烈的辯論、深刻的反思、反覆的論證才可能重新構造積極而有理性的信念。

例如，要求練習者在羽毛球教學訓練和比賽中「注重過程不想結果」，就與他們「永遠爭第一」的信念相矛盾。

他們想不通，不能接受，要轉變起來就非常困難，這對練習者的悟性和說服者的能力提出了較高的要求。

認知應激控制練習的一般步驟是：選擇練習者的一個經常出現的問題情境，讓他回憶當時出現的想法；對當時的想法進行討論、分析，找到消極的內容；探討此消極信念對當時情緒和行為的影響；研究能否用積極、合理的想法替代當時的消極想法；制定對應於當時情境的積極、現實、簡短而具體的暗示內容；利用想像，將合理自我暗示應用於相同的情境；在相同情境的實踐中應用。

如一名練習者經常在第一局關鍵球失利後，第二局放棄爭奪。回憶當時的想法是：「好運動員在處理關鍵球時是不會出錯的，我在處理關鍵球時出錯，我不是好運動員；對手在處理關鍵球時沒有出錯，對手是個好運動員，我打不過他/ 她。」這種思維的主要問題是將處理關鍵球不能出錯絕對化了，並作出了對手處理關鍵球沒有出錯就比自己水準高的推論。

這種絕對化的推論影響了對自己及對手實力水準的估計，使自己的情緒低落，拼搏精神下降，放棄了比賽的動力。教師和教練員應當同他/ 她一起分析這種思維的消極影響，用思辨和事實依據對其不合理的觀點進行駁斥和糾正。然後，一起制定合理思維的暗示語：出錯是正常的，失利是暫時的；能打到關鍵球，雙方水準差不多；下一局拼回來。反覆進行想像練習，然後在實踐中應用，直至能夠以合理的想法應付類似的情境。

三、羽毛球運動員比賽的心理調節

（一）賽前心理準備

1. 端正比賽態度

在比賽之前，可採取集體講座、小組討論、個別談話等形式，引導參賽者將比賽看做檢驗平時教學、訓練水準，展示自我才能，考驗、鍛鍊自己，積累經驗，享受競爭體驗，與對手交流技藝、相互學習的一次好機會；讓他們認識到放下比賽勝負的包袱，排除雜念，輕裝上陣，才能正常發揮自己的競技水準，發揮了自己的競技水準就是成功。

2. 樹立正確的比賽心理定向

比賽心理定向是參賽者在賽前、賽中持有的注重比賽過程還是注重比賽結果的思維活動指向和定式。正確的比賽心理定向應當是關注自我，關注技術動作、比賽過程和關注現在、當前的比賽活動；不正確的心理定向是關注他人，關注比分和比賽結果，以及關注過去和將來的得失。

正確的比賽心理定向應當是那些個體能夠控制的因素，而不正確的心理定向是那些個體無法控制的因素。因此，應分析出羽毛球比賽中哪些因素是參賽者能夠控制的，哪些因素是不能控制的，並指導他們認識與努力做到：能夠控制的因素就將它們控制好，控制好了自然就能獲得應有的結果；不能控制的因素不必花費精力去控制它們，它們超出了個人控制範圍，想方設法控制它們只能白費身心能量；能夠控制且準備好了的因素不必擔心，因為已經做好了應有的準備；不能控制的因素也不必擔心，因為它們不是應當考慮的因素。教練員經常提到的「你打你的，我打我的，以我為主（注重自我）；打一球，甩一球，球球從零開始（注重現在）；完成動作、想戰術，結果自然而來（注重動作、過程）」才是競賽參與者應當確立的比賽心理定向。

3. 設置恰當的比賽目標

比賽目標是參賽者在賽前期望獲得的比賽結果。比賽目標可以是名次的，如獲得第一名；可以是成績的，如 100 公尺跑達到 11 秒；可以是勝負結果的，如戰勝對手；可以是技術完成成功率的，如正手殺直線球成功率達到 80%；可以是模糊的，如盡力而為；可以是具體的，如正手吊對角線成功率達到 90%；可以是可控的，如反手發網前球成功率達到 95%；可以是不可控的，如以絕對優勢比分擊敗對手。

設置比賽目標應當遵守現實、有挑戰性、具體、可控、可測等原則。難度過高或過低的目標激勵作用都不大，模糊的目標缺乏針對性，超出能力控制的目標易使參賽者產生「想贏怕輸」或推脫責任的念頭，不可測的目標難以量化。追求每一個技術動作和擊球效果的成功率，打好每一拍球，而不是苛求一拍「殺死」或「吊死」對方，是羽毛球比賽目標設置應當特別注意的問題。

4. 增強自信

自信是參賽者對實現正確比賽目標所具有的確信程度。自信來自於比賽成功經驗的積累，是參賽者對自己能力的肯定，是對期望要求與技、戰術水準自我估計之間差異的正確平衡。

增強自信的關鍵是促使參賽者能夠經常自知自評、自省自悟，進而達到自我控制、自我強大與自我超越。自信是自我的一個部分，自我在個體心理調節中起著主導作用，任何外部的影響都要由自我才能發生作用。

參賽者主動地認識自我、瞭解自我，透過各種管道發現自我的弱點與優勢，瞭解問題原因所在，克服弱點、發揚優勢，自覺地調控雜念和消極情緒，堅持一貫的專注和平常心態，完成賽前既定目標的信心就會增強，進入自我巔峰和自我超越狀態的可能性才會增大。否則，不知或不願認識自我，對自我缺乏正確判斷，對自己處於什麼狀態也不知道，對自己的優勢和問題不清楚，不主動調控自我，面對比賽任務心高氣盛或心灰意冷，都不可能產生有助於實現目標的比賽信心。

5. 加強模擬訓練

模擬訓練是一種將訓練條件安排在與比賽條件相似的情況下進行訓練的方法，目的是使參賽者在賽前就能適應比賽的環境，不至於由於比賽環境的變化造成新異刺激而使參賽者的注意發生轉移或分散，干擾了正常技、戰術水準的發揮。

模擬訓練通常有兩種方法：

一種是實戰模擬，即安排在環境、氣候、溫度、濕度、場地、時間、過程程序、運動負荷、對手、裁判員、觀眾、比分等方面與比賽相似的條件下進行訓練比賽，經常採用的如打「平分」訓練（模擬關鍵球情境）、「讓分」訓練（模擬落後球情境）、「二打一」訓練（模擬殺球凶猛選手）、「一打二」訓練（模擬防守出色的選手）等；

另一種是透過語言、圖片、圖像等進行的模擬訓練，注重在頭腦中進行適應性演練。無論什麼模擬訓練，重要的是要求練習者必須端正訓練態度，一定要以比賽的標準、認真的心態、緊張的情緒、高昂的鬥志進入模擬訓練，提高模擬訓練的「內適應」效果。

（二）賽中心理調節

心理調節是指針對參賽者的臨場心理或行為表現，採用某些方法、手段使他們的心理發生短暫而積極變化的過程。常用的心理調節方法有很多，如呼吸調節法、暗示調節法、音樂調節法、活動調節法、發聲調節法、表情調節法、迴避訊息調節法、閉目靜坐調節法、思維阻斷調節法等，採用哪種調節方法取決於參賽者對各種方法的熟知、認可，個性與習慣、與比賽專項的結合程度，以及賽前練習和運用的效果。長期、系統地練習和應用，形成習慣，能夠在適當的時機靈活應用，是提高賽中心理調節效果的基本要求。

（三）賽後心理調節

比賽前和比賽中，參賽者消耗了很多生理、心理能量，賽後應當進行積極調整，使參賽者的身體與精神恢復到正常狀態，為以後的訓練和比賽做好準備。心理調整時，首先可以透過談話或諮詢解決比賽結果帶來的消極認知效應，正確看待勝負，防止勝利時得意忘形和失敗時灰心喪氣，對後繼訓練、比賽帶來不良影響。要在肯定成績的同時，指出成功者的不足，避免過高的和虛假的自信心發展；對失敗者要指出比賽中的良好表現，明確努力方向，防止自信不足，出現自我貶低。

其次，應對教練員、教師與參賽者之間的人際關係進行重新評價和調整，消除由比賽勝負造成的緊張關係和埋怨、對抗情緒，為下一步訓練、比賽創造良好的人際氛圍。

另外，還可以採用語言誘導、自生法、輕鬆音樂，以及組織文娛活動、旅遊觀光等方法轉移注意力，放鬆精神，消除身心疲勞，恢復身心能量。

> **思考與練習：**

1. 制約教學訓練的心理因素有哪些？
2. 羽毛球教學訓練對心理發展的促進作用有哪些？
3. 心理訓練的基本原則有哪些？
4. 羽毛球運動員專項心理訓練包括哪些？

羽毛球運動理論與實踐

第一節 🏸 羽毛球競賽項目與方法

一、競賽項目

羽毛球競賽項目可分為單項賽和團體賽兩大類。在一次比賽中，還可按年齡分組，以專業和業餘分項目競賽。

（一）單項賽項目

單項賽包括男子單打、女子單打、男子雙打、女子雙打和混合雙打 5 個項目。

（二）團體賽項目

團體賽有男子團體、女子團體和男女混合團體 3 個項目。一場羽毛球團體賽由數場比賽組成，常用的比賽賽制有以下幾種。

1. 三場制

每場團體賽由兩場單打和一場雙打組成，比賽場序可以是單、單、雙，或者是單、雙、單。每隊每名運動員在一場團體賽中只能出場一次單打，雙打的運動員可以由單打運動員兼項，也可以規定必須由其他運動員出場。

三場制的團體比賽一般是在基層比賽中採用，因為要求每隊的人數較少，容易吸引較多的隊參加。有時為了避免一個隊只依靠一名技術水準高的運動員即可得到好的名次，競賽主辦者可以在競賽規程中規定，在一場團體賽中一名運動員只能出場一次，即打了單打不能打雙打，打了雙打不能打單打。

2. 五場制

羽毛球團體賽最常採用的是五場制。每場團體賽由三場單打和兩場雙打組成。比賽的場序可以有許多變化，一般的次序是：單、單、單、雙、雙；單、雙、單、雙、單；單、單、雙、雙、單。湯姆斯杯和尤伯杯比賽以及我國全國羽毛球團體賽都是採用五場制的比賽。但是在湯姆斯杯和尤伯杯的預賽階段，首選的比賽次序是

先進行三場單打再進行兩場雙打，在決賽階段首選的比賽次序變為單、雙、單、雙、單。具體的比賽次序要根據運動員單打和雙打的兼項情況而定。男女混合團體賽，如世界男女混合團體賽蘇迪曼杯賽，是由兩場單打（男子單打和女子單打）及三場雙打（男子雙打、女子雙打和混合雙打）組成，它的比賽次序是由裁判長根據比賽雙方出場運動員兼項的情況來決定的。

3. 多場對抗賽

在一次性的雙邊比賽中，經常採用由若干場比賽組成的對抗賽，如友好訪問比賽、交流比賽等。也有根據特殊需要而制定的比賽場數，如全國羽毛球團體錦標賽對抗賽，每場團體賽就由9場比賽組成。

（三）團體賽運動員出場名單的確定方法

每場團體賽由誰出場，由誰打哪一場，對手將是誰，這些都會關係到比賽的勝負，所以在競賽規程中一定要明確規定運動員的出場方法。一般來說有兩種：

第一種方法是按技術水準順序出場，即各隊報名時，應將所有報名運動員按單打技術水準高低順序填寫，並根據規程要求按技術水準順序填寫一定數目的雙打配對組合。在賽前交換出場名單時，只能按照報名後裁判長確認的技術水準順序填寫，不能顛倒。在國際比賽時按世界羽毛球技術水準排名順序表確定，全國比賽時按我國羽毛球技術水準排名順序表確定，其他比賽可以由競賽組委會或裁判長參照以往的比賽成績確認選手的技術水準順序，在領隊會上公布後執行。

第二種方法是不按技術水準順序的隨意排序，即在每場團體賽前交換出場名單時，各隊可以不受技術水準順序約束，隨意填寫出場運動員。採用這種方法比賽，往往容易出現與參賽隊實力不相當的比賽結果，故專業隊一般不採用，它多適用於一般群眾性的比賽，但在某種特定場合，也有其可行性。

（四）比賽勝負的計算單位

回合：從一次發球開始，經過雙方來回對擊到球成死球止，為一個回合。

得分：一個回合的勝方，得1分並繼續發球。

局：女子單打、男子單打和所有雙打項目都是以一方先得21分為勝一局。

場：所有項目都採用三局兩勝制，即某方連勝兩局，或雙方各勝一局後，某方再勝了決勝局，稱為勝一場，即獲得雙方比賽的最終勝利。

二、競賽方法

（一）單循環制

參加比賽的人（隊、對）相互之間按程序輪流比賽一次稱為單循環賽。其特點是所有參加比賽的人（隊、對）相互之間都要比賽一次，比賽機會多，機會均等。

但一次比賽所需的場地多、比賽時間長，如果參賽的人（隊、對）數較多時，就要分組、分階段進行比賽。

1. 比賽次序的確定

羽毛球比賽的單循環制，比賽次序採用的是「1」號位固定的逆時針輪轉法。以 4 個隊為例：

第一輪	第二輪	第三輪
1──4	1──3	1──2
2──3	4──2	3──4

參賽人數是單數時，在末位加「0」，遇「0」的隊輪空。以 5 個隊為例：

第一輪	第二輪	第三輪	第四輪	第五輪
1──0	1──5	1──4	1──3	1──2
2──5	0──4	5──3	4──2	3──0
3──4	2──3	0──2	5──0	4──5

但當在一組循環賽中有兩人（對）來自同一個隊時，比賽的次序就應作適當的改變。按國際羽聯的辦法是同隊的運動員必須最先相遇進行比賽，以避免同隊的運動員在比賽中故意輸球而造成不公平的情況出現。

2. 比賽輪數的計算方法

參賽人（隊、對）數為雙數時，輪數為參賽人（隊、對）數-1。

如：有 6 個隊進行單循環賽，輪數為 6 -1=5 輪，即要進行 5 輪比賽。

參賽人（隊、對）數為單數時，輪數為參賽人（隊）數。

如：有 5 個人（隊、對）進行單循環賽，要進行 5 輪比賽。

3. 比賽場數的計算方法

比賽場數為參賽人（隊、對）數×〔人（隊、對）數-1〕÷ 2。

例如：有 6 個人（隊、對）進行單循環賽，要進行的比賽場數是 6×（6-1）÷ 2 = 15。

4. 循環賽比賽名次的確定

循環賽的比賽名次應以下列方法依次確定：

以勝次多少排列，勝次多者列前；

兩人（隊、對）勝次相同時，兩人（隊、對）間比賽的勝者名次列前；

三者（或三者以上）勝次相同，則依次以他們在本階段（組）內全部比賽的淨勝場、局、分來決定名次，如出現兩者淨勝場（局、分）相同，則以他們兩者之間的勝負決定名次；

如果三者（或三者以上）淨勝分也相等時，則以抽籤方法決定名次的排列。

（二）單淘汰制

單淘汰制的比賽特點是在時間短、場地少的情況下能接納較多的參賽者，但比

賽的機會不太均等，除了第 1 名外，其他的名次有時帶有一些偶然性。

1. 比賽次序的確定

參加比賽的人（隊、對）按 2 的乘方數（4、8、16、32……）成對地進行比賽，勝者進入下一輪，負者淘汰，直至最後一名勝者。每次當比賽的輪次進行到還剩 8 名（隊、對）爭奪進入前 4 名的比賽稱四分之一決賽，當還剩 4 名（隊、對）運動員爭奪進入前兩名的比賽稱半決賽，最後爭奪冠軍的比賽就是決賽了。半決賽的兩名（隊、對）負者並列第 3 名。四分之一決賽的 4 名（隊、對）負者並列第 5 名，如果增加附加賽就可以決出第 2 名以後的名次。

2. 輪空

參賽人數等於 2 的乘方數時，第一輪比賽無輪空者。如果參賽的人數不是 2 的乘方數，則第一輪比賽將有輪空。正常情況下，輪空位置只能出現在第一輪的比賽時（第一輪比賽有棄權，第二輪出現的輪空除外）。

3. 輪空數

輪空數是比參賽人數大一級的 2 的乘方數減去參賽人（隊、對）數。例如：有 23 人（隊、對）進行單淘汰賽，第一輪的輪空數是 32 - 23 = 9 個輪空。

4. 輪空位置

輪空位置應平均地分佈在上、下半區，或者 1／4 區、1／8 區。輪空數為單數時，上半區多一個輪空。上半區的輪空位置應在 1／4 區、1／8 區的頂部，下半區的輪空位置應在 1／4 區、1／8 區的底部。

5. 單淘汰賽比賽次序表的製作

羽毛球單淘汰賽的比賽次序表，只需列出實際參賽人數即可，因為有時輪空位置較多而不必都一一畫出。根據輪空位置分佈的規律，可以採用簡易方法畫出羽毛球單淘汰賽比賽次序表。其步驟是：

⑴ 從上到下寫出全部實際參賽人（隊、對）的序號。

⑵ 分上、下半區：將寫下的序號作上下平分，如果是單數，則上半區少一個。再在上、下半區之間畫一條橫線作為記號。

⑶ 分 1／4 區：首先將上半區平分為第一 1／4 區和第二 1／4 區，如果是單數，則第一 1／4 區少一個。再將下半區平分為第三 1／4 區和第四 1／4 區，如果是單數，第四 1／4 區少一個。在每兩個 1／4 區區間都畫一橫線做個記號。

⑷ 分 1／8 區：首先將第一 1／4 區分為第一 1／8 區和第二 1／8 區，如果是單數，第一 1／8 區少一個；將第二 1／4 區分為第三 1／8 區和第四 1／8 區，如果是單數，第三 1／8 區少一個；將第三 1／4 區分為第五 1／8 區和第六 1／8 區，如果是單數，第六 1／8 區少一個；將第四 1／4 區分為第七 1／8 區和第八 1／8 區，如果是單數，第八 1／8 區少一個。在每一 1／8 區間也畫一橫線作為記號。

從上述中不難看出，在分區時，凡在上半區的都是靠上的少一個，即輪空位置在該區的頂部；凡是在下半區的都是靠下的少一個，即輪空位置在該區的底部。然

後按照該項比賽原先 1 / 8 應該有的位置數減去現在的位置數即為該區的輪空數。在上半區的第一輪輪空的位置是從每個 1 / 8 區由上到下排列，而在下半區第一輪輪空的位置則是每個 1 / 8 區由下到上排列。

要注意，參賽人（隊、對）數在 16 以下就不必分 1 / 8 區，只要分到 1 / 4 區就可以；參賽人（隊、對）數在 28～31 時，分到 1 / 4 區即可（因為輪空數不超過 4 個）；參賽人（隊、對）數在 27～32 和 33～59 時，就要分到 1 / 8 區（因為輪空數超過 4 個）；而參賽人（隊、對）數在 65 以上時，就應將輪空數分至 1 / 16 區（因為輪空數超過 8 個）。將同一個 1 / 8 區（或 1 / 4 區）第一輪不輪空的兩個相鄰位置連接成第一輪相遇的比賽。

例如：21 人的單淘汰賽是按照 32 個位置（2 的 5 次方）進行比賽的，所以第一輪共有 11 個輪空位置，平均分到 1 / 8 區後，第一、第三和第八 3 個 1 / 8 區各有兩個輪空位置，而其餘的 1 / 8 區都是 1 個輪空位置，每個 1 / 8 區本應該有 4 個位置，而現在第一、第三和第八 3 個 1 / 8 區各還有 2 個位置，其餘 1 / 8 區都還有 3 個位置。

6. 每個區位位置數的計算方法

⑴ **上、下半區的位置數計算方法**：用實際參加人（隊、對）數除以 2，如果參加人（隊、對）數是單數，則下半區多一個。例如參賽者是 29 人（隊、對），那麼上半區應有 14 個位置，下半區應有 15 個位置。

⑵ **1 / 4 區位置數的計算方法**：用實際參加人（隊、對）數除以 4，即為每個 1 / 4 區的位置數，如果有餘數，第一個餘數應在第三 1 / 4 區，第二個餘數應在第二 1 / 4 區，第三個餘數則應在第四個 1 / 4 區。例如參賽者為 35 人，則第一 1 / 4 區有 8 個位置，其餘 3 個 1 / 4 區各有 9 個位置。

⑶ **1 / 8 區位置數的計算方法**：以實際參加人（隊、對）數除以 8，即為各 1 / 8 區的位置數，如果有餘數，第一個餘數在第五個 1 / 8 區，第二個餘數在第四個 1 / 8 區，第三個餘數在第七個 1 / 8 區。第四個餘數在第二個 1 / 8 區，第五個餘數在第六個 1 / 8 區，第六個餘數在第三個 1 / 8 區。第七個餘數在第八個 1 / 8 區。例如參賽者為 28 人，則第一、第三、第六、第八 4 個 1 / 8 區各有 4 個位置，而第二、第四、第五、第七 4 個 1 / 8 區各有 5 個位置。

7. 種子選手

為使比賽的結果符合參賽運動員的實際水準，須將技術水準較高的運動員列為種子，以便在抽籤時平均分佈在不同的區域，使比賽的結果更為合理。

種子數：參賽人數 15 人（隊、對）以下時設 2 名種子；16～31 人（隊、對）設 4 名種子；32～63 人（隊、對）設 8 名種子；64 人（隊、對）以上設 16 名種子（在實際操作時，可根據情況適當增減）。

種子位置和種子的進位：

1 號種子在上半區的頂部，即「1」號位；2 號種子在下半區的底部，即最後一

個號位。

3、4 號種子抽籤進入第二 1 / 4 區的頂部和第三 1 / 4 區的底部。

5、6、7、8 號種子抽籤進入第二、四 1 / 8 區的頂部和第五、七 1 / 8 區的底部。

8. 非種子選手（對）的抽籤進位原則

同隊的運動員必須在最後相遇，即一個隊只有一名（對）參賽者時可以進入任何位置；一個隊有 2 名（對）參賽者時必須分別進入上下半區；一個隊有 3～4 名（對）參賽者時必須分在不同的 1/4 區；一個隊有 5～8 名（對）參賽者時必須平均分在上下半區、1 / 4 區和 1 / 8 區。

（三）循環、淘汰混合制

在許多羽毛球競賽中，為了使各參賽人（對、隊）有較多的比賽機會，又不使整個賽程過長，通常將循環制和淘汰制結合運用。比賽的第一階段採用分組循環，第二階段採用淘汰。在第一階段比賽結果出來後如何進入第二階段的比賽位置有兩種方法可選擇，第一種是固定位置，第二種是再次抽籤或小組第一名固定進位，小組第二名再次抽籤進位。

例如，某次比賽有 16 個隊，第一階段分 4 個小組進行單循環賽，第二階段由各小組的前兩名共 8 個隊進行單淘汰決出 1～8 名。

1. 第二階段位置預先固定

小組的第 1 和第 2 名都進入第二階段的固定位置。由於是預先知道第二階段的位置，所以可能會造成有人在小組賽時故意輸球，產生不爭小組第 1 而只爭小組第 2 名的問題。

2. 第二階段抽籤進位

如果小組的第 1 名進入固定位置，而小組的第 2 名則等第一階段小組比賽結果出來後再抽籤進位，這樣就在一定程度上避免了打假球的可能性。一般的原則是 A、B 組的第 2 名抽籤進入下半區的位置，而 C、D 組的第 2 名則抽籤進入上半區的位置。

需要注意的是，在第一階段進位時，1 號種子應進入 A 組，2 號種子進入 D 組，這樣才能使第一、第二階段相配。

第二節 🏸 羽毛球裁判員的職責與裁判方法

羽毛球競賽臨場裁判人員由裁判長、臨場裁判員和編排記錄組 3 個部分組成。其中裁判長包括裁判長和副裁判長；臨場裁判員包括主裁判、發球裁判、司線員和記分員；編排記錄組包括編排記錄組長和組員。

羽毛球運動理論與實踐

一、裁判長的職責與工作流程

（一）裁判長的職責

⑴ 對規則和競賽規程的解釋作出最後決定。

⑵ 保證比賽公正地進行。

⑶ 保證比賽的順利進行。

⑷ 全面管理競賽。

（二）裁判長在比賽前的工作

⑴ 閱讀本次比賽的競賽規程和文件。

⑵ **瞭解比賽概況**。瞭解各項目的參賽人（對）數，核算比賽的輪數、場數和可使用的場地數，以及比賽的天數和時間。

⑶ **瞭解競賽各有關部門情況及人員的聯繫方法**。包括競賽委員會、比賽場地、醫生、交通車、裁判員、編排記錄組（包括訓練場地安排員、播音員、翻譯員）、管球員、場地器材組（包括比賽時的球網、網柱、尺、燈光、空調、門窗、場地畫線和修補）。

⑷ 核查抽籤、競賽編排等情況。

⑸ 檢查場地、設備、器材是否符合要求。

⑹ **檢查運動員檢錄處**。檢錄處應安排在合適的位置，既不影響比賽，又方便運動員檢錄。

⑺ **檢查比賽用球**。除按規則要求隨機抽查測試球的速度外，還要使用發高球的方式測試球飛行的穩定性（飛行時是否搖晃或飄行），以及檢查球的牢固程度。要備有足夠數量的球並有快一號和慢一號速度的球供選擇，要注意同一號的球其速度應一致。

⑻ 召開裁判長、領隊和教練員聯席會議。

⑼ **主持全體裁判員會議**。包括賽前動員會和每天賽前裁判工作準備會。

⑽ **召集全體司線員會議**。有些羽毛球比賽設專職司線員，他們獨自成為一個組。遇此情況，裁判長需另行召集司線員會議。

⑾ 對編排記錄長提出要求。

⑿ 會見醫生並提出配合要求，瞭解運動員在比賽中受傷時的處理步驟。

（三）裁判長在比賽中的工作

裁判長必須在比賽開始前到達場地，規模較大的比賽需要提前 40 分鐘到達場地，以便進行全面的檢查。

⑴ **檢查場地器材**。到達場地後對場地、器材有重點地做最後檢查。

⑵ **測試球速**。測試球速，決定當天比賽用球的速度號（可請運動員協助）。

(3) **召開裁判工作準備會，宣佈當天的裁判工作分配。** 第一天比賽的準備會應對本次比賽的進退場方式、路線、工作程序等再次說明，強調裁判員對比賽的控制；解答裁判員提出的問題。以後每天的準備會均應對前一天的比賽作簡短的評價，再強調當天比賽的注意事項。

(4) **檢查各崗位到位情況。** 所有的第一場裁判員、記錄台人員、廣播員、醫生，以及與比賽場地、設備有關的人員應全部到位；第一場比賽運動員要報到。

(5) **宣佈比賽開始。** 比賽開始前 5 分鐘，全部人員離開球場。準時宣佈比賽開始。

(6) **注視比賽進行的情況。** 比賽開始後，裁判長要始終在場，並密切注視比賽的進行狀況，隨時準備接受並處理領隊、教練員、運動員和裁判員的申訴，以及對其他一切有關比賽的問題作出決定。如果裁判長必須離開場地時，應委託副裁判長代理其職責。在有幾個館同時進行比賽或在一個館中有多個場地進行比賽時，裁判長可委派副裁判長分工負責，以保證每個場地都有裁判長觀看。裁判長應備有隨身筆記本，隨時記下比賽中發生的意外事故、需改進的地方及裁判員的工作情況，也應將各有關方面提出要求解決的問題記錄下來，以便及時解決。

接受領隊或教練員提出的運動員要求棄權的請求，並及時將處理意見通知記錄組和有關運動隊、運動員。

(7) **接受和處理申訴。** 比賽中，針對發球裁判或司線員判決提出的申訴，裁判長應先仔細聽取教練員的申訴，然後到該比賽場邊仔細查看。裁判長進場後首先應仔細聽取主裁判的陳述，如有必要再聽取運動員的申訴，然後作出決定。

例如，運動員因對司線員的判決有異議而爭執，主裁判認為司線員確有明顯錯誤，裁判長也持同樣看法時，可以更改司線員的決定。如果教練員向裁判長提出對發球裁判的申訴，裁判長應認真查看該場比賽然後給以答覆，但決不能在比賽進行中上場指導發球裁判。如有必要，在局數 1 比 1 比賽間歇時，可與發球裁判交換意見，如果裁判長認為發球裁判確實問題嚴重，影響比賽的公正進行，那麼根據規則也可撤換發球裁判。一般情況下裁判長在小結會上應對發球裁判的問題給予提醒。總之，裁判長應隨時環視整個場地，一旦發現有運動員與裁判員糾纏或行為不端，應到該場地邊，準備解決問題。

(8) **處理場上受傷情況。** 比賽中，場上運動員因受傷或抽筋不能立即恢復比賽時，裁判長應陪同醫生一起進場查看和處理。

(9) **處理對比賽用球速度的申訴。** 比賽中運動員向主裁判提出比賽球的速度太快或太慢，而主裁判認為速度正常時，可以要求運動員繼續比賽。如果主裁判在比賽過程中也感到球的速度確實太快或太慢，就應報告裁判長，由裁判長作出裁決。如果懷疑因為場內溫度有變化而引起球速快慢的變化時，可讓雙方按規則試一下速度，再作出決定。比賽中，不能讓運動員決定球的速度，而應由裁判長按規則來決定。在同一體育館內，同一時間，要用同一速度的比賽用球。

⑽ **考察裁判員的工作。**仔細查看比賽中裁判員、司線員和發球裁判的工作情況並做記錄，場上發生的意外事故也要隨時記錄，以便對裁判員作小結鑑定或裁判長作報告時用。

⑾ **審核主裁判的記分表。**除審核主裁判交來的臨場記分表外，裁判長自己也要做比賽結果的記錄，並隨時查看成績公報，審核成績公佈是否正確。

（四）裁判長在比賽後的工作

裁判長在比賽結束後應寫好裁判員的考核鑑定以及競賽與裁判工作小結。

二、主裁判的職責與工作流程

（一）主裁判的職責

每場比賽由裁判長指派一名主裁判主持比賽，並管理該場地及其周圍的工作，比賽時坐在場外網柱旁的主裁判椅上，執行競賽規則的有關條款。

⑴ 及時地宣判「違例」或「重發球」，並隨時在記分表上做相應的記錄。

⑵ 對申訴應在下一次發球前作出裁決。

⑶ 應使運動員和觀眾能瞭解比賽的進程。

⑷ 可與裁判長磋商，安排、撤換司線員和發球裁判。

⑸ 糾正司線員明顯的錯判和誤判。

⑹ 當臨場裁判員不能作出判斷時，由主裁判執行其職責或判「重發球」。

⑺ 主裁判有權暫停比賽。

⑻ 主裁判應記錄與比賽連續性、行為不端及處罰等有關的情況並向裁判長報告。

⑼ 執行其他缺席裁判員的職責。

⑽ 主裁判應將所有與規則有關的申訴提交給裁判長。

（二）主裁判的裁判方法

主裁判在裁判長的領導下工作並對裁判長負責。

國際羽聯發佈了《對臨場裁判人員的建議》（下稱《建議》），其目的是期望所有國家都能依據《羽毛球競賽規則》使臨場比賽的裁判工作標準化。《建議》對主裁判提出，在保證遵守比賽規則的同時，應嚴格、公正、不濫用職權地控制好比賽；同時對發球裁判和司線員執行他們的職責給予指導。所有臨場裁判人員都必須記住，比賽是為運動員服務的。

主裁判負責管理該場比賽的球場及其四周。其管理時限，從該場比賽前進入球場開始，直至該場比賽結束後離開球場止。發球裁判一般由裁判長指派，但裁判長可予以撤換或經主裁判與裁判長商議後可予以撤換；司線員一般由裁判長指派，但

裁判長可予以撤換或經主裁判與裁判長商議後可予以撤換；臨場裁判人員對其職責範圍內的裁決是最後的決定。

當主裁判確認司線員明顯錯判時，應予以糾正。如果需要撤換司線員，應與裁判長商定；當一名臨場裁判人員未能作出判斷時，由主裁判裁決。若主裁判也不能作出判決時，則判「重發球」。

主裁判執裁一場比賽的工作與各個時間階段有密切的關係，為便於有條理地敘述，可將其在一場比賽中的裁判工作分為比賽開始前、比賽進行中和比賽結束後 3 個階段。其中比賽開始前又可分為進場前、進場後到比賽開始兩個時間段落；比賽進行中可分為發球期、球在比賽進行中及死球期（發球前期）3 個時間段落。主裁判的記分表記錄和宣報是其工作的重要內容。

1. 進場前的工作

進賽場前的工作是指主裁判從接受擔任某場比賽的裁判工作後到進入比賽場地的一段時間內所要做的工作。

⑴ 檢查自己的裁判用品是否備齊（記分筆、秒錶、挑邊器等），裁判服和主裁判標記是否整潔、符合要求。

⑵ 到記錄台領取記分表，檢查表中各項內容是否正確，填寫好可以預先填寫的項目，熟悉運動員的姓名並能準確發音。在國際比賽時，準確宣報隊名和運動員姓名尤為重要。

⑶ 與該場比賽的發球裁判見面並問好，交代需要配合的工作，如提醒他準備比賽用球，帶好運動員的姓名牌等。

⑷ 檢查該場比賽的司線員是否到位做好準備。

⑸ 在有要求時，召集比賽運動員列隊入場。當發現有運動員未到時，應立即報告裁判長。

⑹ 瞭解進場和退場的路線，在聽到廣播或得到裁判長示意後與發球裁判、運動員（有時包括司線員）一起進場。要注意，主裁判是該場比賽的組織者，從列隊進場起，就應組織好並使該場比賽的所有運動員和臨場裁判員在觀眾前亮相，行走要有精神，步子快慢要適當。

2. 比賽開始前的工作

⑴ **挑邊**。主裁判最好使用一枚兩面顏色（或圖案）不同的挑邊器（或硬幣）進行挑邊，應先向雙方運動員交代清楚，讓他們各選挑邊器（硬幣）的一面，然後用手指將挑邊器（或硬幣）向上彈起使之快速翻滾，落地（有的主裁判習慣用手接住）後看是哪一面向上，選中該面者獲得首先挑選權。

在非正式比賽或練習比賽時，簡單方法是將羽毛球向空中拋起，根據球落地時球托的指向來決定哪一方獲得先選權。雙打比賽時，應問清楚在比賽開始時的首先發球員和首先接發球員，然後要立即在記分表上記下發球員、接發球員和比賽開始時雙方的場區（在主裁判的左邊還是右邊）。

挑邊後應及時將挑邊結果告知發球裁判和記分員，使記分器上運動員的名牌能正確地表明比賽開始時雙方運動員所站的場區和發球順序。

(2) **檢查球網及其高度和網柱**。整個網面不能有破洞；網的兩端與網柱間不能有空隙；檢查網高要測量 3 處，即兩邊的網柱高 1.55 公尺，網中央頂部離地面高 1.524 公尺。量網時注意，標尺要垂直於地面，其刻度面要緊貼在網的白布條上，以減小誤差。發現的問題如自己不能解決，則應立即報告裁判長，在比賽開始前予以解決。

(3) **檢查場地及其周圍**。場地上不能有異物，線的顏色不能缺失，場地四周 2 公尺以內不能有障礙物；運動員的備用球拍、毛巾及飲料都要放入規定的筐中。總之，整個場地要整潔有序，有利於運動員的比賽和不影響觀眾的觀看。主裁判為擴大自己的視野，有利於控制全場，其座椅離場地邊線遠一些為好；但如果主裁判的一邊未設邊線司線員，而要自己負責看球在邊線的落點時，則座位不宜太遠。

(4) **檢查司線員的座位**。司線員的座位要對準各自所負責的線。特別是單打項目和雙打項目交替進行時，主裁判可以在檢查位置的同時與司線員作配合的交流。

(5) **檢查運動員服裝上的廣告是否符合本次比賽的規定，以及雙打比賽時兩名同伴的服裝顏色是否一致**（國際羽聯的競賽規程是建議雙打比賽兩名同伴的服裝顏色相一致），**發現問題要及時改正**。以上所有的工作應在 2～3 分鐘內完成，不要拖得太長，這段時間也正好是場上運動員做賽前練習和熱身的時間。主裁判在完成這些工作後就可以上裁判椅準備開始比賽。

(6) **宣佈比賽開始**。

3. **發球期的工作**

從發球開始到發球結束的一段時間為發球期。設有發球裁判時，宣判發球違例是發球裁判的職責，主裁判主要是負責看接發球員在接發球時是否違例，但作為一場比賽的主持者，主裁判仍應注意發球員的發球情況，這樣在解答運動員提出的申訴時，才能有自己的觀點依據，才能與發球裁判配合得更好，或在遇有特殊情況時有向裁判長提出自己看法的實際根據。

另外，作為主裁判，要能準確判斷接發球員的違例，如接發球員的腳提前移動，就一定要確切地知道發球的開始時間和結束時間。因此，主裁判在注視接發球員的同時，眼睛的餘光要能看到發球員的整個發球動作。發球員發球時，做了揮拍動作但未擊中球為違例，將失去該次發球權，接發球方得 1 分，而不是重發球，這也是主裁判宣判的職責。所有這些都要求主裁判在發球員發球時，既要看接發球員，又要注意發球員的動作。

(1) 一旦發球員和接發球員做好準備，任何一方都不得延誤發球。發球時，發球員球拍的拍頭做完後擺，任何遲滯都是延誤發球。

(2) 發球員和接發球員，應站在斜對角的發球區內，腳不得觸及發球區與接發球區的界線。

(3) 從發球開始，至發球結束前，發球員和接發球員的兩腳，都必須有一部分與場地的地面接觸，不得移動。

(4) 發球員的球拍，應首先擊中球托。

(5) 發球員的球拍擊中球的瞬間，整個球應低於發球員的腰部。腰指的是發球員最低肋骨下緣的水平切線。

(6) 發球員的球拍擊中球的瞬間，球拍桿應指向下方。

(7) 發球開始後，發球員必須連續向前揮拍，直至將球發出。

(8) 發出的球向上飛行過網，如果未被攔截，球應落在規定的接發球區內（即落在線上或界內）。

另外，一旦運動員站好位置準備發球，發球員的球拍頭第一次向前揮動，即為發球開始；一旦發球開始，發球員的球拍擊中球或未能擊中球，均為發球結束；發球員應在接發球員準備好後才能發球，如果接發球員已試圖接發球，即被視為已做好準備。雙打比賽發球時，發球員或接發球員的同伴應在各自的場區內，其站位不限，但不得阻擋對方發球員或接發球員的視線。

4. 球在比賽進行中的工作

從球被發出，一直到球落地或主裁判宣報「違例」或「重發球」，這段時間是「球在比賽進行中」。主裁判的雙眼要緊盯著飛行的球，並注意整個球場及其周圍的情況，根據規則及時作出判斷和宣報。

(1) **球不過網**。球從網下穿過、球從網孔穿過、球被夾在網孔中等均為擊球方「違例」。如果球在過網時停在網頂或過網後掛在網上，這一情況在發球時發生作為「違例」，在比賽進行中發生應判作「重發球」。球從網柱外繞過網柱落入對方場內，以前的規則明確寫明為有效，現在的規則雖無說明，但從各有關條款分析，仍是合法還擊。

(2) **球落點的宣判**。球落在界線附近或無論界外多遠，主裁判都應看司線員。司線員對自己的裁決負全責。若裁判員確認司線員明顯錯判，則應宣報：「糾正，界內」或「糾正，界外」。在許多比賽中，由於沒有足夠數量的司線員，主裁判就要自己負責看前發球線、中線和靠近自己的一條邊線，因為主裁判的視線與界線都有一個夾角，容易將界外球看成界內球，所以主裁判看這些線的落球點時，應挪動身體儘量減小自己的視線與界線的夾角。

例如，當左場區的發球員發近網球時，主裁判可將身體往右移一些，儘量使自己的視線與右場區的前發球線平行，以利於作出準確的判斷。球觸地面即成死球，可是有時接球員在球已經觸地後再把球還擊過去，這是一個很快的過程，主裁判一定要眼明、口快，如果主裁判的位置過於靠近場地，是比較難判斷這一情況的。因此，主裁判的座位應離場地邊線稍遠一些，擴大自己的視野，這對控制全場和判斷球是否觸地都是有利的。

(3) **球碰屋頂或場外障礙物**。如果球場上空高度低於 9 公尺，主裁判在賽前就

要瞭解是否有補充規定（場地高度低於 9 公尺時，競賽組委會或裁判長可以制定補充規定，如「發球時球碰障礙物第一次判重發球，第二次則判發球違例」）。正常情況下，主裁判在看到球碰屋頂或空中的障礙物時，應立即報「違例」。球碰場外障礙物，如有司線員時，由司線員判定並報「界外」。

(4) **球觸及運動員的身體或衣物**。球觸及運動員身體的任何部分或衣服都屬違例。遇此情況，主裁判應立即大聲報「違例」，使雙方運動員能清楚地聽到並立即停止擊球，此時司線員也不必再做手勢。擊球時球拍的框、桿、柄擊中球均為有效擊球。

(5) **網前「阻撓」**。比賽中，當雙方球員都在近網處時，球員甲擊球，其對手乙如果舉拍企圖封堵球的飛行路線屬「阻撓」違例。但若球員甲的球拍已擊到球後，球員乙再舉拍攔擊則非但不屬違例，而且是高水準的快速反應。區分這種是否「違例」，第一是看雙方位置是否都在近網處，第二看舉拍動作是在對方球拍擊中球瞬間之前還是之後。

(6) **「侵入場區」**。2010 年版的羽毛球競賽規則規定，運動員的「球拍或身體，從網上侵入對方場區」（擊球者擊球後，球拍可以隨球過網）或運動員的「球拍或身體，從網下侵入對方場區，導致妨礙對方或分散對方的注意力」均為違例。因此，凡身體、球拍從網上過網的即算「違例」，而身體、球拍從網下過網時要在對方受到影響時才算「違例」。

(7) **連擊**。一名球員兩次揮拍兩次擊中球或雙打比賽中兩名同伴連續各擊中一次球，均為連擊。而一次揮拍球拍框先碰球隨即拍弦再將球擊出屬合法擊球。兩次揮拍兩次擊中球是極少產生的，但是如果擊球時球在球拍上有停留或拖帶現象則仍是擊球「違例」。雙打比賽中兩名同伴同時去擊球，兩隻球拍相撞，而球只被一隻球拍擊出不算「違例」。

(8) **球碰球拍後繼續飛向該運動員的後場**。在此情況下，球已不可能再飛向對方場區，主裁判見此情況就應立即報「違例」。主裁判在執行這條規則時要注意，球碰拍後向下落時則不能在球落地前報「違例」。

(9) **死球**。下列情況均已成「死球」：球撞網並掛在網上或停在網頂、球觸地、球碰網或網柱後在擊球者這一方落向地面和主裁判報「違例」或「重發球」後。死球後任何一方再有違例均不再判。準確掌握死球概念，對主裁判的正確宣判極其重要。

如網前撲球，球拍碰網時就要區分球落地和球拍碰網哪一個發生在先；殺球時，球拍脫手飛過球網，球落對方場內，是球拍飛過網在前還是球落地在前。擊球者將球打在網上並落向自己一方的地面，而對方不慎使球拍觸網，如果是球拍觸網在先，則球拍觸網一方違例；若球拍與球同時觸網也是球拍觸網一方違例；如果是球已開始下落對方的球拍再碰網，則應是擊球方擊球不過網違例。

(10) **外物侵入場區**。比賽進行中有外物侵入場區（這一情況大多數是邊上另一

場地的球飛入本場），如果對本場地的運動員產生影響，主裁判應報「重發球」。比賽中，主裁判的眼睛不能只盯住球，而應儘可能擴大視野。這就要求主裁判多參加羽毛球運動實踐，並經常擔任主裁判工作，才能積累豐富經驗，準確判斷。

⑾ **發生意外事故**。當球在比賽進行中還未成死球時，遇有燈光突然熄滅、網柱倒下、地板場地的接縫裂開等情況時，主裁判應宣判重發球。

⑿ **場外指導**。在一場比賽中，死球時，允許運動員接受指導。但是教練員必須坐在指定的椅子上，不得站在場邊（除規則允許的間歇外）；教練員不得分散運動員的注意力或使比賽中斷。如果主裁判認為比賽被教練員中斷，或教練員分散了對方運動員的注意力，則判「重發球」，並立即請來裁判長，裁判長應警告有關教練員。如果教練員再次出現上述行為，必要時，請求裁判長要求教練員離開賽場。

5. 死球期間的工作

這一時間段雖不屬比賽進行中，比賽的雙方處於相對靜止狀態，但主裁判水準的高低、控制全場能力的強弱卻表現出來。

⑴ **記錄**。一旦成死球，應立即在記分表上記錄，有時還要做些特殊記錄。此時，有些經驗不足的主裁判往往急於先報分，並只顧看記分表了，未能顧及場上情況，而發球員卻因聽到報過比分就將球發出，使主裁判因對發球員和接發球員的違例失控而陷入被動。如果是主裁判未報比分，發球員將球發出，則主裁判報「重發球」就顯得順理成章了。

⑵ **及時宣報**。做完記錄後，主裁判應儘快宣報比分。發球員只能在主裁判報分後發球。掌握報分的時間和節奏是很有講究的，既不能讓發球員等得太久，也不要使自己處於慌亂之中。主裁判處理好記錄和宣報這兩項互有關聯的工作十分重要。一般的順序是：第一步，先宣判哪一方勝該回合；第二步，主裁判在記分表上做記錄；第三步，主裁判宣報比分。如果是明顯的球落在界內成死球，主裁判可以先做記錄然後宣報。

⑶ **比分顯示**。主裁判要隨時注意比分顯示器，發現比分或發球順序顯示錯誤，應立即糾正，然後再繼續比賽；如果發現錯誤時球已被發出，則等死球後再糾正。

⑷ **運動員要求換球的處理**。比賽時，換球應公正。主裁判應對是否換球作出決定。一方球員要求換球時首先應向主裁判提出，如果雙方運動員都同意換球，正常情況下主裁判不應拒絕；如果只有一方要求換球而另一方拒絕，那麼主裁判一定要先察看球，然後再作決定。如果有的羽毛折斷，球體明顯變形，即應予以更換；如果球的整體完好，則應繼續使用。

必要時可以試看球的速度有無明顯改變或飛行時是否搖晃，然後再作決定，但通常情況下主裁判不必試球就可作出決定。當主裁判認為運動員頻繁地提出換球是為了借機喘息以恢復體力，應予拒絕。比分處於關鍵時刻時，為了避免比賽節奏被故意打斷，主裁判也可視情況拒絕運動員的換球要求。但是看到球體確實受損時，任何時候都不應拒絕換球的要求。

為保證比賽的連續性，不給運動員借換球的機會取得休息時間，換新球後不允許試球。在只有一方運動員提出球速太快或太慢時，主裁判可予以否定；如果雙方運動員都提出球速太快或太慢，主裁判自己也感到球速有問題時，應向裁判長報告。

⑸ **運動員要求換拍的處理**。比賽中球拍斷弦，主裁判應接受運動員提出的換拍要求，並允許換拍後試打一下，然後立即恢復比賽。當球在來回對擊時，運動員跑到場邊換取另一隻球拍繼續比賽是允許的，這種情況在雙打比賽時可能發生。

⑹ **運動員要求擦汗和喝水的處理**。比賽中運動員需要擦汗和喝水是合理的要求，但要經主裁判許可後方能在場邊進行。主裁判在同意一方運動員要求時，要示意對方球員。主裁判要控制運動員擦汗和喝水的時間，不能拖得太久，必要時報「比賽繼續進行」以催促運動員儘快恢復比賽。主裁判應酌情拒絕運動員借機恢復體力或改變比賽節奏，例如，在對方連續得分時頻繁地要求喝水、擦汗，或在比賽的關鍵時刻提出此要求。

⑺ **運動員要求擦地的處理**。在運動員摔倒地面有汗濕的情況時，主裁判應主動召喚擦地員擦乾地面；在運動員的汗水撒落在場地較多要求擦地時，主裁判應召喚擦地員擦地；在場地確實有汗水的情況下，即使主裁判認為運動員有要求擦地而藉借休息之嫌，也不能拒絕，只是要求擦地員的動作快些，不使比賽中斷太久。

⑻ **意外事故的處理**。主裁判要注意全場的情況，發現了問題要在發球員發球前及時處理，例如場地線有缺損、場地旁的門未關好有風影響比賽、網高有變化等。

⑼ **運動員受傷的處理**。比賽時發生運動員受傷，主裁判的處理步驟是：首先詢問該受傷運動員情況如何，是否需要醫生，如果傷情不重，要立即恢復比賽；如果運動員要求就醫，主裁判應舉手請求裁判長進場，由裁判長決定是否需要醫務人員或其他人員進場。此時主裁判應在記分表上記下當時的比分、發球員、發球順序和時間，並啟動秒錶隨時向裁判長報告時間，在裁判長的授意下宣布比賽恢復進行或宣佈受傷運動員退出比賽（詳見裁判長工作）。

⑽ **運動員提出申訴的處理**。運動員只能就規則問題向主裁判提出申訴，主裁判應在下一次發球前對申訴作出回答，有必要時提請裁判長處理。運動員對司線員所作的判決有異議只能向主裁判提出，而不能與該司線員爭辯；遇有爭辯時主裁判應予制止，情況嚴重時要按「行為不端」處理。

發球員對發球裁判所判的違例可以要求發球裁判表明是哪一種發球違例，但不能爭辯；遇有爭辯時主裁判也應予制止，情況嚴重的按「行為不端」處理。主裁判對於運動員的申訴首先要聽清楚，在國際比賽時由於語言原因更應該仔細瞭解運動員提出的確切意思後再行處理。

⑾ **運動員延誤比賽的處理**。發球員或接發球員在球成死球後在場上兜圈子，未經主裁判的允許離開場地喝水、擦汗等拖延時間而遲遲不做發球或接發球的準備，以此來喘息、恢復體力，這些都是破壞比賽連續性的行為。在初犯程度較輕

時，主裁判應提醒該運動員注意，而不必馬上予以警告，但一定要有所表示，決不可聽之任之。

比如，運動員在場上兜圈子時，主裁判就可報「比賽繼續進行」；運動員未經許可而離場擦汗時，主裁判就應對該運動員說「要離場擦汗，請先告訴我」。在主裁判提醒過後，運動員屢犯或情節嚴重，主裁判應執行規則（2010 年版）第 16 條「比賽連續性、行為不端及處罰」的規定。主裁判還需根據具體情況靈活掌握，當比賽進行了一個多拍回合後，雙方運動員適當地延長間隙時間是可允許的（大約 10 秒鐘以內），主裁判認為比賽必須進行時，可報「比賽繼續進行」來催促雙方做好發球和接發球的準備。如果一方已做好準備，對方也應立即做好相應的準備，不可延誤時間。

⑿ **運動員行為不端的處理**。任何不禮貌的行為和舉止均屬行為不端，例如：

①故意影響改變球的速度。運動員以拍柄或肘部捅羽毛球或用手指將羽毛向外彎折使其口徑增大以減慢球速，或用手勒小羽毛球的口徑以加快球速等都是故意改變球速，屬於行為不端，主裁判除了按行為不端處理外，應更換新球。

②用球拍擊打球網。運動員對自己的擊球失誤或對主裁判的判決不滿，以球拍擊打球網來發洩自己的情緒。

③故意猛力將球打向地板。運動員對判決不滿或因主裁判沒有同意他換球的要求不滿時往往有此表現。

④拋扔球拍。運動員以拋球拍或以球拍擊打地板來發洩自己的情緒，這是很危險的行為，常會導致他人受到傷害。

⑤不禮貌動作。主裁判應該制止運動員在打了一個成功的好球後，握拳向對方示威。

⑥不禮貌語言。在場上對別人或對自己罵粗話都是不允許的。

⑦不服從判決並與主裁判無禮糾纏。運動員在主裁判對他提出的申訴作瞭解答後，仍不繼續比賽。

運動員有以上行為時，主裁判應視情節輕重按規則予以相應的處罰：對情節較輕的予以提醒；對明顯的「延誤比賽和行為不端」予以警告（圖 9-1），對已警告過又再犯的或情節嚴重的判違例；對判過違例又犯或情節特別嚴重的應再判違例並報告裁判長。主裁判應將所有「比賽連續性、行為不端及處罰」這一規則的情況記錄在記分表上。

⒀ **比賽暫停**。主裁判是唯一有權暫停比賽的裁判員。當比賽因某種原因而暫停時，主裁判應記下當

圖 9-1　延誤比賽和行為不端
　　　　的警告和違例手勢

羽毛球運動理論與實踐

時的比分及發球順序和發球員，在有需要時啟動秒表。恢復比賽時，應記錄暫停持續的時間，確認運動員的正確站位，並詢問「準備好了嗎？」再宣報「繼續比賽」和比分。

⒁ **間歇**。當一局比賽領先方得 11 分時，雙方運動員有不超過 60 秒的休息時間。該回合一結束，應立即宣報「換發球」和相應的得分以及「間歇」，執行規則中有關「間歇」的規定，間歇時間從此時算起。在「間歇」期間，發球裁判要確保場地被擦乾淨。在一局比賽領先方得 11 分的間歇中，到 40 秒時，應重複宣報「×號場地 20 秒」。一局比賽結束時雙方運動員有不超過 120 秒的休息時間。

每局交換場區以及第三局交換場區的間歇中，允許雙方各有不超過兩名教練員進入場地指導。當主裁判宣報「×號場地 20 秒」時，這些人員應離開場地。間歇後恢復比賽時宣報「繼續比賽」，並再次報分。如果運動員不需要規則規定的間歇，則可繼續比賽。

⒂ **交換場區**。第一局比賽結束時，雙方須交換場區進行第二局的比賽。如果局數打成一比一時，在第三局開始前雙方也應交換場區。在第三局比賽中，當領先一方得到 11 分時，雙方應再次交換場區。主裁判宣報交換場區後，要提醒運動員帶好各自的備用球拍和其他物品，並要注意運動員姓名牌和記分顯示牌（器）是否也作了相應的方向變動。如果主裁判和運動員都忘了在規定的時間交換場區，一經發現應立即交換，所得分數有效。

6. 比賽結束後的工作

一場比賽最後一個球成死球後，主裁判應在記分表上寫下最後一個得分數，然後宣佈比賽結果（每一局的比分）。主裁判宣報比賽結果時要抬起頭，聲音要洪亮、清楚，節奏適當。要避免一邊宣報一邊與運動員握手。比賽結束時，應採用適當的方式對發球裁判和司線員的合作表示感謝。主裁判不要在與雙方運動員握手後繼續坐在裁判椅上填寫記分表，因為其他裁判人員都在等你一起退場，記分表的填寫可在離開場地後進行，並及時交裁判長審核後交記錄台。

三、發球裁判員的職責與工作流程

（一）發球裁判員的職責

發球違例的判定是羽毛球臨場裁判員工作中的難點，常易引起比賽雙方的爭議。做好發球裁判員的工作基礎是對羽毛球競賽規則中有關發球條款有正確的理解，並將規則的細節和精髓結合實際正確運用。為此，在臨場執裁中必須做到以下 3 個一樣：對任何運動員（有名與無名、高水準與低水準、熟悉與不熟悉）的「發球違例」判罰尺度一樣；從比賽的開始到結束尺度一樣；雙方比分懸殊時和雙方比分接近時尺度一樣。

發球裁判員通常坐在主裁判對面網柱旁的矮椅上，使視線基本與發球員的腰部

持平；根據需要也可以坐在主裁判同側；在視線被擋而不能看清發球員的發球動作時，可以挪動身體位置，直至能看清發球員的發球動作為止。

1. 宣判發球員發球時的違例

當看到並肯定發球員發球違例時，立即大聲報「違例」，並使用發球裁判5個手勢中相應的一個手勢表明是何種發球違例，裁判長和主裁判都不能否決發球裁判作出的判決。

2. 協助主裁判檢查場地和器材

進場地後，協助主裁判檢查球網、記分顯示及暫停標誌等。

3. 協助主裁判管理羽毛球

發球裁判員只有在主裁判示意換球時，才能將新球換給運動員，並要注意將新球交給發球員，而不要給接發球方，以免延誤比賽時間。當運動員離發球裁判員較遠，發球裁判員須將球拋給運動員時，要注意不可將手舉起從高處擲向運動員，因為這是不禮貌的。

正確的方法是用手心托著或用手指捏著羽毛球（拇指放在球心中央）球托向前，從下向上將球拋給運動員。

4. 放置暫停標誌

在局數成 1 比 1 時，根據主裁判的決定，放置暫停標誌在場地中央網底下；當主裁判示意時，再收回暫停標誌。

（二）「發球違例」的判罰

在判斷是否「發球違例」時，首先要掌握「發球時間」的概念，因為所有發球員的「發球違例」只發生在「發球時間」裏。發球時間是指當發球員和接發球員雙方做好發球和接發球準備後，發球員球拍的拍頭第一次向前揮動（發球開始），直至發球員的球拍擊中球或未擊中球，球落地（發球結束）為止的一段時間。以下為如何判斷「發球違例」。

(1) **在整個發球時間裏，發球員的任何一腳踩線、觸線或移動均屬違例。** 當發球員準備開始發球站好位置時，發球裁判員就應該注意發球員的任何一腳是否踩線、觸線，如果出現，此時還不能宣判，因為發球並未開始，一旦發球員的球拍開始向前揮動，發球裁判員不必等到球被擊出就應立即宣報「違例」。有些發球員發球時喜歡站位貼近中線，在開始揮拍時腳並未觸線，但隨著揮拍動作，後腳有一個旋轉致使有半個腳明顯踩在線上，這也是「發球腳違例」。也有的發球員在站好位置後，前腳習慣向前跨出一步後再揮拍，這不應看做是腳移動，因為發球並未開始，而一旦發球員的球拍開始向前揮動到發球結束，在這一段時間裏，發球員的任何一腳有離地或拖動就是「發球腳違例」。

發球裁判員宣判發球腳違例時的手勢是：用右手指向自己向前伸出的右腳（圖9-2）。

羽毛球運動理論與實踐

正面　　　　　　　側面

圖 9-2　腳違例手勢

　　(2) **發球未先擊中球托**。發球時球拍與球的最初接觸點不在球托上，也就是說，球拍先擊中球的羽毛部分或同時擊中球的羽毛和球托都為不合法。這條規則的主要作用是限制發球員發旋轉飄球。發球時，發球裁判員要仔細觀看，球拍與球的最初接觸點是否只在球托上。實際上有時這是非常困難的。所以發球裁判員要借助於觀看發出球的飛行狀態來判斷。如果球拍明顯是先擊中羽毛，應判發球違例。如果從觀察中不能非常肯定是否先擊中球托，那麼發出的球飛行中帶有旋轉、翻滾就可判違例；如果發出的球飛行弧線正常，就是合法發球了。

　　但要注意，如果發球時明顯先擊中球托，但發出的球飛行時帶有旋轉或翻滾，則不能判違例。發球裁判員宣判發球時「未先擊球托」的手勢是：以左手 5 個手指做成羽毛球的形狀，以右手手掌代表球拍的拍面（圖 9-3A），然後以右手手掌輕擦左手指尖（圖 9-3B），表示球拍先擊在羽毛上。

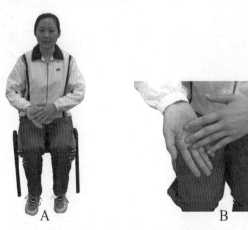

A　　　　　　　　　　　　　B

圖 9-3　未首先擊中球托違例手勢

　　(3) **發球過腰**。發球時，球拍擊中球的瞬間，球的任何部分高於發球員的腰部為「發球過腰」。規則的這一規定，主要是不讓發球員在高擊球點將球平擊過去，造成對接發球員的威脅。判斷球的任何部分是否過腰，首先要知道腰的部位。從人體解剖分析，腰部是由第一腰椎到第五腰椎組成，而第一腰椎大約相當於人體最低

一條肋骨，當擊中球的瞬間，球的任何部分如果高於最低一條肋骨的水平線，則應認為是過腰了。發球過腰違例，一定是在球拍擊中球瞬間才會產生，這裏有兩種情況值得注意：一種是發球員已經開始揮拍，且球也已離開發球員的持球手，而這時球在高於發球員腰部的空中，這不屬於違例；另一情況是，發球員準備發球和揮拍的開始階段，球保持在低於發球員的腰部，而當快要擊中球時，發球員將球迅速上提，在球體超過腰部的高處將球擊出，這是明顯的發球過腰違例。

發球裁判員在宣判發球過腰違例時的手勢是：右手抬起，超過腰的高度，肘關節彎曲，前臂平放在胸前（圖 9-4）。

(4) **發球過手**。是指發球時，球拍擊中球的瞬間，拍桿未指向下方。規則的這一規定主要是不讓發球員用垂直於地面的平拍面發出進攻性的平射球，而是要求發球員的球拍面只能以向上的方向將球擊出，使球以向上的弧線越過球網。判斷這一違例時要注意 3 個方面：

一是球拍擊中球的瞬間；二是球拍一定要明顯低於發球手；三是如果發出去的球飛行弧線是平的射向接發球員，則判發球「過手違例」不會有錯，這一點最為重要。還要注意：發球員發出的高弧線向上飛行的球是不可能「過手違例」的，而發出向上高弧線飛行的球時「過腰違例」是有可能的。

發球裁判員在宣判發球過手違例時的手勢是：右手彎曲，前伸抬舉在胸前，手掌代表球拍的拍頭，高於整個前臂，表明球拍的拍頭高於握拍的手部（圖 9-5）。

圖 9-4　發球過腰違例手勢　　　圖 9-5　發球過手違例手勢

(5) **延誤發球**。是指發球員的揮拍不是一次性地連續向前將球擊出（習慣稱「發球假動作」）。發球員在開始向前揮拍後又改變揮拍方向，或在揮拍的過程中有停頓使對方受騙，這些均屬發球違例。

在比賽中較多見的情況是：發球員向前揮拍中途突然停住，接發球員以為是發

羽毛球運動理論與實踐

近網球而身體重心移向前，但發球員又突然手腕一抖將球發向後場，使接發球員受騙；還有就是發球員在準備發球時，將球拍不停地抖動，幅度有大有小，在對方無備時將球發出。這些都應判作「延誤發球」違例。

發球裁判員宣判「延誤發球」的手勢是：以右手做不連續的發球揮拍動作（圖9-6）。

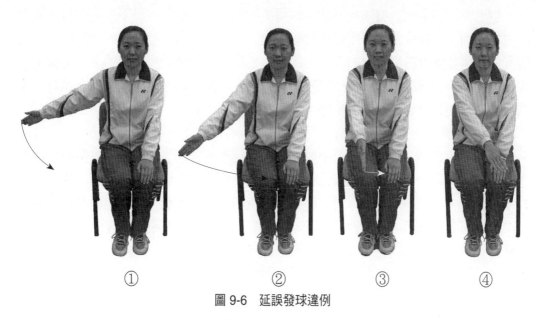

①　　　　　　②　　　　　　③　　　　　　④

圖9-6　延誤發球違例

（三）發球裁判員的注意事項

1. 精神集中，全神貫注

從發球員準備發球開始直至發球結束，發球裁判都要面向發球員，精神集中、全神貫注地正視發球員，讓發球員、接發球員以及所有在場的其他人員意識到，發球裁判員正在認真地履行職責，這樣發球裁判員作出的裁決才能讓人信服。

2. 宣報時間

發球是一個相當快的過程，而發球員的故意違例又往往帶有偷襲性，更是發生在一瞬間，發球裁判員如果宣判稍慢，幾個來回就會過去了。所以發球裁判員在發球員發球時，時刻都要準備報「違例」。宣報的聲音一定要洪亮，讓主裁判和運動員都聽到。如果主裁判沒聽到，比賽還在進行，發球裁判員可以站起來，再次大聲宣報，直至主裁判報「發球違例」。

3. 手勢

發球裁判員在宣報發球違例和做手勢表明是何種發球違例時，一定要面向發球員，在發球員詢問是何種違例時，應果斷地再次重複違例的手勢，不應迴避。

4. 發球違例的嚴格控制

從比賽一開始，只要發現有發球違例就一定要果斷地宣判，只有這樣才能控制住發球員的發球。否則，當比賽進行到比分接近或關鍵時刻才控制、才判定，就會

顯得前後尺度不一致，如果不判，雙方的發球違例將失去控制，自己也就陷入極度的被動。有的發球裁判員對發球員的多次發球違例是否每次都作宣判有顧慮，這是錯誤的，應該凡是能肯定的「發球違例」，都必須毫不猶豫地予以宣判，否則是對接發球員的不公正。

5. 掌握判罰「發球違例」的尺度

羽毛球競賽規則對發球員發球時的種種限制，其主要精神是不讓發球員在發球時占得便利，但在條款執行中也是有難度的，譬如發球時「發球員的球拍擊中球的瞬間，整個球應低於發球員的腰部。腰指的是發球員最低肋骨下緣的水平切線」，可是運動員的衣服遮著腰部，所以發球裁判員在判斷發球是否「違例」時，有一定難度，是對裁判員專業素質的檢驗。

6. 公平判罰

判罰必須公平、公正，千萬不要搞平衡，切不可在判了一方發球違例後找機會也判另一方發球違例，以求兩邊都不得罪。這種做法的結果會適得其反，特別是違背職業道德，是絕不可取的。發球裁判員的裁判水準是衡量一名羽毛球裁判員業務水準高低的重要方面。作為合格的發球裁判員，既要有競賽規則的理論基礎，又要有豐富的臨場經驗；既要有優秀的道德品質修養，又須具備良好的心理素質。這些也是羽毛球裁判員晉陞和考核的一項重要內容。

四、司線員的職責與裁判方法

（一）司線員的職責

司線員專門負責察看球在他所負責線段附近的來球落點，並以規定的術語「界外」「界內」以及「視線被擋」3 個手勢進行宣判。

（二）司線員的裁判方法

2010 年版羽毛球競賽規則中規定：場地上「所有的線都是它所界定區域的組成部分」，「球應由 16 根羽毛固定在球托上」。依據這兩條規定，只要球任何部分（包括羽毛）的最初落地點是在此時該球應落的有效區域（發球區或場區）的線上或線內，即為「界內球」。如單打比賽時，發球員從右發球區發出球，凡球落在對方場區的右發球區的界線上及線以內均為界內球。

1. 界內

球落在他所負責的線的界內，只伸出右手指向他所負責的線（圖 9-7），不宣報。

2. 界外

無論球落在他所負責的線的界外多遠，都應立即做出兩臂向兩邊平伸的手勢（圖 9-8），同時高聲報「界外」。

圖 9-7　界內　　　　　　　　　　圖 9-8　界外

3. 視線被擋

司線員的視線被運動員擋住，未能看到球的落點，此時應用雙手遮著雙眼（圖 9-9），向主裁判表示自己的視線被擋，不能作出判決。

五、記分員的職責與工作方法

記分員的職責是及時正確地顯示主裁判的宣報。正式的比賽應配備比分顯示器，由臨場記分員操作。記分員的工作內容、程序和要點如下：

(1) 比賽開始前，將小分和局分都還原到 0。

(2) 根據主裁判主持挑邊的結果，正確安放比賽雙方運動員的名牌，指示出比賽開始時雙方所站的場區。如果記分器有發球方顯示，還應顯示出比賽開始時的首先發球方。

圖 9-9　視線被遮擋

(3) 比賽開始後，根據主裁判的宣判，顯示出比分和發球權（如果有此功能時）。一定要注意不能根據自己的判斷喧賓奪主地先於主裁判的宣報、操作顯示比分或發球方。

(4) 在一局比賽結束時，要顯示局分，並使運動員的名牌指示轉向下一局雙方的場區，小分還原到 0。

(5) 第三局比賽交換場區時，也應及時改變運動員名牌指示方向。

(6) 整場比賽結束，顯示出最後的比分和完整的局分；在取下運動員名牌後，

將記分器顯示還原到 0 後再離開場地。

第三節 🏸 羽毛球競賽場地、器材設備及其附屬物品

一、競賽場地及其附屬設施

羽毛球比賽場館的設施應根據比賽的級別要求進行佈置。

（一）運動員休息室

男女要分開，運動員一般都是在休息室更衣。

（二）裁判員休息室

在每節比賽開始前，裁判長召開的裁判員賽前準備會和比賽時裁判員的輪休在此進行。因羽毛球比賽的時間較長，所以，國際比賽常在休息室中備有茶水、咖啡和一些點心。

如果條件許可，比賽場地的廣播應連接到運動員和裁判員的休息室內，使運動員和裁判員在休息時即可隨時瞭解比賽的進程。

（三）貴賓休息室

供舉行會議或領導、特邀來賓休息。

（四）醫務室

除常規醫用藥物外，還應準備一些急救醫務用品，如氧氣袋、骨折固定物等。

（五）興奮劑檢測室

應附有洗手間，備有桌子、椅子、大量飲用水和放置尿樣的冰箱。

（六）廁所

從球場到廁所的距離儘量不要太遠。

（七）新聞中心

根據需要和可能，設置最方便快捷的通迅設備，大型比賽須設新聞發佈會議室。

（八）快餐小賣部

羽毛球比賽時間較長，根據比賽情況供應各種快餐及飲料。

二、器材設備

（一）場地設備

球場應是一個長方形，用寬 4 公分的線畫出。線的顏色應是白色、黃色或其他容易辨別的顏色。所有的線都是它所界定區域的組成部分。

從球場地面量起，網柱高 1.55 公尺。當球網被拉緊時，網柱應與地面保持垂直。網柱及其支撐物不得伸入場地內。不論是單打還是雙打比賽，網柱都應放置在雙打邊線上。球網應由深色優質的細繩編織成。網孔為均勻分佈的方形，邊長1.5～2 公分。球網上下寬 76 公分，全長至少 6.1 公尺。球網的上沿是用寬 7.5 公分的白帶對折成的夾層，用繩索或鋼絲從中穿過。夾層上沿，必須緊貼繩索或鋼絲。繩索或鋼絲應牢固地拉緊，並與網柱頂端取平。從球場地面起至球網中央頂部應高1.524 公尺，雙打邊線處網高 1.55 公尺。球網兩端與網柱之間不應有空隙。必要時，應把球網兩端與網柱繫緊。

1. 球場的燈光

進行羽毛球活動時可以採用自然光或燈光，羽毛球訓練或一般性群眾羽毛球比賽時可採用自然光，但由於自然光存在順光和逆光的差異，所以重大比賽都應採用燈光照明。

⑴ **燈光的位置。**理想的羽毛球比賽場地燈光應來自場地外兩側，在無法做到這一點時也要盡可能避免燈光從端線處照向對方場地的球員，以免球員抬頭時因眼睛對著燈光而看不清球。

⑵ **燈光的亮度。**就比賽本身來說，大約 1000 勒克斯的亮度就已足夠。整個場地的亮度必須是均勻的。但在有電視轉播的比賽時，球場的光線亮度就應滿足電視攝影轉播的需要。合理的燈光照明，應該是只有比賽場地內是有燈光集中照明，而場地四周的亮度應明顯低於比賽場地內，更不允許場地外有燈光直射運動員。羽毛球比賽進行中不允許任何人使用閃光燈照相。

2. 場地四周牆壁的顏色

羽毛球比賽場地四周牆壁的顏色必須是深色的，特別是兩端線外的背景（牆壁或廣告）更不能是白色或淺色的。這是因為深色的背景能使運動員看清快速飛行的羽毛球，而白色和淺色的背景會使運動員難以看清快速飛行的球體。

3. 場內風力的控制

羽毛球球體很輕，飛行時易受風的影響，風力稍大時就要影響運動員水準的正常發揮。因此在比賽時應關閉門窗，經常使用的出入口須設置門簾並擋住風口。在

比賽館內氣溫很高必須開空調時，最好在賽前一小時開啟，比賽開始前10分鐘就應關閉空調或將空調開至最弱，儘量減小場內空氣對流的影響。

（二）羽毛球

球可由天然材料、人造材料或用混合材料製成。無論是何種材料製成的球，其飛行性能應與由天然羽毛與薄皮包裹軟木球托製成的球的性能相似。

⑴ **天然材料製成的球應由 16 根羽毛固定在球托上。**每根羽毛從球托面至羽毛尖的長度，統一為 6.2～7 公分。羽毛頂端圍成圓形，直徑為 5.8～6.8 公分。羽毛應用線或其他適宜材料紮牢。球托底部為球形，直徑為 2.5～2.8 公分。球重4.74～5.50 克。

⑵ **非羽毛製成的球裙將由合成材料製成的仿真羽毛代替天然羽毛。**球的尺寸和重量應同天然材料製成的球，但由於合成材料與天然羽毛在比重、性能上的差異，允許有不超過 10%的誤差。

在因海拔或氣候條件不適宜使用標準球的地方，只要球的一般式樣、速度和飛行性能不變，經有關會員協會批准，可以變通以上規定。

⑶ **球速的檢驗。**驗球時，運動員應在端線外用低手向前上方全力擊球，球的飛行方嚮應與邊線平行。符合標準速度的球，應落在場內距離對方端線外沿 53～99 公分之間的區域內。

（三）羽毛球拍

球拍長不超過 68 公分，寬不超過 23 公分。拍柄是擊球者通常握拍的部分。拍弦面是擊球者通常用於擊球的部分。拍頭界定了拍弦面的範圍。拍桿連接拍柄與拍頭。連接喉（如有）連接拍桿與拍頭。

拍弦面應是平的，用拍弦穿過拍頭十字交叉或以其他形式編織而成。編織的式樣應保持一致，尤其是拍弦面中央的編織密度，不得小於其他部分。拍弦面長不超過 28 公分，寬不超過 22 公分。拍弦可延伸進連接喉的區域。伸入拍弦區域的寬度不得超過 3.5 公分。包括拍弦伸入區在內的拍弦面總長不得超過 33 公分。

球拍不允許有附加物和突出部分，除非是為了防止磨損、斷裂、振動或調整重心的附加物，或預防球拍脫手而將球拍柄繫在手上的繩索，但其尺寸和位置必須合理。球拍上面不允許附加任何可能從本質上改變球拍形式的裝置。

（四）設備的批准

有關球、球拍、設備以及試製品能否用於比賽等問題，由國際羽聯裁定。這種裁定可由國際羽聯主動作出，也可根據對其有切身利益的個人、團體（包括運動員、技術官員、設備廠商會員協會或其他成員）的申請而作出。

三、附屬物品

（一）主裁判椅

椅子座位高約 1.4 公尺，在左右扶手間應設一擱板，讓主裁判放置記分板，椅子的四腳應稍微張開，使椅子的重心穩固，這樣主裁判在上下椅子時不會搖晃。

（二）發球裁判椅

一般常用的靠背椅子即可，但應注意不要使用鐵腳椅子，以免損壞場地。

（三）司線員椅

要求同發球裁判椅。

（四）衣物筐

衣物筐用於運動員進場後放置備用球拍、毛巾、運動衣以及飲用水等，筐的尺寸是長約 80 公分，寬約 60 公分，高 30 公分，要能容下球拍袋和一般的運動包。單打比賽時在主裁判椅的兩側各放置一個，雙打比賽時在主裁判的兩側各放置兩個。

（五）放球箱

臨場比賽時的用球一般都由發球裁判保管，所以在發球裁判的椅旁應放置一個球箱，比賽時備用的新球整筒放置，而換下的舊球就直接丟在箱內，在比賽間隙或在一節比賽結束時再收集整理。球箱的長、寬和高都略大於球筒即可。

（六）乾拖把

比賽場地表面如果有了水（運動員滴下的汗水、運動員摔倒在地或其他原因使場地潮濕），就應立即用乾拖把將水擦乾。要保證拖把有良好的吸水性能，每個場地應備有兩個拖把，每邊一個。

（七）暫停標誌

當比賽打成局數 1 比 1 時，須放置暫停標誌在場地中央的網下，使觀眾知道現在局數 1 比 1。暫停標誌的高度約為 50 公斤，圓錐體、三角形或四面體均可，主要是醒目和便於發球裁判挪放。

（八）量網分

量網尺是寬 4 公斤、長 1.7 公尺的木質或鋁合金制的直尺，在 1.524 公尺和

1.55公尺處畫有標記。

（九）記分墊板

主裁判臨場執裁時墊寫記分表用，板的尺寸要大於 A4 紙，硬質的有機玻璃或塑料板都可以。

（十）比分顯示器

羽毛球比分顯示器的分數應由 0——30 組成，局分由 0——2 組成，場分由 0——5 組成。簡易的比分顯示器可以用手翻動。正式的比賽，電子記分顯示器是理想的選擇。分數顯示器的燈光亮度不能太大，以免影響運動員的視覺。

思考與練習：

1. 描述雙打比賽中的站位和發球順序。
2. 列舉重發球的幾種情況。
3. 簡述主裁判和發球裁判的工作職責。

附錄一　主裁判臨場規範用語

主裁判應使用規範用語控制一場比賽。

1. 宣報及介紹

女士們、先生們：

單項賽單打：在我右邊……（運動員姓名），在我左邊……（運動員姓名）。

單項賽雙打：在我右邊……（雙打運動員姓名），在我左邊……（雙打運動員姓名）。

團體賽單打：在我右邊……（隊名）……（運動員姓名），在我左邊……（隊名）……（運動員姓名）。

團體賽雙打：在我右邊……（隊名）……（雙打運動員姓名），在我左邊……（隊名）……（雙打運動員姓名）。

……（運動員姓名）發球。

……（隊名）發球。

……（運動員姓名）發球，……（運動員姓名）接發球。

2. 比賽開始及報分

比賽開始，0比0。

換發球。

間歇。

……號場地20秒。

局點，……比……。

場點，……比……。

第一局……（運動員姓名，團體賽用隊名）勝，……（比分）。

第二局……（運動員姓名，團體賽用隊名）勝，……（比分）。

局數，1比1。

決勝局。

3. 一般用語

準備好了嗎？

到這裏來。

這個球可以嗎？

試球。

換球。

不換球。

重發球。

交換場區。

你從錯誤的發球區發球。

發球順序錯誤。

接發球順序錯誤。

不得改變球形。

球觸到你。

觸網。

你站錯發球區。

你干擾對方。

教練員干擾對方。

兩次擊球。

拖帶球。

侵入對方場區。

妨礙對方。

你要棄權嗎？

接發球違例。

發球違例。

延誤發球，比賽必須連續。

比賽暫停。

警告，……（運動員姓名）行為不端。

違例，……（運動員姓名）行為不端。

違例。

界外。

司線員，做手勢。

發球裁判員，做手勢。

擦地板。

4. 比賽結束

比賽結束……（運動員姓名／隊名）勝，……（各局比分）。

……（運動員姓名／隊名），棄權。

……（運動員姓名／隊名），取消比賽資格。

附錄二　比賽用表

1. 羽毛球團體賽出場名單表

（　　　）子團體賽出場名單

組別 _____ 日期 _____ 時間 _____ 場號 _____

_____ 隊　　　　對 _____ 隊

項目與順序	運動員姓名

隊名 _____　　　　教練員簽名 _____

2. 混合團體賽出場名單表

混合團體賽出場名單

組別 _____ 日期 _____ 時間 _____ 場號 _____

_____ 隊　　　　對 _____ 隊

項目與順序	運動員姓名
1 男子單打	
2 女子單打	
3 男子雙打	
4 女子雙打	
5 混合雙打	

隊名 _____　　　教練員簽名 _____

3. 羽毛球團體賽計分表

(　　) 團體賽計分表

_____ 隊

對

_____ 隊

階段	組別（位置號）	日期	時間	場號

項目＼單位姓名		隊	隊	每局比分			每場結果	裁判員簽名
				1	2	3		
1				/	/	/		
2				/	/	/		
3				/	/	/		
4				/	/	/		
5				/	/	/		

比賽結果 _____　　　獲勝隊 _____

第 _____　　　教練員簽名 _____

羽毛球運動理論與實踐

4. 羽毛球比賽記分表

羽毛球比賽記分表

比賽名稱 _____
項　目 _____
場　號 _____
日　期 _____

對

開　　始 _____
結　　束 _____
裁 判 員 _____
發球裁判員 _____

勝者 _____　比分 _____　裁判員簽名 _____　裁判長簽名 _____

第一節 🏸 羽毛球運動與健康

羽毛球運動是一個深受人們喜愛的體育運動項目，它是全面鍛鍊身體、增強身體機能的良好手段，也是培養良好心理素質、陶冶情操的有效方法。透過鍛鍊或比賽，還可以培養堅強的拚搏精神和優良的意志品質，擴大社會交往，增強社會適應能力，為大眾身心的全面發展奠定良好的基礎。

一、羽毛球運動與身體的發展

（一）羽毛球運動與心肺功能

1. 羽毛球運動對呼吸系統機能的影響

呼吸系統功能的強弱取決於人體活動時氧氣和二氧化碳進行交換的能力。進行羽毛球運動時，人體對氧氣的需求量增加，呼吸頻率加快，為了適應這一要求，呼吸系統的各個器官都必須改善自身的工作能力。因此，長期進行羽毛球鍛鍊能提高人體的攝氧能力和各呼吸器官的功能，從而改善呼吸系統的機能。參加羽毛球運動對呼吸機能的改善主要表現在以下幾個方面：

第一，使呼吸肌更發達、更有力和更耐久，能承受較大的運動量。呼吸肌主要有膈肌和肋間肌，此外還有腹壁的肌肉，在深呼吸的時候，肩部、背部的肌肉也起輔助作用。經常參加羽毛球鍛鍊可以促進呼吸肌的發育，使呼吸肌的收縮能力增強，胸圍增大，使呼吸動作的幅度加大。一般人的呼吸差只有 5～8 公分，而經常參加羽毛球鍛鍊的人，呼吸差可達到 9～16 公分。所以進行羽毛球鍛鍊對呼吸系統功能的提高是大有益處的。

第二，使肺活量增大，吸進的氧氣和排出的二氧化碳增多。肺活量是衡量人體生長發育和健康水準的重要指標。經常參加羽毛球鍛鍊，有利於肺組織的生長發育和肺的擴張，使肺活量增加。

另外，參加羽毛球鍛鍊時，經常性的深呼吸運動可促進肺活量的增長。平常人的肺活量一般只有 3500ml 左右，經常參加羽毛球鍛鍊的人肺泡彈性大大增加，呼吸肌力量加大，肺活量比一般人大1000ml 左右。

第三，使呼吸深度加深。一般人的呼吸淺而急促，安靜時每分鐘 12～18 次。而經常參加羽毛球鍛鍊的人，呼吸深而緩慢，每分鐘 8～12 次，這就使呼吸肌有較多的休息時間。這種差別在運動時表現得更為明顯。例如，在運動量相同的條件下，一般人呼吸可增加到 32 次/分左右，每次吸呼量只有 300ml，每分鐘呼吸總量為 300ml×32 ＝ 9600ml。而運動員每分鐘呼吸 16 次左右，但每次呼吸量可達 600ml，每分鐘呼吸總量為 600ml×16 ＝ 9600ml。

從表面上看，一般人與運動員每分鐘呼吸量相同，但實際上氣體交換量卻不同。因為，每次呼吸都有 150ml 空氣留在呼吸道內，不能進入肺泡進行氣體交換，所以實際換氣量應是：一般人為（300-150）× 32 ＝ 4800ml，而運動員卻為（600-150）× 16 ＝ 7200ml。

這表明，肌肉工作需氧量增加時，一般人是以增加呼吸頻率來適應氧氣的需要量，因此，進行羽毛球運動時常常氣喘，而羽毛球練習者由於呼吸機能提高，呼吸加深，在相同條件下，呼吸頻率稍有增加就可以滿足氣體交換的需要。因此，工作可以耐久而不易疲勞。

2. 羽毛球運動對血液循環系統機能的影響

良好的血液循環系統是一個人強健體魄必須具備的條件。經常進行羽毛球運動可提高心血管系統的機能，減少各種「文明病」的產生。羽毛球運動對人體各器官、系統都有良好的作用，對心血管系統更是如此。進行羽毛球運動時，體內能量消耗增加和代謝產物增多，需要提高心血管系統的機能和加快血液循環。因此，經常從事羽毛球鍛鍊能使心血管系統的機能得到明顯增強，使心肌變得肥厚、心動徐緩和血壓降低，從而使血液循環系統的結構和機能得到改善。

（二）羽毛球運動與力量素質

體育運動都表現為肌肉活動，羽毛球運動對肌肉的改變尤為明顯，可使肌纖維增粗，肌肉體積增大。一般人肌肉重量占體重的 35%～40%，而透過羽毛球鍛鍊後可增到 50% 左右。堅持羽毛球鍛鍊，能使肌肉發達、比例勻稱、健美有力。進行羽毛球鍛鍊時，肌肉工作加強，血液供應增加，蛋白質等營養物質的吸收與儲存能力增強。

透過系統的羽毛球鍛鍊，不僅可以使肌肉纖維和肌腱的連接以及肌腱與骨骼的連接比一般人結實，而且可以提高神經系統對肌肉的控制能力，主要表現在肌肉的反應速度、準確性和協調性都有提高，肌肉工作時能量消耗下降，效率提高等。

（三）羽毛球運動與速度素質

速度素質是鍛鍊者快速運動的一種能力。羽毛球運動要求快速的腳步移動、靈敏的反應速度和快速的位移。這些要求都在影響著鍛鍊者的速度素質。在羽毛球運動中，攻防轉換迅速，動作變化快而準確，且攻中有防，防中蘊攻，技、戰術的充

分發揮都是以不同的速度形式表現出來的。速度的表現具有多變性和複雜性，速度能力決定著羽毛球技、戰術運用和發揮的成效。

羽毛球運動中的速度表現形式有反應速度、動作速度和位移速度。在平時的練習中，透過信號練習、特定動作練習等專門性練習可提高練習者的簡單反應速度，而長期的有意識的防守反擊練習則能有效地鍛鍊瞬間選擇性反應能力。長期進行羽毛球運動對速度素質的影響是多方面的，速度素質的逐漸提高對神經系統的靈活性和肌肉彈性、韌性、靈活性、伸展性等都有較大的促進作用，有助於身體健康。

（四）羽毛球運動與柔韌素質

影響柔韌性的因素是多方面的，這些因素都可以透過羽毛球運動得以改善，提高人體的柔韌性，主要表現在以下方面：

第一，羽毛球運動可使關節周圍組織的功能增強。柔韌性的表現主要來自於骨關節，而骨關節結構因受先天的影響難於改變，所以，改善骨關節周圍組織是加強關節柔韌性的有效措施。關節的加固主要靠韌帶和肌腱，肌肉則從關節外部補充加固關節的力量，控制關節活動幅度，它們共同作用，限制關節在一定範圍內活動，從而保護關節不至於超出解剖允許的限度而受傷。

第二，羽毛球活動可以產生適合於柔韌性改善的體溫。肌肉溫度升高可使新陳代謝增強，供血增多，肌肉的黏滯性減少，從而提高肌肉的彈性和伸展性，使柔韌性得以提高。影響柔韌性的溫度有外界環境溫度和體內溫度兩種。體內溫度的調節用於補償外界環境對機體產生的不適應。當外界溫度較低時，必須做好充分的準備活動，提高肌肉溫度，從而增加柔韌性；當外界溫度較高時，應排出汗液降低溫度，以免肌肉過早出現疲勞而降低關節的柔韌性。

二、羽毛球運動與心理健康的發展

（一）羽毛球運動的健心作用

羽毛球運動具有直觀性的特點，它要求運動員必須綜合運用各種有關器官，不僅由視覺、聽覺來感知動作的形象，而且要由觸覺和肌肉的本體感覺來感知動作要領、肌肉用力程度，以及動作過程中時間與空間的關係等，從而建立完整、正確的動作表象。在這個過程中，運動員的感知能力、觀察能力，以及形象記憶、動作記憶能力等都能得到發展和提高。

羽毛球運動中學習內容的多樣性、複雜性與多變性，使人從中體驗到滿意、愉快、歡樂、緊張、興奮、焦慮等多種不同程度的情感體驗。羽毛球運動中學習活動的團體性以及運動員之間的互助互學等，能啟發運動員的社會意識，增強自尊心、自信心以及責任感。羽毛球運動學習中的競爭性能激發練習者的進取心，鼓舞人的意志，使各種情感體驗更加深刻，影響作用更為廣泛。

（二）羽毛球運動與情商培養

羽毛球運動能有效地培養人們的自我調節和控制能力。在激烈的羽毛球運動中，運動員要經歷情緒的波動與起伏，有勝利時的喜悅和興奮，也有失利時的憂鬱和焦慮；落後時急著想趕上去，領先了又擔心對方追上來，而且各種心態經常變化，交錯出現。

但無論是哪種心態，要想使活動更好地繼續下去，就必須及時調整自己的心態，用情感的動力去挖掘自己的潛力，往往使得情緒更難控制，而羽毛球運動的遊戲性和遊戲規則的權威性又能促使運動者努力控制好自己的情緒。所以，經常參加羽毛球活動能逐漸提高人的自我調節和控制能力。

社會心理學研究表明，情商的提高與人的行為活動密不可分。在羽毛球運動過程中，練習者擁有一個較為廣闊的空間領域，思維活動與集體活動緊密結合，有利於情商的顯示和發展。

羽毛球運動中學習內容的多樣性，為練習者的情商向多元化發展提供了條件，對培養練習者的社會適應能力具有特殊作用。經常參加羽毛球運動更易於與他人形成親密的關係，人際交往能力也更強。

（三）羽毛球運動能抵禦心理障礙

羽毛球運動也是人的一種社會實踐活動，有著明顯的目的性，這種目的性制約著人在羽毛球運動中的一切行動。因此，羽毛球運動能有效地培養練習者的心理承受能力，從而使羽毛球運動具有深遠的教育價值。在羽毛球運動中，人們會遇到各種各樣的困難和障礙，其中有來自內心的，如緊張、害怕、失落、猶疑等；也有來自外界的，如大自然的地理、氣候環境和運動場景的複雜多變等。

為實現目標，就必須承受來自內心和外界的各種壓力，努力克服各種困難，消除障礙。因此，經常參加羽毛球運動能逐漸增大練習者的心理負荷，提高心理承受能力，減少心理疾病的發生。

一、羽毛球運動與社會適應能力的發展

（一）羽毛球運動與價值觀、競爭意識和競爭手段

1. 羽毛球運動對價值觀的影響

價值觀是文化觀的核心，也是文化精神的集中體現，它是指人們對社會經濟活動的價值判斷或價值取向。正確的價值觀對人們職業的選擇、家庭的建立以及積極人生態度的形成都具有重要意義。羽毛球運動項目是以進取求勝為活動的最終目標，且有較為一致的評價標準。經常參加羽毛球運動可以培養練習者良好的社會行為、積極向上的人生態度和正確的價值觀，為適應社會生活打下堅實的基礎。

羽毛球運動可以鍛鍊拚搏進取的人生觀。每一位站在世界冠軍領獎台上的運動員，無一不是經歷了多年風風雨雨的艱苦磨鍊而獲得勝利的。揮汗如雨，冬練三九，夏練三伏，無不是吃苦耐勞、持之以恆地接受著超乎常人承受能力的練習，才換來高舉獎盃的輝煌。羽毛球運動能使人們直接感受成功喜悅的背後是要靠日積月累的奮鬥、輝煌皆由汗水鑄成的道理。因此，拚搏進取的人生觀通過羽毛球活動來培養是最好的手段之一。

2. 羽毛球運動有助於競爭意識的培養

競爭意識是現代人的重要素質之一，它是支配人行為的一種心理活動過程，是社會生存競爭規律在人腦中的反映。在現代社會中，誰的競爭意識強，誰就占有生存發展的優勢，就能獲得進步和成功。因此，練習者應該注意競爭意識的培養，並探索培養這種意識的有效手段和方法，以使自己在學業的掌握上、職業的選擇上和以後的事業發展中獲得成功。

經常參加羽毛球運動和比賽，是培養競爭意識的一個良好途徑。羽毛球比賽具有鮮明的優勝劣汰的特點，競爭主體經常更換，名次優勝經常變化，使參與者始終有獲取成功的可能性，因而能促使人奮發向上。由此煥發的競爭和奮鬥精神又具有遷移性，可供人們在其他領域作為借鑑，得到收益。因此，多參加各種羽毛球活動與比賽，能提高人的競爭意識，為以後走向社會並適應社會的競爭環境打下良好的基礎。

羽毛球運動要求練習者在身體、技藝、能力等方面均表現出較高水準。因此，為了在競爭過程、運動技術和技能方面有超人的表現，創造優異的運動成績，運動者必須進行長期艱苦的訓練，才能在競爭中具有勇敢頑強、機智果斷、團結協作、不畏艱難、拚搏奮進等競爭的基本素質和能力。這些競爭的素質和能力也正是當今社會競爭人才所必須具備的素質和能力。因此，透過羽毛球運動的學習、練習與競賽，可以培養參與者在激烈競爭中獲得生存、提高和發展的競爭能力。

（二）羽毛球運動與協作意識、社會角色及個性形成

隨著科技的發展，社會競爭的激烈，綜合型人才在社會中起著越來越重要的作用，人的協作意識和個性的發揮也日漸成為競爭的焦點。經常參加體育鍛鍊對於協作意識的培養有積極作用，羽毛球運動對於培養協作意識的作用表現在以下幾方面：

1. 引導練習者克服極端個人主義

一個人不可能孤立地生存在世界上，總是需要與人交往和合作，而在交往和合作中，需要的是人道原則、公正原則、互惠互利原則和相互尊重原則，如果堅持以個人為中心的極端利己主義，就不能實現真正的交往與合作。羽毛球運動，尤其是雙打項目，要求合作者之間必須相互體諒、相互支持、相互配合，任何個人主義行為都將導致失敗的結局。所以，在羽毛球鍛鍊中能培養人們的合作能力。同時，對

消除練習者的極端個人主義也有很大幫助。

2. 引導練習者克服嫉妒心理

嫉妒是一種不健康的情緒，也是一種消極的心理感受。這種心理的存在，使人們很難相互溝通和相互交往，是合作的大敵。羽毛球運動要求合作者具有真誠、坦率、寬廣的胸懷，只有認可合作才能成功。因此，羽毛球運動對於消除合作者之間的嫉妒心理大有作用。

3. 引導練習者克服冷漠的心態

冷漠是一種內隱性的消極心態，這種心態常與失望相隨，更與孤獨相伴。具有這種心態的人，既不願意與人交往，更不善於與人合作；既缺乏與人交往的積極性，更缺少與人合作的基本技能。因此，只有克服冷漠心態，才能與人合作。羽毛球運動可以迫使冷漠的鍛鍊者與其他鍛鍊者打交道來提高技、戰術水準，在羽毛球運動過程中逐漸形成與人溝通、與人打交道的良好習慣，消除人與人之間的冷漠感，進而遷移到其他的社會活動中去。

4. 羽毛球運動有助於社會角色的轉變

社會結構由各司其職，有一定特定權利、義務和行為規範的人員組成。每一個社會角色，都代表著有關的行為期望與規範。擔當了某種社會角色，就要表現這個角色的特徵。

在羽毛球運動中，如果參與者成功扮演了自己的角色，他就會獲得教練員和同伴的認同與表揚，從而加深對自己角色的體驗，使角色意識和角色行為得到強化。如果參與者扮演角色失敗，就可能受到教練員和同伴的批評與指正，使參與者對角色義務、權利、行為規範的理解得以矯正，保障下一次活動角色扮演成功。

參加羽毛球運動，可以為練習者扮演社會角色提供嘗試的機會，使他們懂得社會角色是與人們的某種地位、身分相一致的一整套權利、義務的規範與行為模式，這有利於練習者懂得「做什麼像什麼」的社會意義，使他們面向社會時幹一行愛一行，努力做好自己的工作。也可使練習者體會到經過個人努力可以成功扮演各種角色，從而體驗出人的主觀努力是改變社會地位的重要途徑。

（三）羽毛球運動與人際關係

羽毛球運動能溝通、協調人際關係。人際關係是影響人的社會適應能力的主要因素，而羽毛球運動就具有溝通和協調人際關係這一功能。

因為羽毛球運動總是在一定的社會環境中運行，它總是與人群發生著交往和聯繫，人們在運動中能夠較好地克服孤僻，忘卻煩惱和痛苦，溝通、協調人際關係，擴大社會交往，提高社會適應能力。參加羽毛球運動的過程是一個與他人密切合作的過程，離開了與他人積極配合，單靠個人是無法進行的。因此，參加羽毛球運動的過程，就是主動積極地與他人溝通、協作的過程，這樣的參與將有效地促進與他人溝通、協作能力的發展，增強社會的適應能力。

（四）羽毛球運動與現代生活方式

隨著社會的經濟發展和生產勞動過程中生產方式的變化，人們的思想觀念也必然會隨之發生變化。體育開始進入現代人的生活，成為人們日常生活方式的一個重要組成部分。體育像人體的血管一樣，滲透到社會機體的各個部分，已經形成一種規模巨大、構成複雜的社會文化現象。羽毛球運動作為體育運動的一個重要組成部分，也與人們的生活方式密切相關。

羽毛球運動以獨特的形式和特殊的功能，改變長期以來人類對體育的一些固有看法。它是促進人們身體健康和改善健康狀況積極有效的手段。大量科學事實已證明羽毛球運動對增強體質、延年益壽和提高人們生活品質具有特殊功效，所以，羽毛球運動成為人們現代生活方式中不可缺少的一部分。

（五）羽毛球運動與體育道德精神

人們從事羽毛球活動的初衷大多是強身健體，但這只是有形的、物質方面的功效。在羽毛球活動過程中，還同時存在著無形的、文化層次和道德層次方面的修養，這也是羽毛球活動不僅可以健身，而且可以健心的原因。

羽毛球活動具有鮮明的文化和道德特徵，人們追求自我完善、自我超越，追求美好的理想，這些文化特徵在羽毛球運動中得以充分體現。羽毛球活動的體育道德精神在賽場上處處可見，對於羽毛球愛好者，只有親身參加這種活動才能體會。

在長期的學習過程中要與教練員交流，與同伴配合；在掌握技術時，學會與教練員和同伴互相尊重與理解，達到一定技術水準後互相進行比賽交流；羽毛球比賽的經歷有助於提高尊重裁判、服從裁判、尊重對手、公平競爭的道德修養，並且在比賽中經受頑強拚搏的情感體驗，鍛鍊自己的意志品質，以自己的實力和毅力獲得別人的尊重和承認，鄙視或消除投機取巧、欺騙裁判員或對手的行為和心理。

在羽毛球競賽中總是有輸有贏，真實地體驗自己的技術水準，有助於正確地進行自我評價，因而能使人自信而不傲慢，謙虛而不自卑。另外，羽毛球活動是有規則約束的，是人人都必須自覺遵守的，這種行為能養成人們遵紀守法的道德觀念。

第二節 ☙ 羽毛球運動中的損傷及其預防

進行任何一項體育運動，如果鍛鍊的方法不當，都可能使身體造成一些損傷，羽毛球運動也不例外。但由於羽毛球運動是隔網項目，競賽雙方的身體不會發生直接碰撞，所以，它發生損傷的概率與其他運動項目相比，並不算高。

但由於它的運動強度大，比賽時間長，身體某一局部負擔較大，如果運動方法不當，也會發生一些損傷。

一、羽毛球運動中常見的損傷

（一）擦傷

【原因及症狀】擦傷是羽毛球運動中較為常見的一種皮膚開放性損傷。它多因摔倒後皮膚與地面摩擦及球拍意外撞傷所致。

【現場處理】小面積的、淺層的、創傷面無異物的皮膚擦傷，最好先用生理鹽水沖洗消毒，然後在局部塗抹 2%的紅藥水。擦傷，最好不要用暴露治療，否則容易乾裂而影響運動。

有異物嵌入皮膚或大面積的擦傷，極易發炎和感染，要用生理鹽水徹底沖洗傷口，將污物清除，再用凡士林油紗布覆蓋，並以繃帶加壓包紮。污染嚴重的傷口，必須由醫生進行清創術，施用抗菌藥物和注射破傷風抗毒血清。

（二）肩關節損傷

【原因及症狀】這主要是由於高手擊球的技術動作不合理或練習中局部負擔過重造成的。揮臂擊球時肩關節感到明顯疼痛，不能做大力發力動作。

常見的肩部運動損傷有肩袖損傷、肱二頭肌長頭肌腱損傷，不慎摔倒時還可能發生關節脫位。

【現場處理】發生急性損傷時，首先要對局部進行冷敷，可以採取冷水沖洗或冰袋冷敷等措施，持續時間 15～20 分鐘，然後用繃帶進行加壓包紮 24 小時，同時限制受傷肢體活動，24 小時後可以進行輕微活動，逐步恢復鍛鍊，鍛鍊時間取決於損傷的程度。

【改善措施】平時可以進行槓鈴推舉、臥推和利用單槓做引體向上等方法進行肩部力量練習，或者將一定重量的物品置於肘部平舉，使之與肩同高，持續1～2分鐘為一組，每次 4～6 組，每組間歇時注意放鬆，放鬆時肩部進行正壓、反拉及前後繞環練習。另外，運動前可適當進行肩部的柔韌性練習。

（三）肘關節損傷

【原因及症狀】這主要是由於技術動作不合理或局部練習負擔過重造成的。肘部不動時無疼痛感，擊球發力即疼，肘關節活動範圍受到限制。

【現場處理】發生肘關節損傷時，可能出現前臂長度改變、肘關節後部出現凹陷、關節活動障礙等現象。這時，必須減少受傷肢體的活動量，特別要減少反拍擊球的次數，以利於損傷的恢復。如果發生肘關節脫位，要盡快送醫院進行處理，不要讓非醫務人員進行復位。

【改善措施】平時應多採用俯臥靜立支撐、槓鈴彎舉等方法加強該部位力量。練習時肘部稍彎曲，練習量視各自情況而定，以每次練習至手部支持不住為宜，或持小沙瓶做繞「8」字練習，持羽毛球拍做前臂繞「8」字揮拍練習，或握小啞鈴做

前臂屈伸練習。恢復期間練習時可帶護肘或彈性繃帶防護。

（四）手腕關節損傷

【原因及症狀】這類損傷主要由於技術動作錯誤、手腕力量薄弱及手腕局部負荷量過大而引起。擊球發力時手腕無力或疼痛。常見的手腕損傷有腕三角軟骨盤損傷、橈骨莖突腱鞘炎。

【現場處理】一般的扭傷或撞傷，可在傷處冰敷 20 分鐘。冰敷後，如果手腕在活動度仍受到限制並感覺疼痛，應送醫院處理。如果活動時的疼痛在可以忍受的範圍之內，在保護後可以重新回到運動場。如果在傷後 24 小時傷處的腫脹與疼痛持續，則應送醫院處理。

【改善措施】平時可以用小啞鈴做腕部屈伸練習，增加腕部力量。練習次數與重量視個人情況而定，以每次練習出現前臂酸脹為止；也可以用磚頭替代重物進行練習，改善腕部肌肉活動能力，同時發展手指力量。必要時可佩戴護腕或彈性繃帶以加強防護。

（五）膝關節損傷

【原因及症狀】膝關節損傷，通常是由於步法技術動作不合理及膝關節局部負擔過重造成的，表現為膝關節痠痛無力或活動時膝部稍一彎曲就疼痛。常見的膝關節損傷有膝關節側副韌帶損傷、十字韌帶損傷、半月板損傷等。

【現場處理】與發生肩關節急性損傷時處理的過程基本相同。首先要對局部進行 15～20 分鐘的冰敷，然後進行加壓包紮，限制受傷肢體活動，休息時將傷肢抬高。24～48 小時以後可以進行理療、按摩等治療，同時儘快找醫務人員進行處理。

【改善措施】可以利用槓鈴做負重蹲起訓練，以提高膝關節的肌肉力量，或者採用靜蹲的靜力性練習來增加膝部力量。

做加大力量練習時，屈膝的角度可由出現膝痛的角度開始，慢慢加大到 90º。每次練習時間可由 5 分鐘開始，慢慢加長到 30 分鐘以上。練習時，以出現股四頭肌輕微的抖動為宜。訓練時可戴護膝。

（六）跟腱和踝關節損傷

【原因及症狀】這與運動員的技術動作有缺陷或錯誤、動作比較僵硬或不協調、場地過硬、運動鞋襪品質較差等有關。一般表現為跟腱部位疼痛，尤其是跳起著地時、後退支撐或做蹬地動作時。

【現場處理】首先要確定是否跟腱斷裂。發生跟腱斷裂時常常聽到響聲，並且產生劇烈疼痛和肢體活動障礙。

讓傷員俯臥在床上（或桌子上），將兩腳伸出床沿，注意觀察兩個腳跟的位

置，如果有一側明顯變長，則可能發生了跟腱斷裂，這時必須儘快送醫院處理；如果僅是一般性跟腱損傷，則可進行冷敷、加壓包紮、限動和抬高傷肢，24～48 小時以後再進行理療、按摩等治療。輕微損傷者在傷後 2～3 天可以開始進行簡單活動，中度損傷者需要休息一週。在損傷後的訓練過程中，要以不引起局部明顯疼痛為度，並控制好運動量。

【改善措施】負重跳繩或負重提踵。經常進行這種練習對提高步法移動能力和預防損傷都很有幫助。對於輕度損傷者來說，運動時可戴護踝，嚴重者可在護踝外加彈性紗布包裹固定。

（七）腰背肌損傷

【原因及症狀】這種損傷，通常因為準備活動不充分，用力突然造成肌肉拉傷所致。在運動中，當腰部前屈或後伸用力時即出現疼痛，特別是後仰接頭頂區球很吃力。

【改善措施】間隔 1 公尺置兩個輔助椅，根據需要採用仰臥或俯臥姿勢，將肩部和小腿支撐在輔助椅上，腹、背部懸空並與肩腿部呈水平繃直，根據需要將重物放於腹部或腰部，靜力支撐 3～5 分鐘為一組，每次練習 3～6 組，間歇時進行腰部繞環、放鬆等伸展性練習。必要時可用腰帶加以保護。

（八）大腿肌肉拉傷

【原因及症狀】在肌肉局部負擔過重，恢復不充分情況下，再增加負荷容易出現大腿肌肉拉傷。症狀為運動中涉及大腿肌肉收縮或拉長時，該部分肌肉疼痛。在羽毛球運動中，最常見的是大腿後肌群和肘內側肌群損傷，其次是大腿內收肌群、腰背肌、肩肘肌等損傷。

【改善措施】應增加大腿肌肉力量和伸展性練習，如肩負槓鈴做前後交叉跨步練習，負重做左右腳向前、向後、向側的提腿練習。運動時可用彈力繃帶加以保護。做伸展練習時要循序漸進，不能操之過急，運動前一定要充分做好準備活動，注意氣候變化和臨場情況。

二、運動損傷的預防措施

（一）運動前後做好充分的熱身活動和積極的放鬆整理活動

運動前不重視做準備活動，或準備活動做得不充分、不正確、不科學是引起羽毛球運動損傷的重要原因之一。準備活動不充分，肌肉、內臟、神經系統機能不興奮，肌肉中的血液供應不足，在這樣的身體狀態下進行運動，動作僵硬、不協調，極易造成損傷。特別是在寒冷的冬季，尤其要做好全面的準備活動。準備活動的量與時間要控制好，強度要適當，以身體覺得發熱、微微出汗為宜。

可以先進行一般性的準備活動，如自上而下做各關節的活動，包括繞環、伸展、拉韌帶、慢跑等活動；然後要進行一些專項準備活動，如揮拍、起動步法及前後左右各方向的步法跑動練習。

整理運動可做一些拉長肌肉韌帶的靜力牽引練習和按摩放鬆活動，以促進肌肉的乳酸代謝，緩解肌肉和關節的痠疼感覺與消除疲勞，減少再次運動時由於肌肉未恢復而造成損傷的情況。

方法是將身體需要放鬆部位的肌肉群向相反的方向牽拉，待將肌肉牽拉到最大張力狀態時，停留數秒鐘後再放鬆。

（二）避免局部過度負荷

羽毛球運動時，要求運動員的下肢前後左右不停地滿場反覆多次奔跑，上肢無數次地大力揮臂擊球，腰、腹、軀幹則連接上下肢運動，是完成每個動作必不可少的部位，所以運動中身體各部位負荷都很大。

這期間如果運動量或內容的安排稍有不妥，某一局部肌肉負擔過重，則會造成該局部肌肉的損傷。如果多次重複一個動作的練習，機體會因無法承受而致傷，例如多次進行大力殺球，肩部肌肉會因負擔過重而致傷；多次進行上網步法練習，膝關節會因局部負擔過重而致傷。為此，在運動中對上下肢負荷的安排要適當，密度大與密度小的內容要交替進行，並留意運動後身體各部位的反應，如感到某一局部負擔過重，則應立即停

（三）以合理準確的姿勢擊球

運動中技術動作不規範，不符合人體的生理特點也是造成損傷的原因。如擊球時上肢動作僵硬、用力不合理等，就容易造成肩關節受傷；又如擊球時手腕未以前臂、上臂內外旋帶動發力，只用手腕屈伸發力就極易受傷。所以擊球的技術非常重要，合理準確的姿勢，不但運動起來省勁、舒服、漂亮，而且不易受傷。

（四）加強力量素質的練習

力量素質是一切運動的基礎，力量素質好，特別是小肌肉群力量強，能有效預防運動損傷；相反，肌肉力量差、伸展性不好是致傷的一大誘因。

對於運動時易出現損傷，力量又相對薄弱的身體部位，應注意提高其機能和承受運動負荷的能力，特別是注意改善其肌肉力量和肌肉的伸展性，這是預防損傷的一種積極手段。

（五）運動時保持良好的身體狀態

身體疲勞時，各部位運動機能下降，易出現反應遲鈍、動作不協調、運動能力下降等反應，此時如仍勉強參加運動，極易出現損傷。因此，在羽毛球運動前和運

動過程中，應隨時注意身體各部位肌肉的反應，有肌肉發硬、痠痛或有「不願意運動」的感覺時，不要再勉強進行練習。

（六）注意運動環境和穿戴

在過滑的場地上進行羽毛球運動，下肢易拉傷；在過硬或不平的地面上運動，如水泥地、磚頭地等，膝、踝關節易損傷。另外，鞋襪不合適，如鞋子過大或過小、鞋底過硬，襪子太薄或球拍過重等都有可能造成損傷。

三、運動損傷後的康復治療與訓練

（一）按摩療法

按摩是醫學中最古老的治療方法之一。在整個人類歷史中，按摩都被編進醫學文化史中，也是傳統醫學中必不可少的組成部分。運動按摩是按摩手法和技能在體育康復訓練中的具體應用，由於方法簡便易於掌握、經濟實惠、不受設備條件的限制、安全有效等特點，被人們廣泛地接受和應用。按摩療法用於羽毛球運動各種損傷的治療和康復中，如扭傷、勞損、骨折、力學性肌痛、損傷後組織攣縮、緊張性筋膜疼痛綜合徵、傷後肌水腫等都有較好的效果。

（二）物理療法

應用各種物理因素作用於人體，以防治疾病的方法稱為物理療法，簡稱理療。理療已成為康復治療的重要內容，在各種運動損傷中都被廣泛地應用。物理因素可透過對局部的直接作用和對神經、體液的間接作用引起人體反應，調整血液循環，改善營養代謝，提高免疫功能，調節神經系統功能，促進組織修復，因而能消除致病因素，改善病理過程，達到康復目的。

理療可分為兩大類：

1. 人工物理因素療法

⑴ *電療法*。包括靜電療法、直流電療法、低頻電療法、中頻電療法、高頻電療法、超高頻電療法、特高頻電療法、離子導入療法、電離空氣療法、電水浴療法、射頻療法等。

⑵ *磁療法*。包括靜磁場療法、脈衝磁場療法、低頻磁場療法、中頻電磁場療法、高頻電磁場療法等。

⑶ *光療法*。包括紅外線療法、可見光療法、紫外線療法、雷射療法等。此外，還有超聲波療法、水療法、傳導熱療法、冷凍療法、運動療法、拔罐療法、電子生物回饋療法等。

2. 自然物理因素療法

包括礦泉、氣候、空氣、日光、海水療法等。

（三）其他療法

針灸、局部痛點注射、中草藥療法、手術等也是治療運動損傷的有效方法。如果按摩和中藥治療效果不佳，應立即到醫院診斷治療，以利早日康復。

（四）康復訓練

康復訓練是指損傷後進行有利於恢復或改善功能的身體活動。除嚴重的損傷需要休息治療外，一般的損傷不必完全停止身體練習。

適當的、科學的身體練習對於損傷的迅速癒合和促進功能的恢復有著積極的作用。

1. 康復訓練的目的

⑴ **保持良好身體狀態**。康復訓練可以預防肌肉萎縮和攣縮，康復肢體的運動能力，維持良好的心肺功能，使其一旦傷癒便能投入正常的體育鍛鍊。

⑵ **防止停訓綜合症**。個體在長期的體育鍛鍊中建立起來的各種條件反射性聯繫，一旦突然停止鍛鍊便可能遭到破壞，進而產生嚴重的機能紊亂，如神經衰弱、胃擴張、胃腸道機能紊亂等。

⑶ 傷後進行適當的康復性鍛鍊，可加強關節的穩定性，改善傷部組織的代謝與營養，加速損傷的癒合，促進功能、形態和結構的統一。

⑷ 傷後的康復訓練，可以使機體能量代謝趨於平衡，防止體重的增加，縮短傷癒後恢復鍛鍊所需的時間。

2. 康復訓練的原則

⑴ **正確診斷**。科學合理的康復計畫必須建立在正確全面的診斷基礎上，錯誤或不完整的診斷會延遲、阻礙損傷的康復進程。如運動員腰椎骨折常常合併椎間盤突出，推拿時就不易強力側扳。如果同時合併有滑椎時，做背肌力量練習時就不宜過伸。

⑵ **個別對待**。根據不同的年齡、病情、機能狀態選擇運動手段、預備姿勢和運動量，以發展和改善肌肉的功能（力量、速度、耐力）及關節活動度。

⑶ **傷後的康復訓練以不加重損傷、不影響損傷的癒合為前提**。應儘量不停止全身的和局部的活動。而且，傷部肌肉的鍛鍊開始得愈早愈好。

⑷ **遵循全面訓練、循序漸進、適宜運動量的原則**。在損傷癒合過程中，康復動作的幅度、頻率、持續時間、負荷量等都應逐漸增加，否則會加重損傷或影響損傷的癒合，甚至會使損傷久治不癒而成陳舊性損傷。

康復訓練應注意局部專門練習與全面身體活動相結合。在損傷初期，由於局部腫脹充血、疼痛和功能障礙等，應以全面身體活動為主，在不加重局部腫脹和疼痛的前提下，進行適當的局部活動。隨著時間的推移，損傷逐漸好轉或趨向癒合，局部活動的量和時間可逐漸增加。

第三節 ♠ 羽毛球運動的營養知識

一、人體運動時能量代謝的供能系統

人體運動時能量的直接來源是 ATP（三磷酸腺苷），ATP 水解成 ADP（二磷酸腺苷）和磷酸，同時釋放出能量（ATP + H_2O→ADP + Pi +能量），該能量就是骨骼肌收縮所需的能量來源。而骨骼肌中，ATP 的儲備量很少，供能時間僅僅為 6～8 秒鐘。肌細胞中 ATP 的儲備少，而肌細胞又不能從血液或其他組織中直接獲取，因此從能量的觀點來看，運動中 ATP 消耗後的恢復速度是影響運動能力的最重要因素，ATP 的再合成主要包括磷酸原供能系統、糖酵解供能系統和有氧代謝供能系統。

磷酸原供能系統：

磷酸原供能在短時間最大強度或最大用力的運動中起主要供能作用，與速度、爆發力關係密切，它可維持最大強度運動 6～8 秒。

糖酵解供能系統：

在以最大強度運動 6～8 秒時，糖酵解過程被激活，肌糖原迅速分解參與供能，成為維持運動的重要供能系統。在全力運動 30～60 秒時，糖酵解可達最大速率。是 30 秒到 2 分鐘以內以最大強度運動的主要供能系統。

有氧代謝供能系統：

有氧代謝過程釋放能量，合成 ATP，構成骨骼肌內有氧代謝供能系統。此系統的輸出功率比其他兩個系統低，它不能維持高強度、高功率的運動，是數分鐘以上耐力性運動項目的基本供能系統。

二、羽毛球運動能量代謝特點

羽毛球運動不同於一般的週期性運動，如田徑和游泳，而是一項多次重複的高強度運動。它獨特的專項特點，決定了運動員能量代謝過程屬於無氧和有氧代謝相混合的代謝類型。羽毛球運動時，特別是扣球的一瞬間、救球時的最後一個跨步、比賽中忽然變換方向以及經常出現的加速跑，基本由磷酸原供能系統提供能量。可是隨著技術水準的不斷提高、拍數增多以及比賽時間延長，運動員需要承受 50～90 分鐘激烈活動的體力要求，此時運動員為調整和恢復體力，採用打四角球、打落點以及打拉吊等方式結合時，糖酵解供能系統和有氧代謝供能系統發揮了它們應有的作用。

一般情況，尤其是雙打比賽時，接發球的瞬間搶攻，往往在數秒甚或少於 1 秒

內完成。根據 G. Neumann 於 1988 年依據運動時間長短和運動時能量供應過程及調節等,把運動項目分類,羽毛球運動應歸為短時間項目,亦即運用了磷酸原代謝供能。但有時在比賽過程中 10 秒之內的回合占多數,其間歇時間一般在13 秒左右。而 ATP-CP 的半時反應為 20～30 秒,即一次間歇後 ATP－CP 恢復不到一半,因此必定縮減下一次高強度對抗的供能時間。

根據 Serresse 等的研究,一次 10 秒的全力運動後,乳酸供能比例達 44%;楊奎生等報導中國運動員 100公尺跑後血乳酸值高達 9.46mmol / L。所以單靠磷酸原供能是不足以應付整個比賽不停的每次高強度對抗的。因此,糖無氧酵解供能在羽毛球運動中亦占有相當重要的地位。

當論及有氧代謝對羽毛球運動員的重要性時,當然免不了提及 VO₂max(最大吸氧量)的問題。然而羅維絲發現,在國際重大比賽中取得名次的優秀女子羽毛球運動員與較年輕的優秀後備女子羽毛球運動員的最大吸氧量之間,無論是絕對值還是相對值均無顯著性差異。雷蓉蓉等測試表明,1992 年羽毛球男女團體1～12 名之間在無氧指標上也不存在明顯的等級相關,這在一定程度上說明有氧能力與羽毛球運動員的運動能力相關不大。其實,速度才是羽毛球運動員制勝的關鍵,儘管發揮速度的過程只占比賽總時間的 30%左右,但是比賽中的每一次得分無不與這個過程有關。

金花等測試結果發現,在一場羽毛球比賽中,運動員的平均心率可達 189次/分,最高心率可達 208 次/分,一次高強度回合之後血乳酸可達 8.22mmol / L。從運動生物化學角度分析,糖有氧氧化的最大輸出功率及再合成 ATP 的最大速度,分別僅為 CP 和糖酵解的 1 / 4 和 1 / 2,有氧代謝不可能滿足如此高強度運動的能量需要,只有依靠無氧代謝供能,才能真正發揮羽毛球運動的特質速度。

透過以上介紹,不難發現羽毛球運動和人體三大供能系統的密切關係,尤其是與磷酸原供能和糖無氧酵解供能的關係特別緊密。前面提及的高乳酸現象,說明了糖酵解供能和羽毛球運動員的運動能力密切相關,因此糖酵解供能的能力在羽毛球運動中占較重要的位置。其次是磷酸原供能在比賽的開始階段產生積極的作用,而最後的是有氧代謝供能。從運動生物化學的角度來看羽毛球運動本身的獨特性,就會發現人體三大供能系統在羽毛球運動中確實擔當著不同的角色。

三、羽毛球運動供能理論在運動營養補充中的運用

(一)補充碳水化合物

作為最基本的營養成分,碳水化合物是人體能量的主要來源,人體所有器官的運行,都需要消耗碳水化合物。羽毛球運動員進行大負荷訓練或比賽時,體內糖類的消耗量很大,因而首先需要注意充分補給富含糖類的飲食。運動前首先應該攝入適宜碳水化合物,保證體內有充分的水分和鹼貯備,才能夠在運動中提供更多的能

量。運動後即刻補糖有利於加速糖原恢復，最佳時間在運動後 30～45分鐘，但是糖原儲備完全恢復仍需要 10～36 小時，因此在運動後 24 小時內補糖10 克/公斤體重才可滿足最大糖原合成率的需要。

由於運動後食慾抑制，建議採用運動飲料和易消化的食物，如香蕉、蛋糕和小點心等；睡眠中無法補糖，應在睡前補好，每小時 25 克，建議攝入中到高濃度血糖指數的糖以加速恢復。羽毛球運動員每天熱能需求的來源，碳水化合物占60%～70%，脂肪占 20%～25%，蛋白質占 15%左右。

（二）補充蛋白質和脂肪

羽毛球運動時的供能特點決定了運動員飲食要注意合理補充蛋白質和脂肪，蛋白質是構成人體各器官和肌肉的重要基本物質，運動員的身體恢復，尤其是修復運動所致的骨骼肌細胞微細損傷，是需要足夠的蛋白質才能完成的。羽毛球運動時劇烈的擊球動作有可能造成肌肉損傷，運動後迅速地補充蛋白質有助於修復受傷的肌肉和組織。脂肪是人體熱量的主要來源和最大的儲能庫，氧化分解提供長時間低強度運動時機體所需的大部分熱量。所以運動員要根據運動量的大小補充充足的蛋白質和脂肪，一般在訓練後半小時內以及睡前一小時這兩個時間讓運動員補充一定量的純乳清蛋白粉。乳清蛋白粉是從牛奶中提取出來的，蛋白含量高，脂肪低，適合運動員增長肌肉，使得訓練造成的肌肉分解能夠及早恢復。在運動後的膳食也要注意雞肉、豆類、瘦牛肉或魚等蛋白質的補充。

日常膳食中可食用含大量不飽和脂肪酸的植物油，如葵花籽油、紅花油和大豆油等，以攝入適量的必須脂肪酸。或者補充一些特殊的脂肪如卵磷脂（雞蛋、動物內臟），以預防和改善心血管疾病，增強智力和記憶力，增強體適能。

（三）補充水和礦物質

劇烈的運動會導致大量的水分經由汗液流失，脫水會影響運動水準的發揮，即使流失體重 1% 的水分，體溫也會變得更高，比較容易疲勞。而損失體重 3% 的水分，就會顯著影響運動表現。因此在運動前和運動中都應該適量地補充水分，特別是運動後，絕大部分的運動員都處於不同程度的缺水狀態，需要積極地補充水分。運動後補水一定要注意方法，正確補水：

首先，應該小口喝水，不宜過快過多，這是因為身體經過運動，各器官負擔加重，這時如果大量喝水會造成心臟和腎臟的負擔。另外，不可喝冷飲，否則會影響體溫散發，引起感冒、腹痛或其他疾病。再者，所謂補充水分，不是我們傳統意義上的喝白開水，因為人體汗液的主要成分是水，還有鈉、鉀、氯、鎂、鈣、磷等礦物質，當運動大量出汗後，隨水分的喪失，也失去很多鹽分，體內的電解質因此而失去平衡，因此運動後要喝電解質飲料。

電解質飲料又稱礦物質飲料，飲料中除了水外還有鈉、鉀、氯、鎂、鈣、磷等

人體所需的礦物質。羽毛球運動員有條件的話要每隔 15～20分鐘補充 200ml 左右的礦物質飲料，或者在運動前喝 300ml 礦物質飲料，在運動間隔中再隨時補充，就能基本滿足運動時的營養需求。

（四）補充維生素

羽毛球運動員應當增加維生素的補充量。這是因為維生素與羽毛球運動時肌肉活動的強度和神經心理方面的緊張程度有密切關係。維生素 C、B_1、A 對羽毛球運動員有重要作用：

維生素 C 對機體的生命活動有多方面的作用，維生素 C 缺乏表現為一般身體虛弱、牙齦出血、對感冒和傳染病的抵抗能力下降，羽毛球運動員對維生素 C 的需要量在 120～250 毫克之間。

維生素 B_1 對於神經系統的活動起重要作用，它能促進正常的代謝活動，對運動能力也有促進作用。額外補充維生素 B_1 可以承受大運動量訓練，一般訓練的需要量為1.5～3 毫克，大運動量和比賽期維生素 B_1 的需要量增加到 5～10 毫克。需要注意的是，僅僅服一次維生素 B_1 不會有什麼促進作用，只有長時間系統服用才有效果。

維生素 A 對視覺、皮膚等器官的正常功能的維持是必須的。缺乏維生素 A 會使在暗的環境下視力和色覺功能都下降，羽毛球運動與視力、緊張程度、分辨色覺和迅速適應環境的能力密切相關。因此，保證維生素 A 的需要是很重要的。

另外，運動使體內產生大量的自由基，破壞細胞膜，造成肌肉痠痛，影響恢復，因此需要補充一些含有維生素 C、維生素 E 等抗氧化劑的食物來對抗，如辣椒、橙子等；還有一些特殊的植物營養素具有強抗氧化效果，如花青素、類胡蘿蔔素等，能夠有效地清除自由基，促進恢復的效果相當好。它們主要存在於深色蔬菜和水果中，如葡萄、番茄等。所以運動後還要多吃水果和蔬菜，加快疲勞的消除。

四、羽毛球運動員的科學膳食

羽毛球運動員還應該遵守合理的膳食制度，應定時進餐，飲食有節，不喝烈酒，不吃刺激性食物。進餐次數除日常基本三餐外，可以根據運動訓練情況適當增加 1～2 次點心。運動員進餐時間與運動訓練和比賽時間應有一定間隔。進餐後，一般間隔 2 小時以上才能運動；運動結束後，應休息 45 分鐘以上再進餐。運動員一天各餐食物的熱量和品質分配應根據運動訓練或比賽情況安排。

原則上，運動前要吃易於消化和少含脂肪、粗纖維的食物；運動後食物量可適當增加，一般晚餐不宜過多，也不宜選擇難消化和刺激性大的食物。早餐應攝入較充分的蛋白質和維生素，如上午有訓練，則可以適當增加碳水化合物的量；晚餐的脂肪和蛋白質含量不宜過多。早、中與晚餐的熱量比例是 30％～40％、30％～

40％、20％～30％。這樣不僅能夠滿足運動時的需要，保持運動時的體能，而且可以增強鍛鍊的效果，促進體力恢復以保證身體健康。

第四節 ✍ 羽毛球運動在不同人群健身運動處方中的運用

一、在少年兒童健身運動處方中的運用

（一）在促進身體生長發育運動處方中的運用

經常從事羽毛球運動，可以全面發展人的身體素質。以兒童為例，他們打羽毛球時，需要不停地來回快速移動，而腳下的快速移動對拉伸大腿內側、膝蓋周圍和小腿內側的韌帶有相當的好處。一般從五六歲起就開始打羽毛球的孩子，平均身高可比同齡人高 5 公分左右，而且柔韌性也比一般的孩子要好。

羽毛球運動對頸椎病的防範也有很大好處，回擊高球的動作相當於芭蕾舞的向後引臂，使頸椎與脊椎處於放鬆狀態，這對長期伏案寫字和埋頭練琴的孩子來說，不僅可以預防脊椎壓力過大造成抑制長高的後果，而且對預防頸椎病也有很好的幫助。隨著電腦的普及和課業的加重，頸椎病的幼齡化傾向值得父母關注，而在任何一個年齡段，打羽毛球都是預防頸椎不適的最佳方案之一。

促進身體生長發育的練習，以基本技、戰術和專項素質為主，每週練習 3～5 次，每次 60～90 分鐘，長期進行。

但應特別注意早期的反覆大強度、長時間、形式單一的固定姿勢練習會導致少年兒童身體形態產生一定的形變。應左右手持拍交替練習，練習結束後做向上、向異側拉伸的練習，定期做擴胸運動、引體向上、俯臥撑等。

（二）在健腦益智運動處方中的運用

經常參加羽毛球鍛鍊，可大大提高神經系統的反應速度和綜合協調能力。為了準確回球，打羽毛球的孩子頭腦反應較靈活。

專家研究發現：半年的羽毛球鍛鍊可以使孩子的快速判斷時間從 0.3 秒縮短到 0.1 秒，最優秀者可縮短到 0.05 秒。在羽毛球運動的對抗中，每一個瞬間的擊球動作，都將引起對方的高度重視，即使一點細微變化，也逃脫不了對手的眼睛。譬如在接發球時，必須精細觀察，對手的揮拍方向，摩擦球的部位、角度、力度、速度等，並將所有訊息快速傳遞給大腦，經過迅速加工處理，判斷和預測來球的速度、力量、旋轉與落點，這一系列的觀察和形象思維，在極短的時間內完成，然後採取接球的對策，做出適應性反應。因此，如果在每一次練習中，都能注意觀察，動腦

子打球，久而久之，無疑對開發智力大有裨益。

促進思維發展的手段以稍微複雜的練習及綜合練習為主，如守中反攻、快拉快吊、多點對多點、比賽、左右手替換及接各種來球等，每週練習 3～5 次，每次 60 分鐘左右，強度以中上為宜。

（三）在預防及治療近視運動處方中的運用

眼科專家研究發現，在打球過程中眼睛須快速追隨羽毛球的往返，這對 5～9 歲孩子的眼球功能完善有意想不到的好處。5～9 歲是孩子眼球發育最關鍵的時期，而這一階段的城市孩子弱視率約達 8%，近視率卻達到 14%。

專家認為，這與孩子多關在「書齋」，缺乏球類運動，特別是像羽毛球這類靈活性很強的「小球運動」息息相關。當羽毛球高速飛行時，人的睫狀肌收縮、眼球內的晶狀體懸韌帶鬆弛，晶狀體依靠自身彈性曲度變大，折光度增大，看清來球方向；當回球遠去時，則剛好相反，睫狀肌放鬆，連接晶狀體的懸韌帶緊張，晶狀體變得扁平，保證看清遠處的羽毛球。在連續不斷的擊球回球中，孩子眼部肌群韌帶一張一弛得到鍛鍊，對遏制弱視與近視的發展勢頭，甚至對治療內視眼（對眼）都有一定的輔助療效。

建議人們針對有效的羽毛球運動手段，堅持不懈地練習，達到預防和治療近視的目的。對於已患近視的青少年來說，採用對打、對抗、對殺、結合線路及落點變化的練習，每天練習 1 小時以上，堅持一段時間會收到明顯效果；對於以預防為主的少年兒童，採用同樣的手段每週練習 3～5 次，每次 30 分鐘以上，就會起到保護視力及延緩視力衰退的作用。

二、在青少年健身運動處方中的運用

（一）在減肥運動處方中的運用

身體肥胖是由於多餘的脂肪、糖類未被消耗掉而留在血液中，繼而被輸送到脂肪組織中。要想減肥主要是要減掉體內多餘的脂肪。打羽毛球是全身有氧運動項目，持續時間長，運動強度適中，一場正規的比賽運動員在場上耗時 60～90 分鐘。運動生理學研究表明，雖然比賽中在快速回擊扣殺時能量供應以 ATP-CP 系統或糖原無氧酵解系統為主，但因為持續時間長、運動強度適中，比賽以脂肪或糖原有氧代謝為主。長年累月進行羽毛球運動，能大量燃燒體內脂肪，這不僅可以減肥，而且可以使身材更加勻稱，肌肉更加結實。在撿球、接球的過程中，不斷地彎腰、抬頭等動作，也使腰部、腹部的肌肉能得到充分鍛鍊。這樣還可避免局部減肥的誤區，從而達到很好的全面減肥效果。

美國大學運動醫學會提出，要達到全身減肥的目的，每天應該做30 分鐘以上、每分鐘心率為 120～160 次的中低強度有氧代謝運動。對於普通羽毛球愛好者

來說，這恰恰相當於一場低強度單打比賽的運動量。所以，長期進行羽毛球鍛鍊，除了能使心血管系統和呼吸系統功能得到加強外，減肥功效也是很顯著的。

（二）在促進心理健康運動處方中的運用

羽毛球運動能使鍛鍊者逐漸形成良好的心理品質。羽毛球運動由於比賽緊張，競爭激烈，使人們的心理素質能夠得到很好的鍛鍊。在競爭中強化進取精神，使人的智、勇、技在對抗中得以昇華，使人臨危不亂，泰然處之，以良好的心態、正確的人生觀面對榮辱與得失。當代學生面對多重壓力，如果能選擇促進個性良好發展的鍛鍊手段，各種形式的比賽，堅持每週練習即可產生顯著效果。

（三）在發展身體素質運動處方中的運用

羽毛球運動可以全面增強人的體質。前場、後場的快速移動擊球，中後場的大力扣殺，被動時的撲救球，雙打的換位擊球等，都需要練習者有較好的力量素質、速度素質、耐力素質、靈敏素質、柔韌素質以及快速的反應能力。經常從事這項體育活動，可以發展人體的靈活性、協調性，可以提高人們上下肢及軀幹的力量，改善呼吸系統和心血管系統的功能，提高有氧供能的能力，調節神經系統並提高其抗乳酸的能力，而且能起到增進健康、抗病防衰、調節神經的作用。

三、在婦女健身運動處方中的運用

（一）在痛經運動處方中的運用

痛經是指以經期腹痛為主要症狀的病症，是中青年女性的常見病和多發病。目前研究發現，長時間、中小負荷、有計畫、不同部位的體育鍛鍊，對原發性痛經的症狀有較好的緩解效果。強度適中的羽毛球運動可以建立良好的周身血液循環，重新調整靜態血液分配的條件反射，有效地減輕月經期子宮充血程度和縮短子宮收縮的時間，達到解除或緩解痛經症狀的效果。羽毛球運動的強度不要太大，以儲備心率的 50%～70%的強度運動，每次 45 分鐘，每週 3～4 次，持續一段時間，對於原發性痛經有顯著療效。

（二）在孕婦早期運動處方中的運用

孕婦早期進行適度的鍛鍊，能緩解懷孕以後出現的呼吸困難、下肢水腫、腰腿疼痛和便秘等症狀，適量運動可以促進血液循環，使子宮的血液增加，胎兒因此得到足夠的血液供應有利於發育成長。另外，孕婦經過運動體溫上升時，會由胎盤對胎兒形成「熱保護機制」，這種上升的體溫能抵消母體過熱對胎兒的影響，保證胎兒一直處於穩定的生長環境中。

除此以外，適當的羽毛球運動可以幫助孕婦把體重控制在合理的範圍內，更有

羽毛球運動理論與實踐

益於以後的分娩;讓全身肌肉都參加了活動,促進血液循環,能讓胎兒更好地發育。同時,還可以改善情緒,減輕妊娠反應,對胎兒的神經系統有很好的影響。

美國心理學家尼斯伯特最近發現:準媽媽們如果在懷孕時適當地做些運動,胎兒的智商會更高。那些每天做 30 分鐘運動的孕婦生出的孩子,要比每天都坐著的孕婦生出的孩子,智商高出 8 個百分點。但是孕期的運動量不能太大,可以簡單做些網前揮拍接發球練習,勿做跳起扣殺球等爆發性動作。一週運動 1～2 次為宜。

(三)在產後恢復運動處方中的運用

產後運動能幫助產婦更快地恢復分娩中的身體損傷和重塑產後體型,產後的前 3 個月是減重的黃金時期,過了這個時期,內分泌恢復正常,瘦的難度更大。產後 1 週開始,就可以在床上做一些仰臥起坐、抬腿等簡單的活動來鍛鍊腹肌和腰肌,此時,不宜做大強度運動,以免落下子宮脫垂、陰道鬆弛的後遺症。產後6 週,如果沒有任何產褥期併發症,就可以進行強度大些的羽毛球運動了。每週練習 2～3 次,中低強度運動,每次 30 分鐘為宜。

四、在中老年人保健與康復健身運動處方中的運用

(一)在防治心血管疾病運動處方中的運用

羽毛球運動是克服心血管功能疾病的最佳手段之一,它能促進血液循環,把血液從心臟泵射到各個組織系統中去,進行血液交換,把豐富的營養物質帶到組織中去,同時也把組織的代謝產物替換出來,保證人體內環境相對穩定,改善微循環,從而防止心臟疾病的發生。同時對預防高血壓、血管硬化、血栓閉塞性脈管炎等疾病起到很好效果。

可以選擇中小強度的羽毛球運動,每週至少 3 次,每次 15 分鐘以上,每次運動前後要有充分的熱身活動和整理運動。

(二)在防治肩周炎運動處方中的運用

從事羽毛球鍛鍊能有效地防治肩周炎。因為打羽毛球,無論使用左手或右手,在揮拍擊球、發球、扣球、正反手接球時,都在最大限度地運動肩關節,當然也包括肘、腕關節。

在打羽毛球的各種動作姿勢中,有一個使用最頻繁的動作,即高抬手臂大力扣殺,此時肩關節充分處於前屈、外展、外旋狀態,最能發揮肩關節的功能,也最有利於治療肩關節因活動不足導致的功能障礙。預防肩周炎時,每天練習一次,每次 30～60 分鐘,運動量以能耐受為度。在各種擊球姿勢中,應保持一定量的「扣球動作」,以最大限度地活動肩關節及其周圍肌群。擊球姿勢應根據肩關節功能障礙的程度和範圍,只做不引起強烈疼痛的姿勢。

（三）在防治骨質疏鬆症運動處方中的運用

骨質疏鬆症是老年人中的常見病和多發病，也可發生在其他年齡階段，絕大多數是絕經後的婦女和中年男性。而研究發現，經常參加運動的老人平衡能力特別好，骨密度比不愛運動的同齡老人高，而且不易跌跤，能有效地預防骨折。

中小強度的羽毛球運動，可以促進全身血液循環，使骨骼得到充分的營養物質和礦物質，減緩了骨骼的退行性變化。同時還可使肌肉強壯，骨骼的受力增加，應力刺激狀態下骨骼的成骨細胞代謝活躍，促進骨骼的生長，骨的密度和強度也緩慢增加，從而有效地預防骨質疏鬆症的發生。

練習時可以發球、扣球、正反手接球及自娛自樂等為主，切忌運動量過大，用力過猛，每週練習 2～3 次，每次20～40 分鐘，適應後可增加練習次數，最佳心率控制在 100～140 次/分鐘。

（四）在糖尿病運動處方中的運用

糖尿病是一種常見的多發病，在我國以及全世界發病率都很高。我國糖尿病患病率約在 2%～4%，而且呈逐年上升趨勢，成為繼心血管和腫瘤之後的第三位「健康殺手」。

臨床上將糖尿病分為兩型，即胰島素依賴型（I 型）糖尿病和非胰島素依賴型（II 型）糖尿病。II 型糖尿病多見於 30 歲以後的中老年人，病因主要是機體對胰島素不敏感（即胰島素抵抗）。長期而有規律的運動鍛鍊，可使機體對胰島素敏感性提高，或使胰島素與受體結合力提高，使血胰島素水平下降而葡萄糖含量不變，從而有效預防糖尿病的發生。

糖尿病患者應儘量選擇中低強度的羽毛球運動，即達到適度出汗、肌肉略微有酸脹的感覺，這是對治療有效的運動量。建議每週 3～4 次，每次持續 20～30 分鐘，逐漸延長至 1 小時，同時應注意飲食與藥物治療相結合，避免空腹和注射藥物後 60～90 分鐘內運動，以免發生低血糖現象。

第五節 ✒ 羽毛球運動知識

一、羽毛球運動禮儀知識

現代羽毛球運動誕生於 19 世紀的英國，一個多世紀以來，形成了一套固有的羽毛球文化，那就是雅緻、飄逸、細膩和彬彬有禮。無論來自於哪裏，運動中大家都應表現出良好的行為舉止，遵守和維護這種高雅的運動文化。

然而，或許是由於羽毛球運動設備簡單易行的特點，時常可以看見有的運動者一手夾著香菸，另一手忙於揮拍擊球；有的女士則腳蹬高跟鞋，甚至穿著拖鞋打球；也有的赤膊上陣；偶爾也看見在漂亮的墨綠色塑膠球場上，運動者隨地吐痰、指手畫腳、高聲喧嘩，如此等等，這是與羽毛球運動文化內涵不相稱的現象。羽毛球這項源於歐洲宮廷的運動，要求人們在球場上舉止文雅，粗俗的舉止被人摒棄。下面列舉幾條有關羽毛球運動的修養和應注意的事項。

(1) 羽毛球運動的服裝講究以白底色為主，適當配以花色圖案。女子可以穿超短裙運動，但切忌穿著大背心。

(2) 運動時必須穿運動鞋襪。羽毛球運動有專門的運動鞋，鞋號須合適，運動時繫牢鞋帶。襪子要穿棉質運動襪，否則腳在鞋子裏晃動，不但影響運動，還容易受傷。為了保持球場清潔，防止鞋滑，通常不應穿著旅遊鞋上場運動，而須換上室內專門的羽毛球鞋。高勒球鞋也不適用。

(3) 握球拍要注意防滑，特別是在夏季，運動中手心出汗，如球拍柄沒有吸汗設施就容易脫手。因此，要適時更換握柄皮或是毛巾膠條。另外，新買的球拍要將握柄處包裹著的塑料薄膜揭去再用，否則球拍易從手中滑落。運動時，不要將多餘閒置的球拍放在場地內，以防成為障礙。

(4) 當別人在場上運動時，注意不要走進球場內，要繞行於場地線外，以防球拍擊傷或影響他人運動。

(5) 講究衛生，絕不可在場上吐痰。運動時可帶擦汗毛巾，以便擦汗。

(6) 講究禮貌。賽前、賽後都應主動與你的對手握手，以示友好。

(7) 比賽過程中擊出界的球，由球落地所在方選手撿拾；若擊球下網，則擊球下網方選手應主動撿球。如果此時對手獲得發球權，應將撿起的球友好地從球網上方送至對方手裏，如果將球猛擊或是從球網下亂撥給對方都是不禮貌的行為。

(8) 多人同在一塊場地上運動時，為避免搶球碰撞情況的發生，原則上後場選手要主動讓從前場往後退的選手擊球。因為後場選手視線好，相對容易控制出手動作，而前場後退選手看不清後面的情況。

(9) 當出球品質不高時，例如回球至前場近網高處，對方欲做前場撲或扣球時，前場選手必要時可舉拍擋臉，保護眼睛不被對手的來球擊中。

(10) 比賽過程中尊重和服從裁判員的判決。裁判員的職責是公正裁決，比賽中一旦作了判決，一般都難於更改。沒有裁判員主持的比賽，對於界內、界外球的判定，一般由球落地的一方給出，另一方則應尊重和信任其判定。

(11) 在沒有裁判員的非正規比賽中，應由取得發球權一方通報比賽分數。報分時不論當時哪一方的比分領先，均應將取得發球權方選手的分數報在前。

(12) 比賽開始前，有 2～3 分鐘的活動時間，這時應陪你的對手打幾個來回，而不是練你的絕招。當裁判員報「停止練習」時，應將球送到主裁判手中，並做好開賽準備。賽後應主動將球交回給發球裁判。

二、羽毛球運動服裝器材知識

（一）運動服裝知識

長袖外套運動服用於比賽前或是比賽後身體的保暖，比賽服裝一般穿有領的短袖衫，而平時訓練可著圓領短袖衫。單打選手的運動服裝沒有具體要求，只要著裝整潔，便於運動即可。雙打選手的著裝從戰術上考慮，最好在顏色和款式上協調一致，讓對手不易辨別。運動鞋應選擇底部相對厚實的，對跑動、急停時產生的震動能起到一定的減緩作用，有利於保護膝、踝關節。襪子應選擇棉質的，尼龍襪不吸汗，跑動時腳容易在鞋內打滑。高勒球鞋會影響和限制踝關節的活動範圍，不利於羽毛球技術動作的發揮。護腕有時可用作吸汗的裝備。羽毛球專用球拍包可將球拍、運動服裝、小用具、飲料等全部容納，便利實用。

（二）球拍知識

科學技術的發展，同樣促進了羽毛球拍的飛速發展。從過去的木質球拍到現在的鈦離子球拍。碳合金球拍獨領風騷才幾年，就被鈦碳合成纖維拍取代。目前一支鈦合金球拍重量 80 克左右，僅為一枝羽毛球重量的 17 倍，但可將球速擊至每小時近 300 公里（實驗數據）。生產球拍的廠家為滿足羽毛球運動的需要和市場的需求，在球拍的工藝材料上很下工夫研究，新產品層出不窮。

以中國優秀民族企業羽毛球拍生產的龍頭產品為例，就有從初級到高級不等的上百種產品，其品質性能都得到了世界級選手的信賴。瞭解一支球拍的性能，可以從以下幾方面來看：

從球拍的材料看：目前羽毛球拍所選用的材料，從鋁合金、石墨到鈦（碳）合成纖維不等。用鋁合金材質的球拍打球，當大力量擊打球托，與球拍面接觸時會感到震手，這是由於球拍材質比較硬所致。鋁合金球拍的優點是相對比較結實耐用，一般初學者在技術不熟練情況下，相互間球拍碰撞兩下，一般都無礙大事。石墨和鈦（碳）合成纖維材質的球拍，運用起來彈性張力相對較好，抗擊度較強，但卻經不住磕碰撞擊。

從球拍的形狀看：市場上的羽毛球拍形狀各異，有拍框、拍桿和握柄連成一體的，有拍框和拍桿相連的，還有寬拍框和窄拍框的，有圓拍頭和平拍頭的，千姿百態，你可以從中選擇自己喜好的。規則對羽毛球拍的基本規定是：球拍整體長度不超過 68 公分，球拍框長度在 28 公分以內，球拍寬度不超過 23 公分，一般呈橢圓形狀。

從球拍的重量看：目前中高檔球拍重量大致在 80～100 克之間。球拍重，選手在揮拍過程中獲得的力臂速度力量大，擊球力量大，但要求克服的重力阻力也大；球拍輕，擺速快而靈活，但是擊球力量相對不如重拍。因此，選手可以根據自身的特點，選擇一定重量的球拍。

從球拍的握柄尺寸看：正規球拍的拍柄尺寸有 G2、G3、G4 和 G5 等幾種。G2 拍柄最粗，G3 適中，G4 相對細一些，G5 最細。

　　市場上球拍品種繁多，如何挑選呢？除應具有上述有關球拍的基本知識外，還要注意：不宜追求價錢昂貴、外觀漂亮的，以適用為上，以適合自己的具體情況為首選，可從以下幾個方面來考慮：

　　根據技術水準考慮球拍的材質：對於初學者來說，選擇合成金屬、鋁合金或是鋁碳一體材質的球拍較合適，這種球拍價錢便宜實惠。對學習技術不會有太大妨礙，又不怕磕磕碰碰。如果已經具備了一定的技術水準，則可以選擇石墨、鈦碳合成纖維材質的球拍，它有助於發揮和進一步提高技術水準。

　　從自身打法特點來考慮球拍的重量：進攻型打法的選手，適合選擇重量重一些的球拍，因為進攻型選手力量大，選擇這種球拍，在重力加速度的作用下，攻擊力較強；而防守型打法的選手，則可以選擇輕一些的拍子，因為它輕，揮擺速度相對快，能靈活自如地於防守對方快速淩厲的攻球。

　　從自身技術特長來選擇球拍的平衡點：嚴格地說，每支羽毛球拍的平衡點都不太一樣。在挑選球拍時，你可以做以下測驗：用手指將球拍持成水平面，根據球拍不同的平衡點，手指與拍桿接觸點的放置位置會靠前或靠後而有一定的變化。位置靠前，說明該球拍的平衡點較前，球拍的拍頭較重；位置稍靠後，說明該球拍平衡點偏後，拍頭較輕。攻擊型選手適合選擇拍頭重些的球拍，也就是平衡點靠前的，因為適當偏重的拍頭，便於選手向下擊吊、殺和劈球；而防守型選手則適合選擇拍頭輕些的球拍，便於防守時靈活揮動球拍。

　　從自身手型和喜好來考慮球拍握柄尺寸：挑選球拍時，千萬不要忽視拍柄的尺寸，過粗或過細的球拍握柄都會讓你覺得手掌與拍柄接觸不舒服，選擇時要依據自己手掌大小和喜好，男士選手手掌大一些，通常選用 G2 尺寸的拍柄。G3 尺寸的拍柄比較適中，G4 和 G5 尺寸的拍柄要細一些，適合於偏愛細拍柄的選手選用。

　　除以上幾點外，可以揮動幾下拍子，感覺一下球拍在閃動中的韌性靈敏度如何（也就是球拍桿的彈性如何）。如果揮動拍子，覺得球拍桿很生硬，說明該球拍的彈性不好，在使用過程中擊球力量會受一定的影響；如果揮動起來，在閃動過程中感覺球拍的中部拍桿部位相對活動範圍大，則表明該球拍的韌性強，靈活度好，彈性好，這樣的球拍運用起來會比較順手。

　　選到了中意的球拍，還需要懂得如何維護它。延長球拍的使用壽命，避免在運動中與同伴的球拍相互碰撞和預防球拍脫手是關鍵。現代羽毛球拍有一共同點，越是好的球拍越是怕碰撞。通常情況下，鋁合金和合成金屬材質的球拍比鈦碳合成纖維材質球拍要耐用，輕微的磕磕碰碰不大礙事，但也經不住大力量的碰撞。因此，雙打運動中要遵循一定的擊球規律，默契配合，避免球拍相互碰撞。另外，不要用拍子蹭地，或是因受比賽情緒影響而在地面上敲打。

　　除了避免相互撞擊外，還要防止球拍脫手。羽毛球運動競爭激烈，負荷量大。

運動中手心大量出汗，致使球拍柄容易從手心滑落。為更好地防止這種情況發生，根據自己的喜好選擇一款防滑柄皮或吸汗帶至關重要，有了它，手掌與拍柄接觸既感覺舒服，又為大力發力擊球免去了後顧之憂。新購買的球拍，雖然拍柄上已經包裹一層軟皮，但是它僅起裝飾作用。買回球拍後，需要根據自己的喜好纏上適合的握柄皮和吸汗帶。

握柄皮除吸汗外，還有加粗球拍握柄的作用。吸汗帶較薄，起防滑增強手感作用。使用握柄皮或是吸汗帶，有利於持拍手控制球拍。方法是從球拍底部開始，順時針斜方向以 1／2 重疊纏繞用力拉緊，並將開端和結束部位固定結實。

（三）拍弦知識

隨著科學技術的提高，拍弦的材質和性能也發生了較大的變化。從過去羊腸和牛筋等材質製作工藝簡單的拍弦，發展到今天化學纖維合成拍弦。羊腸和牛筋材質的拍弦彈性不錯，但天然屬性材質易受環境濕度的影響而改變性質，張力也不夠強。化學纖維合成拍弦，彌補了天然材質的侷限性，特別是製造工藝水準的提高，使拍弦的編織結構更緊密。

例如一根 0.65 毫公尺的纖細拍弦，可由中心直條狀、外圍交叉編織狀組成，或是中心為交叉編織狀，外圍則由麻花編織狀包裹。還有單股、多股、雙層多股和多層雙股等不同的搭配形式。廠家在不斷試驗新的產品，增加拍弦的拉力和張力，從而對提高擊球速度有所幫助。

1. 拍弦尺寸

拍弦尺寸表示拍弦的直徑，也就是粗細。一般有 0.65～0.75 毫米幾種不同尺寸。粗拍弦，強度大且耐用，弦的張力持久，不易退磅，適合與寬拍框搭配使用；細拍弦，彈性和控球感較好，適合與細拍框和重量輕的球拍配用，但結實程度一般。

2. 拍弦鬆緊張力

從市場上購買的高檔球拍一般都沒有繃好弦，一是便於使用者根據自身喜好選擇拍弦，二是拍弦的張力鬆緊度（即拉弦磅數）應根據個人情況而定。有人認為拍弦繃得越緊，球拍擊球的彈性就會越好。其實，使用過緊拍弦時，要求揮臂擊球的力量大，這樣拍弦對球托產生的作用力才大，球體獲得的反作用力越大，速度也才越快。如果拍弦張力大（弦緊），而擊球力量不是很大，那麼球托接觸拍弦時吃力小，球拍的反作用也小，擊球威力反而小了。

如果揮臂擊球力量不是很大，拍弦對球托的作用力就小，擊球時會感到球打不出去或打不遠。這時鬆一些的拍弦反而有利於擊球效果。因此，拍弦鬆緊度應根據使用者個人力量大小來決定。一般情況下，擊球力量較強的男選手，拍弦可以適當繃得緊一點；擊球力量較小的女選手，拍弦選用鬆一點的為好，拍弦給球的彈力效果較好，可將球擊得更深更遠。通常球拍弦的拉力為 22～28 磅。

繃弦時還要考慮球拍的材質。材質強度大的球拍，弦可以繃得緊些；而一般材質的球拍，拉力過大則容易斷裂。專業用拍在球拍柄上會標明該球拍適宜的拉力磅數範圍，繃弦時除根據自身喜好外，還應參考球拍規定的拉力磅數標誌來決定所上球拍弦的拉力磅數。

3. 拍弦的保護

羽毛球拍弦最怕潮濕，運動後應將球拍及時裝入拍套中加以保護，以防止拍弦受空氣濕度的影響而改變其性能。在室外運動，要防止羽毛球落入水中，因為擊打球托受濕的羽毛球，拍弦會受濕而改變性能。另外，還要避免將球拍與突尖、鋒利的器具放置在一起，以防止拍弦被尖利器具損壞。

拍弦打斷後要及時處理，要嘛整體換弦，要嘛及時修補。如果繼續使用斷弦的球拍，不但影響擊球效果，還會使整體拍弦鬆動，增加修理的困難。

拍弦有橙、紫、藍、紅、黑和白等不同的色彩，價錢也依據不同的材質每副從幾元至一百多元不等。選擇拍弦時除考慮上述擊球性能因素外，還要注意避免選用存放時間過長的拍弦。拍弦超過一定的期限，使用壽命會受到影響。

（四）羽毛球知識

羽毛球雖也被稱為「球」，但球體的構造與球類的其他競技項目如籃球、排球、足球、乒乓球、網球等相比，無論形狀還是結構都完全不同。就其形狀而言，羽毛球是一個近似錐形體的「球」，並非圓形的球。就其構造而論，羽毛球由球托、羽毛、連線等部分組成：球托底部為圓形，直徑為 2.5～2.8 公分；羽毛部分由 16 根長度為 6.2～7.0 公分的優質天然鵝毛或鴨毛編排組成，羽毛的根部圍插在軟木頭上，中部由兩行連線以及樹脂黏膠將整個球體固定成型，呈喇叭口向外延伸。羽毛頂端圍成圓形，直徑為 5.8～6.8 公分。

羽毛球運動的花費主要在球上，一個上等的羽毛球就是一件藝術品，成本高，價格不菲，主要由以下特性決定：

(1) **製作工藝複雜**。一個成品球需經過近 30 道工序才能完成，且大部分是手工活。將採集的天然鵝毛或鴨毛洗淨後，晾乾。分左右翼對原毛沖片加工，再按羽毛片的厚薄、完整度、潔白度、彎直度進行等級分類。

將已成初型的軟木球頭嚴格按規格加工，按重量分類，同時將包裹軟球頭用的軟皮上膠黏貼在軟木頭上備用。

將軟木球頭打孔，羽毛上膠，用特殊的線均勻地將羽毛和球托編織起來，上膠圍插固定。

最後檢驗修剪，測試其飛行穩定性、飛行距離，再按等級、重量分類裝箱。

(2) **天然材質，選料受限**。上等羽毛球對羽毛的要求極高，16 根毛片的厚度、走向、大小、重量都一樣，製造出的球飛行才穩定。據說一隻鵝身上的羽毛只有 8 根能用作上等球的羽毛。

(3) **一次性消費**。羽毛球運動的消費主要指羽毛球的耗費，羽毛球最大擊球速度每小時達 300 多公里，球體承受力大，使得一場高水準比賽一般用一打的羽毛球，甚至更多。另外，羽毛材料的天然屬性，使羽毛球成為一次性消費，不可再回收。鑑別羽毛球的優劣：可從羽毛、球托、膠水和重量幾方面來鑑別。

鑑別球時，不可以羽毛是否夠「白」來決定球品質的好壞。天然羽毛如經過漂白處理，會影響球的耐受性。

鑑別羽毛球時應注意：羽毛自然有光澤、毛片厚薄寬窄一致、排列整齊規範、飛行穩定、速度適當的球是好球。一般情況下，鵝毛球耐打，鴨毛球毛片易斷不經打。

球托的軟木木質密度也很有講究，關係到運動中球托被球拍擊打後的彈性，直接影響選手擊出的速度和距離。彈性好的球托，擊球後感覺球從拍面彈出乾脆；而彈性差的球托，擊球後有球托在拍面上停滯的感覺。通常整木球托的球彈性好，品質好；而由木屑壓制而成或是泡沫球托的球，彈性會相對差一些。

膠水對球的結實程度影響大。品質高的膠水，黏膠強度好，羽毛不易變形，球的耐用性高；品質差的膠水，黏膠強度差，羽毛容易變形，從而改變飛行速度和軌跡。

羽毛球的飛行速度是與重量成正比的，飛行速度快的球重，飛行速度慢的球輕。羽毛球速度的標誌，國際上通常採用 1——7 番號「速度標誌」，國內一般採用4.6～5.5 克「重量標誌」。

1 番號羽毛球適合氣溫在 33℃以上地區使用。

2 番號羽毛球適合氣溫在 27～33℃地區使用。

3 番號羽毛球適合氣溫在 22～28℃地區使用。

4 番號羽毛球適合氣溫在 17～23℃地區使用。

5 番號羽毛球適合氣溫在 12～18℃地區使用。

6 番號羽毛球適合氣溫在 7～13℃地區使用。

7 番號羽毛球適合氣溫在 7℃以下地區使用。

環境對羽毛球飛行速度的影響

(1) **空氣壓力的影響**。羽毛球天然特性受自然環境中空氣壓力、溫度和濕度影響，從而對其飛行速度產生影響。

國際羽毛球聯合會的有關部門對羽毛球飛行速度與空氣壓力關係的研究始於 20 世紀 80 年代後期。實驗證明，在常溫下，空氣壓力與球的飛行距離成反比，空氣壓力每增加 50 毫巴，在擊球力量和出球角度不變的情況下，同一種規格重量的羽毛球移動的距離則縮短 0.2～0.3 公尺。空氣壓力一般從兩個方面影響羽毛球的運動：

第一，由於空氣壓力與空氣密度的關係成正比，在同一地區，氣候變化會引起空氣密度變化，空氣壓力也隨之增減，從而對羽毛球飛行中所形成的阻力相應變強

或變弱，使其飛行距離縮短或延長。

第二，空氣的壓力隨海拔的增高而降低。在高原地區進行比賽，地勢高，空氣稀薄，氣壓低，羽毛球在空中飛行時所遇到的阻力小，飛行的速度隨之加快而不易控制；在海拔較低地區情況則反之。針對空氣壓力對羽毛球運行軌跡所產生的影響，羽毛球生產廠家在製造羽毛球時，會生產多種重量規格（羽毛球的重量一般在 4.74～5.50 克），重量輕的羽毛球運行速度慢，重量重的羽毛球運行速度則快。在高原低氣壓地區選用重量輕的球，在高氣壓環境中應選用重量重的球。選手在實際運用中，應根據不同的自然氣候環境來選用不同重量規格的羽毛球。

實際運用中，為克服「空氣壓力效應」對球的作用，可以使用一些簡便的方法。如折羽毛法，即將球體頂部的羽毛向內或向外翻折，透過改變球口直徑的大小，來改變空氣壓力對球飛行阻力的大小，從而獲得較理想的球速。

(2) **空氣溫度的影響**。羽毛球場地周圍空氣的溫度也直接對羽毛球的飛行速度產生影響。比賽中，為了減少風對球的影響，無論嚴冬還是酷暑，比賽場館總是關門閉戶，並且避免使用空調設備。在這種全「封閉」環境下，氣溫可以從兩個方面對羽毛球運動產生影響：

首先，當氣溫較高，或是比賽場館座無虛席、人聲鼎沸、比賽館內的氣溫增高時，熱空氣因高溫發生膨脹變得「稀」而「輕」，向場館上空對流，壓強減小，選手用同樣的力量擊球後，球會變得「輕」而飄，飛行速度加快，飛行距離延長，落點發生變化，從而影響選手出球的準確率。

其次，當氣溫低時，空氣凝重，分子密度大，壓強大，空氣對羽毛球飛行的阻力加大，球的飛行速度會隨之減慢，選手容易因不適應這種冷空氣導致失誤率增加。那麼，「溫度效應」能在多大程度上左右羽毛球的飛行呢？國際羽毛球聯合會公佈的研究結果表明，在其他主客觀因素不變的情況下，溫度每升高或降低1℃，同樣重量、口徑的羽毛球，其飛行速度也隨之加快或減慢，飛行距離也相應地延長或是縮短 0.2～0.3 公尺。

(3) **空氣濕度的影響**。自然界存在著空氣潮解的現象，只要物體暴露於潮濕空氣中，大部分物體會具有因潮濕而吸收空氣中水分的特性。毛髮對濕度尤其敏感，機械式濕度計就是根據這一原理用毛髮做元件製成的。羽毛球也具有這一特質，當球體在空氣中運行時，圍插在球托上的 16 根羽毛極易受到空氣濕度的影響。在實際訓練和比賽中，當空氣的濕度發生變化時，16 根羽毛也會不斷地隨之吸收或蒸發水分。通常情況下，當空氣濕度相對增大時，羽毛所吸收的水分隨之增多，球體的重量加大，球的飛行速度因此而加快，飛行軌跡和距離也因此會發生變化，從而影響選手比賽中技術水準發揮。

根據國際羽毛球聯合會過去公佈的研究結果看，受空氣濕度的影響，同一種重量規格的羽毛球，在濕度高的空氣中運行時，如果羽毛吸收空氣中的水分使自身重量增加 0.065 克，則其飛行距離會因此而延長 0.2 公尺左右。

對於一名高水準的羽毛球運動員來講，在全長不過13.4 公尺的場地上，0.2 公尺的距離無疑是重要的。

瞭解空氣濕度對羽毛球性能產生的影響可以幫助我們增加對球體及其屬性的理解。一般情況下，空氣濕度隨季節而變化，冬季乾燥，濕度低；夏季濕潤，濕度高。另外，濕度也因地區不同而迥異，它一般自沿海向內陸和自低層向高層遞減。

這裏還需要瞭解一點，即在空氣乾燥、濕度低的地方，羽毛球的羽毛由於乾燥而變得乾脆，運動過程中極易將羽毛打斷，這就是為什麼在冬季大家會覺得羽毛球很不耐用、消耗大的道理。到了夏季，空氣濕潤，濕度高，羽毛充分吸收空氣中的水分也變得「濕潤」，使韌性增強。因此，在空氣濕潤的地方，羽毛球顯得耐用。

思考與練習：

1. 簡述羽毛球運動與身體健康的關係。
2. 試述羽毛球運動在不同人群健身處方中的運用。
3. 簡述羽毛球運動中常見的損傷及其預防。
4. 結合自身運動經歷淺談羽毛球運動的禮儀常識。
5. 簡述怎樣選擇一枝適合自己技術特點的羽毛球球拍。

羽毛球運動理論與實踐

主要參考文獻

〔1〕 馮連世，等. 優秀運動員身體機能評定方法. 北京：人民體育出版社，2003.

〔2〕 程勇民，林建成，鄭寶君. 對羽毛球項目若干體能訓練原理的理論探討及訓練模式研究. 福建體育科技，2000，19（1）：15-19.

〔3〕 張洪寶.關於羽毛球運動員速度耐力訓練方法的探討. 南京體育學院學報，1998，12（2）：14-17.

〔4〕 金花，程勇民. 糖酵解供能系統對羽毛球運動能力的影響，體育科學，1998，18（3）：85-86.

〔5〕 王維群. 營養學. 北京：高等教育出版社，2001.

〔6〕 陸紹中，等. 對中國優秀女子羽毛球運動員有氧能力的初步探討. 福建體育科技，1996，15（4）：11-13.

〔7〕 李裕和，林文弢. 羽毛球比賽時間結構與供能特點的研究. 廣州體育學院學報，1997，17（3）：26-31.

〔8〕 程勇民，金花. 羽毛球體能訓練中血乳酸指標的價值研究. 湖北體育科技，2003：34-36.

〔9〕 程勇民，雷蓉蓉，鄧樹勳. 中國羽毛球運動員體能現狀及對策研究. 成都體育學院學報，1997，23（2）：29-33.

〔10〕 馮煒權. 運動生物化學原理. 北京：北京體育大學出版社，1995.

〔11〕 王華龍，等. 少年兒童業餘訓練教材羽毛球. 北京：人民體育出版社，1984.

〔12〕 中華人民共和國體育運動委員會. 中國體育教練員崗位培訓教材羽毛球. 北京：人民體育出版社，1995.

〔13〕 陳懇，何秋華. 羽毛球運動. 北京：高等教育出版社，2005.

〔14〕 劉瑞豪. 羽毛球. 成都：成都時代出版社，2007.

〔15〕 高曉嶙. 運動損傷的預防與康復. 中國體育報，2007-11-15.

〔16〕 陳吉棣. 運動營養學. 北京：北京醫科大學出版社，2002.

〔17〕 孫俊. 談運動員訓練的自覺積極性原則. 南京體育學院學報：自然科學版，2003，2（2）：56-57.

〔18〕 魏杭慶. 羽毛球運動對殘疾人抑鬱情緒、形態機能的康復作用. 現代康復，2001，5（4）：110.

〔19〕 陳莉琳. 青少年羽毛球運動員「球感」的培養. 體育科學研究，2003，7（3）：96-99.

〔20〕 漆昌柱，梁承謀，徐培. 優秀運動員直覺性運動思維的表徵特點. 北京體育大學學報，2004，27（1）：35-37.

〔21〕 陳黎雁. 羽毛球運動員的意志及訓練方法. 體育科技，2001（3）：18-22.

〔22〕 劉淑慧，王惠民，任未多，等. 實用運動心理問答. 北京：人民體育出版社，1993.

國家圖書館出版品預行編目資料

羽毛球運動理論與實踐／肖杰主編
——初版，——臺北市，大展，2016 [民 105.08.]
面；26公分——（體育教材：14）
ISBN　978-986-346-124-1（平裝）

1.羽球

528.959　　　　　　　　　　　　　　　　　105009990

羽毛球運動理論與實踐

主　　編／肖　　杰

責任編輯／叢　明　禮

發 行 人／蔡　森　明

出 版 者／大展出版社有限公司

社　　址／臺北市北投區（石牌）致遠一路 2 段 12 巷 1 號

電　　話／（02）28236031，28236033，28233123

傳　　真／（02）28272069

郵政劃撥／01669551

網　　址／www.dah-jaan.com.tw

E-mail／service@dah-jann.com.tw

登 記 證／局版臺業字第 2171 號

承 印 者／傳興印刷有限公司

裝　　訂／眾友企業公司

排 版 者／菩薩蠻數位文化有限公司

授 權 者／北京人民體育出版社

初版 1 刷／2016 年（民 105 年）8 月

售價／500 元

大展好書　好書大展

品嘗好書　冠群可期

大展好書　好書大展

品嘗好書　冠群可期